安里村往事

胶东一个乡村的记忆

主编　盖龙云
副主编　张　强

华南理工大学出版社
SOUTH CHINA UNIVERSITY OF TECHNOLOGY PRESS
·广州·

图书在版编目（CIP）数据

安里村往事：胶东一个乡村的记忆 / 盖龙云主编．—广州：华南理工大学出版社，2021.12

ISBN 978-7-5623-6889-2

Ⅰ．①安…　Ⅱ．①盖…　Ⅲ．①村史－莱阳　Ⅳ．① K295.25

中国版本图书馆 CIP 数据核字（2021）第 235889 号

ANLI CUN WANGSHI：JIAODONG YIGE XIANGCUN DE JIYI

安里村往事：胶东一个乡村的记忆

盖龙云　主编

出 版 人： 卢家明

出版发行： 华南理工大学出版社

（广州五山华南理工大学 17 号楼，邮编 510640）

http://hg.cb.scut.edu.cn　E-mail：scutc13@scut.edu.cn

营销部电话：020-87113487　87111048（传真）

责任编辑： 付爱萍

责任校对： 盛美珍

印 刷 者： 广州市人杰彩印厂

开　　本： 787mm × 1092mm　1/16　**印张：** 18.25　**彩插：** 2　**字数：** 362 千

版　　次： 2021 年 12 月第 1 版　2021 年 12 月第 1 次印刷

定　　价： 78.00 元

编　委　会

（以姓氏笔划为序）

江守涛	山东省人大退休干部
张正齐	东营市退休教师
张　强	原沈阳军区退役军官
盖国云	退休教师
盖艾玲	女，莱阳市退休干部
盖常云	退休教师
盖天学	莱阳市退休干部
盖龙云	原广州军区退役军官
盖松先	莱阳一中教师

乡愁记忆——张正齐绘制

安里村村委会

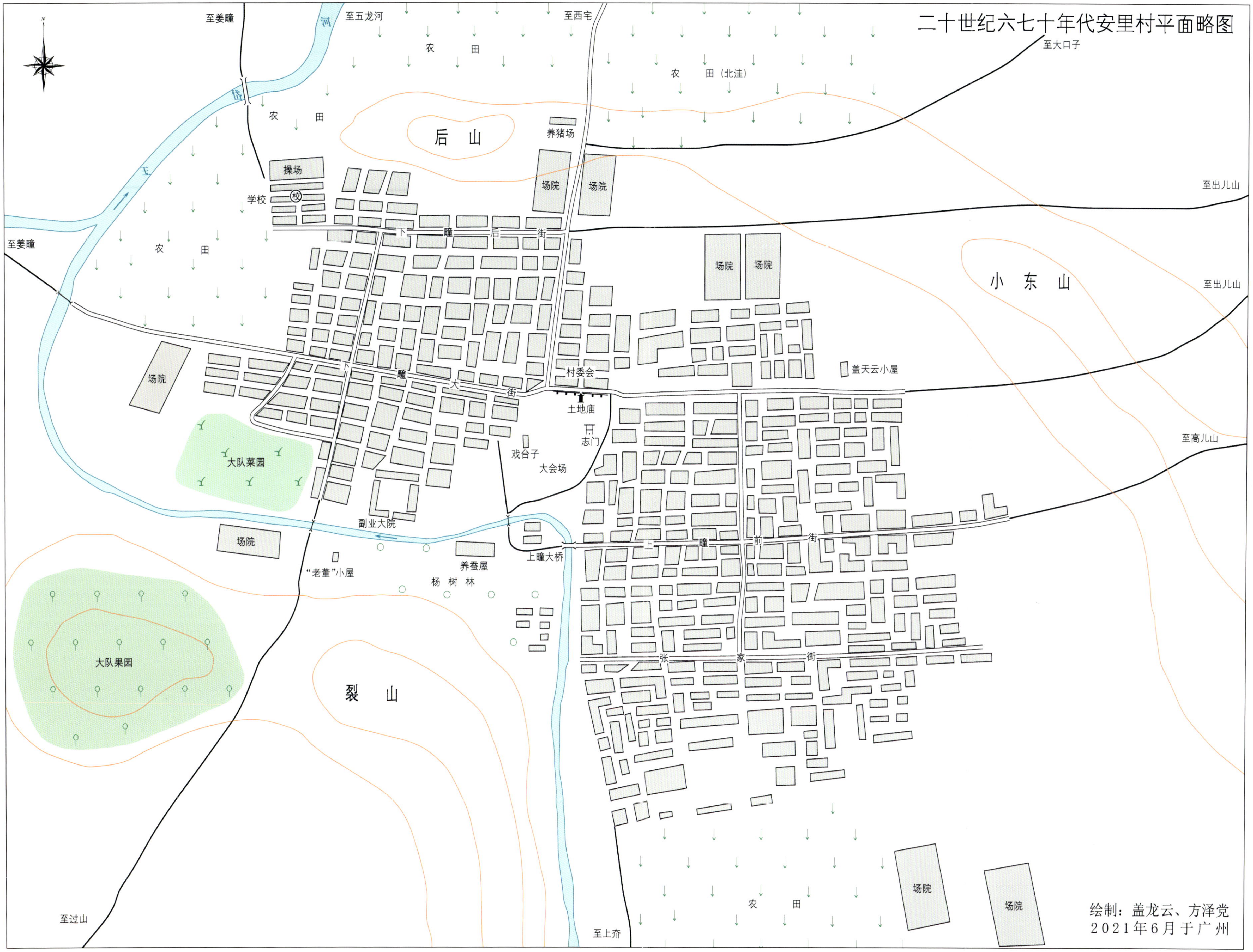
二十世纪六七十年代安里村平面略图
至姜疃
至五龙河
至西宅
至大口子
农 田
农 田（北洼）
后 山
养猪场
操场
学校
校
场院
场院
至出儿山
下 疃 后 街
至姜疃
农 田
场院
场院
小 东 山
至出儿山
场院
下 疃 大 街
村委会
盖天云小屋
土地庙
志门
戏台子
大会场
至高儿山
大队菜园
副业大院
场院
上疃大桥
上 疃 前 街
养蚕屋
"老董"小屋
杨 树 林
大队果园
张 家 街
裂 山
农 田
场院
场院
至过山
至上夼
绘制：盖龙云、方泽党
2021年6月于广州

XUYAN 序言

苗长水

2019年春夏之交，盖龙云将军回故乡——莱阳市姜疃镇安里村，我应约去叙旧聊天、参观村貌，留下了很好的印象。两年后，他专程到济南，拿来一本《安里村往事》书稿，请我作序。我欣然答应并认真拜读了全书。

在中国人的文化意识中，历史承载着文明与智慧、精神与风尚、经验与教训。记载历史、学习历史既可以汲取知识，更可以坚定信念，凝聚力量，面对未来不彷徨、不迷路，面对困难不心虚、不胆怯。反之，就会茫然于现在，迷失于未来。

村庄曾是中华民族最基本、最稳固的社会组织单位，农民的生产生活都在村庄，千百年来，形成了各自的乡村文化。随着改革开放和社会经济发展，越来越多的人离开村庄，甚至在异乡“安营扎寨”一去不归，带来了乡村历史根脉断裂、文化脐带断血等问题。近年来，在党和国家高度重视乡村历史文化保护与传承的大背景下，安里村先后出版了《安里学校纪事》《安里村英烈》，为留住乡愁、赓续文脉做了积极探索，提供了有益借鉴。

安里村位于胶东半岛南端，山环水绕，屋舍俨然。明初建村以来，繁衍生息，现有约700户人家2800口人、4000亩耕地，是莱阳十大村庄之一。在漫长的岁月里，勤劳朴素的安里村人坚守本分、顺应时代、自强不息，演绎了不少动人的故事。特别是近百年来，他们用智慧和力量，豁出性命，坚定跟着共产党闹革命、保江山，在搞建设、奔小康的道路上砥砺奋进、克勤克俭、敦亲睦邻，在一次次“时代大考”中，留下了鲜明的印记，涌现出一批批优秀人才。

苗长水，男，1953年生，山东沂南人，1970年参军入伍，1986年毕业于解放军艺术学院文学系，著名军旅作家，原济南军区创作室主任，山东省作家协会原副主席，著有中篇小说集《犁越芳冢》《染房之子》，中篇小说《非凡的大姨》等。

本书的80多位作者，基本都是安里村人或其直系亲属。他们熟悉自己的村庄，了解村庄的历史，虽然不是专业作家，但他们用通俗平实的文字，原汁原味地还原了人物，山河，事件的形、神、趣、魂。看到这些文字，仿佛大队副业院的机器还在轰鸣，小北山的盖天云还在算卦；仿佛还看得见铁匠炉里通红的火苗，听得到张家街妇女们的欢笑，闻得着夕阳西下时的烟火味道……让人会心一笑，或潸然泪下，其中蕴含的人性之美、文明之美、朴素之美，值得我们细细品味。

我与盖龙云将军相识于2008年初，在桂林郊区奇峰镇的军营里，我们相谈甚欢。他喜欢我的作品，我赞赏他的带兵之道，遂结为君子之交。多次交流中，龙云将军浓郁的家国情怀让我印象深刻。“为什么我的眼里常含泪水？因为我对这片土地爱得深沉”，艾青的这个名句应是《安里村往事》的恰当注脚。为了这本书，他不辞辛苦，不计得失，事无巨细，来回奔波，付出了大量心血，充分体现了他大处着眼、小处入手、办事认真的一贯品格。

一方水土养一方人。本书为安里村留住了一段历史记忆，我为之点赞！幸哉，安里村！幸哉，安里村人！

二〇二一年十二月于济南

QIANYAN **前言**

安里村概况

盖国云　盖松先

安里村，位于胶东半岛腹地，是山东省莱阳市姜疃镇管辖的一个山村。据张氏族谱记载，明朝初年，张姓一人从山西省南部“小云南”来到姜疃东南方的望角山下（今张家街）定居。因居所西头有一座尼姑庵，得名“庵里”。中华人民共和国成立后，改称“安里”，1982年莱阳地名改革又称“新安”，但村里人还是习惯叫“安里”。

安里村北距莱阳城约25公里，南到黄海丁字湾十几公里。这里山清水秀，风光优美，民风淳朴。村两边是连绵起伏的低山丘陵，据老辈人讲，以前山上的松树、柏树、柞树、李子树高大粗壮，有的两三个人都抱不过来。山下沟旁河边长满了槐树、杨树、楸树、柳树等树木，遮天蔽日。

一条发源于上夼村南的小河，由南向北穿村而过，往西北方向汇入玉岱河。河床宽约十米，河水清澈，四季长流，好似一条白练蜿蜒曲折，一路形成了数个大小深浅不一的河湾，鱼、虾、蟹、蛤成群成堆，悠游穿梭。河边杨柳矗立，菖蒲茂密。尤其是到了夏天，这里绿树成荫，是孩子们捉鱼摸虾、玩耍嬉戏的好去处，是村妇洗菜、洗衣的首选地。傍晚饭后，大人们聚集到河边纳凉歇息、闲谈家常，有的还到河里洗澡。冬天河面结冰后，孩子们在冰面上滑冰、打陀螺。20世纪70年代后

盖国云，安里村人，1952年生，曾任岚子小学校长，现居安里村。
盖松先，安里村人，1964年生，莱阳一中教师，现居莱阳市。

期，为了改善交通，村里决定将位于村中心的河道从裂山脚下改道至西山根。

历史上，安里村曾有过多座寺庙，数量之多，在莱阳境内比较少见。现在的村委会位于村子中心，原址是元朝时建的一座全真道观，俗称“三官庙”。大殿正中供奉着尧、舜、禹塑像。庙里有道士，最后一个道士叫朱永和，民间关于他的传说很多。

村西头有一座尼姑庵，庵后有一口古井，井水甘甜。清末民初尼姑们被遣散外地，1929年改建为西学堂。

村北面有一处“红门寺”。明朝初年，庙里和尚无恶不作，民愤极大，被官府处死，寺庙拆毁。在旧庙南边又建了一座“初村院”，院里最后一位和尚人称“三师傅”，医术高超，治好了很多人的病，还教了几个徒弟，本村人盖绍芝是其中出类拔萃的。1929年，“初村院”被拆，其砖木被用来建了西学堂。

此外，村里村外建过多座坊、桥、庙等古建筑。大体如下：村内有旌节牌坊一座，三孔石桥一座，供奉塑像的关帝庙两座，简易关帝庙七八座，土地庙一座，牛马旺庙一座；村外东沟有小观音庙一座，南山北坡有山神庙一座，西南角河北岸有仙姑庙一座，靠近上夼村的西山脚下有霸王庙一座，等等。

六百多年来，曾有14个姓氏在安里村居住过，其中徐姓在20世纪80年代末迁往外地，于、王、刘三姓因无后嗣自然消失，目前村里还有10个姓氏的村民居住。张姓约六百多年前率先迁来安里村上疃定居，是安里村的“占山户”。盖姓约在五百多年前由本乡凤头村迁居安里，其北五（屋）二支七世祖盖整因老辈与张家联姻而居上疃，南五（屋）长支盖胜迁居下疃。徐姓约四百年前由莱西迁居下疃。韩姓约四百年前一人来到安里，与盖姓合得来，后娶妻生子定居上疃。蓝姓约三百年前从即墨迁居下疃。江姓约二百五十年前从即墨迁居下疃。周姓约二百年前因娶安里后街女子为妻，由本乡东石水头村迁来安里道观后面居住。宫姓约一百五十年前，由本乡宋格庄村迁居下疃。于姓一人清末从外地来上疃居住，无后。王姓一人民国年间从外地来下疃，无后。刘姓一人民国年间从外地来上疃定居，无后。潘姓、宋姓、董姓在中华人民共和国成立后因婚姻关系由外村迁居下疃。

这么多的姓氏人家，几百年来聚居安里村，姓氏之间、家族之间、人与人之间和睦相处，团结友爱，互帮互助，有的还结亲联姻、亲上加亲，这完全得益于安里村淳朴的民风、醇厚的乡情。

先辈们刚迁居安里村时，住的都是木头搭建的草棚子。然后漫山遍野捡石头，积攒一两年石头，才能盖起一间或两间低矮的草披屋居住，后来多数盖成三间房子。那时候，不论谁家盖房子，大家都去无偿帮忙，还要挑一担石头相赠，这种风俗一直延续到中华人民共和国成立后、改革开放之前。

约四百年前，村里大户人家开始用烧制的布瓦盖房，主要以脊瓦为主。明末清初，有即墨人来到本乡东宅村建窑烧制黑砖瓦，村里有人开始将房顶的草披换成小黑瓦。现在村中保存较好的小黑瓦房，大都是近一两百年建的。20世纪60年代，开始用大黑瓦盖房子，风靡一时。70年代开始烧制大红瓦，当时还觉得在一片黑瓦当中出现红瓦看着很不顺眼，现在几乎是一片红了。直到80年代中期，村里才彻底告别了草披房。现在村里已经零星建起了水泥钢筋做骨架的楼房。

全村有古井五口（不包括寺庙和私家的井），分布均匀，方便全村人吃水。六盘石碾子也均匀分布村中，满足群众所需。有水磨十六盘，石磨基本家家都有。有油坊五座。大户人家拥有自己的酒坊、织布机，纺花车家家都有。其他百姓日常生活需要的染坊、粉坊、药房、木匠铺、铁匠铺、古衣铺、纸匠铺、银匠铺等，样样齐全。村中心建有戏台，逢年过节请戏班子来唱戏。村中各大家族都有自家的祠堂和客房，逢年过节烧香祭祖，缅怀先辈。

早先村民做饭、点灯、抽烟、烧纸等，全靠火镰、火石取火。19世纪末，德国人占领青岛后，洋火、洋油、洋布、洋灰（水泥）等新鲜事物逐渐传入乡村，但因为穷，多数人用不起，直到1949年以后才逐步改善。从用火镰到用洋火、打火机，从烧木柴到使用天然气及各种家用电器，从计划经济时代凭票供给到改革开放后实行市场经济，再到今天迈入新时代，各种商品和生活用品越来越丰富。

以前，安里村民以地瓜、玉米为主粮，辅之以瓜果蔬菜。种植高粱，高粱米用来做稀饭，秸秆用来盖房子。种植棉花，纺线织布做衣服，棉籽用来榨油点灯。种植花生、豆子等用来榨油，秆、壳用来烧火。种植粟子（小米）主要给产妇坐月子补身子——哪家生了小孩，有来往的都送一碗小米，叫做“送米”或“送来往”。改革开放以来，随着科技进步和农业生产力的提高，劳动工具、生产方式从马拉驴驮、肩挑人抬的纯体力劳动，到使用各种机械化、电气化设备；从刀耕火种到机械播种、管理、收割、加工；从使用土杂肥到各种化肥，村民摆脱了落后的生产方式，粮食产量大幅提高，彻底解决了温饱问题。大量劳动力被解放出来，告别了面朝黄土背朝天的生活，走进城市、工厂，从事各种非农产业，开阔了视野，增加了收入，村民们的日子一天比一天好。

安里村自古重德讲义、重教兴学，各行各业人才辈出。明清两朝出过将军、进士、知县等，民国时期出过省参议员、县长等。中华人民共和国成立后，尊师重教蔚然成风，村里出现了一批又一批大中专毕业生，也不乏硕士和博士，还有共和国将军、院士。他们在不同岗位上发挥聪明才智，为国家和人民贡献着自己的力量。

故土难离。自建村以来，祖祖辈辈在这块土地上繁衍生息，多数人毕生没有离开过，少数人因为考学、当兵或谋生等原因定居外地。但是近二三十年来，村里的年轻人大量外出，在县、市、省外发展，甚至移居海外。村里总人口连续呈负增长，这也是国家实行城市化大背景下的一种全国性现象。

站在高处俯瞰，安里村三面环山，像极了一个大元宝，可谓风水宝地。老人们总说，老“三官庙”里的观音菩萨一直在保佑着安里人。如果说真有神灵保佑的话，那么，安里村崇德扬善、淳朴真挚、理智厚道、勤劳勇敢的民风就是最灵的神。

MULU 目录

时代印记

目 录 MULU

目 录 MULU

轶闻传说

村风旧俗

附　录

时代印记

解放前的那些事

韩仁贵 等

鬼子来了

1940年冬季的一天，那一天好像是冬至，家家户户正都忙着包包子，突然听到飞机的声音，是日本鬼子的飞机来轰炸姜疃，因为姜疃有抗日民主先锋队（以下简称“民先”）。很多人从家里跑出来看，首先飞来的是单翅的，人们都说是侦察机，紧接着又来的是双翅的，人们说是轰炸机，我们都叫它“飞艇”。当轰炸机往下扔炸弹时，有的人看着说：“快看，飞艇拉屎了。”还有的人说：“快看呢，飞艇下蛋了。”炸弹落地以后，爆炸声很大，吓得人们东躲西藏，再也不敢看热闹了。没过几天，又来轰炸了两次。

自从炸了姜疃以后，日本兵和“二鬼子”（汉奸、伪军）隔三岔五地来安里村扫荡。进村以后，不是拉驴牵羊，就是抓鸡抓狗，无恶不作。有一次，他们进村抢了很多东西，“二鬼子”用担子挑着往西走，快走到姜疃的时候碰上盖功存（盖信和盖强的父亲），他们就叫盖功存给挑着担子，送到崔疃河东岸时放他回来了。一个“二鬼子”还给了他两个小钢钱（当时使用的一种钱币）。

第二年春天，张维恒（张玉友、张玉朋、张玉杰的父亲）在牵人沟坝头那里剜苗儿，被扫荡的日本鬼子看见了，叫他，他也听不懂，因为害怕，爬起来就跑，日本鬼子举起枪来就打，他被打伤跑不动了，日本鬼子过来用刺刀把张维恒给活活刺死了。那一天，我们几个人正好就在出儿山前兰家坟南，眼看着这一幕惨剧，害怕极了，大气都不敢出。（韩仁贵）

闹蝗灾

1944年立秋到处暑这段时间，安里遭受过蝗灾。据说是从日照那边飞过来的，持续了二十多天。每天下午从两三点钟到五六点钟，一群一群的蝗虫遮住了天，掠

韩仁贵，安里村人，1934年生，曾任安里大队革委会主任，2021年9月去世。

过安里村和上夼村往东飞去，大部分都落在宋母顶以东、东南山和河子山沟以北这些地方。我记得，天不亮的时候，就有很多邻居起来一块儿去捉蚂蚱。天刚开始露白是捉蚂蚱的最佳时机，一是蚂蚱的翅膀沾了露水飞不起来，二是蚂蚱冻了一宿不大能动弹。我们趴在地堰下观察四周，只见谷子地、高粱地和山草堰上最多。伸手握着作物的秸秆往上一撸就是一把，装在布袋子里，接着再撸，一早晨能捉一袋子呢。等到太阳出来，蚂蚱就不好捉了，见人就飞。

蚂蚱拿回家以后，不敢直接解开袋子口，怕它们飞了。一般是把袋子放在铁锅里的锅卡杈上，添上水烧火蒸，然后从布袋子里把蚂蚱倒出来，用热盐水焯熟就可以吃了：抓过一把，拿出一个，用手把蚂蚱头轻轻一扭往外一拽，头和肠子不要，再把翅膀一扯，剩下身子就着饭吃。记得那年过中秋节，过节菜全是用蚂蚱做的。开头几天还觉得挺好吃的，后来嘴都吃出口疮来了，妈妈就把吃剩下的蚂蚱用水磨磨成了蚂蚱酱，足足两大坛子，留着来年春天吃。

1945 年春季安里村解放后，上级号召各家各户不分男女老少都要上山消灭蚂蚱幼虫。男劳力拿着铁锨在地里挖沟，妇女儿童每人拿着一根树条，往挖好的沟里驱赶蚂蚱，后面紧跟着的男劳力用铁锨往沟里填土压紧，连续忙活了十几天。（韩仁贵）

盖万与一支枪

盖万家住上疃小北山顶，通往他家的陡坡路面都是麻岩石，凹凸不平，十分难走。他贫农出身，长得人高马大，加上身体健壮，早早就加入了民兵组织。他积极参加站岗夜巡、支前等活动，在给村里的军烈属代耕时，大家也都争着选他。

1947年前后，解放军一支队伍行军途经安里村。走到盖万屋后时已近午夜，天上阴云密布，道路漆黑一片。一些来自平原地区的战士，从小走惯了平道，加上又是夜里，走不惯乱石遍布、坎坷不平的山路。盖万夫妻俩知道后，急忙往油灯里加上仅有的花生油，挑高灯芯，打着灯笼赶上去为队伍照明带路、提示路况，盖万还让妻子回家提水给战士解渴。分别时，部队首长拉着盖万的手，再三感谢。并记下了盖万的名字。

事过月余，村里接到上级发来的一面“拥军模范”锦旗和一支崭新的步枪，指名奖给盖万。从此盖万只要参加民兵组织的活动，就背着那支擦得锃光瓦亮的步枪，十分荣耀。一直到20世纪60年代，凡村里在西学校放电影，盖万的长子盖好云就背着那支枪进场维护秩序，成为当时村里的一景。（张正齐）

“跑反”

日本鬼子、国民党反动派进攻解放区时，所经村庄的村民们听到消息后，为了避免受到伤害，提前转移到大山深处躲藏起来，待敌人走后再回到村里，这个过程叫“跑反”，也叫“逃反”。我五岁时，经历了一次“跑反”。

那是1947年深秋，有一天午夜时分，大家睡得正香，突然听到村干部沿街催促大家赶快“跑反”的呼喊声。人们听到后，都赶紧爬起来，急急忙忙穿戴收拾后便往街上聚集。当时我睡得迷迷糊糊的，姨姨给我穿好衣服，又把我抱到胡同口外面的一块大石头上，让我站在那里等。我上身只穿了一件小棉袄，里面什么也没穿，冻得全身发抖。姨姨返回家牵出来一头毛驴，姥姥坐在驴驮子上，姥爷把我抱到驮筐里。街上的人越来越多，相互招呼着拥到通往东山的路上。天黑漆漆的，人越来越多，人们边走边骂，怨声载道。天蒙蒙亮时，走到了憩格庄村外的小河边，沙滩

上挤满了四面八方赶来的人，有的推着小车，有的赶着牲畜。人越聚越多，不光是安里村的，还有其他村的。人们在河边歇息，那时小河的水很清澈，有人跑到小河旁用双手捧水喝。歇完脚以后，继续往山里走，大山深处漫山遍野都是“跑反”的人。有的在地里，有的在林子里，坐着、躺着、蜷曲着，就这样干捱着。有几个小青年饿得不行，想到豆子地里抓豆虫吃，被旁边的老人制止了。老人说，豆虫不能用草烧，一烧草冒烟便容易被敌人发现，青年人听后只好作罢。白天还好过一些，最难熬的是晚上，在漆黑的野地里，凉风阵阵，寒气袭人，人们饥寒交迫，大人还能忍一忍，孩子们受不了，有的小孩冻得哭了起来，大人便赶快哄着吓唬着，生怕引出意外。这次“跑反”，在山里住了好几天，后来怎么回到村里的，我都不记得了。（邢一夫）

捡子弹壳

1945年正月初二晚上濯村解放了。初三吃了中午饭后，盖信叫我去濯村看看光景，说顺便拾几个子弹壳做小枪玩。

到了濯村一看，到处人山人海的。村子有四个大门，还有五道围子墙。我们走到东门、北门，都进不去，不一会儿又走到了西门，进去发现有的城门墙都被炸塌了，循着一股焦香味还看见城门楼的横担木上挂着一个烧死了的“二鬼子”。我们随着人群往里走，老远看见门北旁边撑着的木板上面，放着一摞一摞的白面大饼，有很多人过去抢，有的掉到地上了，有的人过去拿起来就吃。我们一直没找到子弹壳。天快黑了，我们开始往回走，还没出西大门，碰见了盖言禄，就结伴往家走。一出西门，发现一具“二鬼子”尸体边上有个手榴弹，盖言禄过去拿了，想要回家割疥药（制作疥疮药）。走到宋格庄村北那里，被南泊子的民兵拦住了，非要把我们送到海阳去，我们和他争吵了起来，幸亏过来了一个认识盖言禄的民兵，这才把我们放了，但把手榴弹没收了。

第二天，盖信又叫我到憩格庄去看看有没有子弹壳。憩格庄比濯村早一天解放。一到憩格庄，就在西门外河西的小沟边上看到了四具“二鬼子”的尸体，其中有一具尸体被狗吃了。找了一圈，终于在河西岸臭椿园北面的小坟地捡到了四个子弹壳。我们没顾得细看壕沟、围子墙和西门，只记得在疃西南面的河西岸，小馍馍山上的一个炮楼被炸塌了。再以后，我到宋村看亲戚，路过那里，还能看到那个炮楼的基座。（韩仁贵）

风雪闯关东

张正齐

1944年农历大年除夕，正是亿万中国人阖家团圆的时刻，生活的窘迫，逼得我父母无心留下来过年，他们要带着当时仅有四岁的大姐举家闯关东。那天，朔风怒号，大雪狂飞，他们雇了一辆马车，拉着破破烂烂的行装，在村北头和送行的五叔简单告别，不顾五叔哭红了眼睛，一头扎进了安里村外的茫茫大雪之中。

按照父母的计划，他们要先到烟台，然后走海路到大连。从安里村到烟台的土路，路面很窄，坑坑洼洼的，经常遇到乱石草墩，天气又冷，车子又颠，大姐一路上大哭不止。车行到山前店，还没出莱阳地界，已是日落时分，一道洪沟（方言，又深又宽的沟）横在车前将去路截断。洪沟上原本是架有木桥的，但桥板已被路边的店家拆下。“住下吧！”店老板出来说，“走夜路不平安，宿下吃个热乎饭，天亮再走！”父亲一心想赶路，恳求店老板搭上桥板放行，店老板说啥也不答应，还说这是官家立的规矩，日落就不准通行。一家人只能进店住下。午夜，他们被突如其来的吆喝声惊醒，只见五六个蒙面人，端着钢枪，刺刀瓦亮，逼父亲把钱交出来。母亲哀求：“各位官长，俺一家在南乡过不下去了才大年三十出来逃难，行行好放俺去吧！求求你们了。”“没钱还坐马车？少啰嗦！要钱要命自个掂量！”说着就乱翻一气，父亲身上的零钱全被搜走，藏在大姐棉裤里的路费也没藏住，稍好一点的行李衣服都被抢去了。好不容易捱到天亮，连饭也没吃就赶紧离开了。

七十多年过去了，一位知道底细的山前店籍退休教师告诉我，当年在通往烟台的洪沟道边开贼店的，是山前店镇豹础铺村赵氏兄弟，他们坑害了不少人。1946年冬天，这俩恶棍被一个受害人带着七八个当兵的绑到河边，凌晨三点用石头活活砸死了！

好歹赶到了烟台，父母已经身无分文，幸亏父亲在烟台学木匠时结识了几个好友，大家帮着凑齐了去大连的船费。大年初四，父母和大姐到了大连，在香炉礁贫民区落脚安家。

1944年的大连，正处在日本人统治之下，日本人耀武扬威，中国人艰难度日，靠乞讨为生的不在少数。父母他们每人一天四两橡子面，还经常不能及时发放。为了贴补口粮，母亲每天带着大姐去海边捡拾海菜。有一天，赶海的人熙熙攘攘，母亲只顾找海菜，一不留神，大姐不见了。就在母亲心急火燎地找人时，突然听见有人呼喊："谁家孩子掉海里了！"母亲急忙奔过去，只见海里有绺头发一晃一闪的，不容多想，母亲不顾五个月的身孕，扔下小筐就冲到海里，也不知哪来的力气，一把揽起大姐。在好心人的帮助下，母亲和大姐获救了。后来母亲多次说起当时的情形，上岸后，母亲喘息了半天才缓过劲来："孩子没了我也不活了！"那些帮忙的好心人安慰她说："小媳妇，你有福呀，怀的准是个小子，命真大，这一下三口子必有后福啊！"

那年6月母亲生下我之后，家里又多了一张嘴。父亲起早贪黑拼命做工，也难以糊口，大连实在待不下去了，一家人不得不北逃沈阳。到了沈阳，正赶上日本战败投降，中国人哄抢日本人的仓库，苏联大兵开枪守护，有人为了抢东西把命都丢了。父亲费尽周折，终于找到了安里村老乡盖孟文，但因为沈阳城里太乱，时有命案发生，他也不敢待下去，准备逃奔乡下。就这样，我们在沈阳住了一个多月，无法落脚，只得又逃荒到抚顺清原县南山城村。我五祖父张太文早年逃荒到那里，有他做接应，我们总算安顿下来了。父亲的木匠手艺很好，在崔成有木工厂谋到了固定工作，活多得忙不过来。南山城村对关里来的逃难户很照顾，后来土改时，我们家分到了八亩八分上好的土地，日子逐渐好过起来。

1955年，祖父已去世多年，祖母年事已高，父亲非常挂念祖母及家人。正好大伯写信来，让我们回关里。这一年的6月，我们全家七口人回到了父母阔别11年的故乡——安里村。

真假“八路”

盖艾玲

据村里老人说，1945年麦收后不久，日本鬼子投降，国民党接收占领了青岛，收编了汉奸赵保原和驻青伪军。当时国共谈判结束不久，明面上，胶东一带国共两党军队处于休战期，但树欲静而风不止，暗地里早就开始了生死较量。

1946年春，八路军胶东军区南海独立团根据敌情需要，化整为零，按区域划分成了若干个武工队。队员都是清一色的年轻小伙，配备轻武器。他们潜入村庄，宣传我党主张，督促收交公粮，重点惩治敌特、反动地主和坏分子等。

这年的秋冬季节，国民党组织“还乡团”反攻倒算，残杀共产党员和进步人士，八路军武工队的生存环境非常恶劣，想要发展壮大就离不开老百姓的掩护和帮助。因此各个村庄的先进分子、“堡垒户”尤为重要。

当时莱阳北边已经解放，属于“解放区”。莱阳南乡憩格庄、濯村一带，仍有赵保原顽固势力盘踞，属于“敌占区”，安里村也属于敌占区。日本投降后的一两年里，莱阳的形势是敌我双方拉锯，“还乡团”一回来，莱阳各处暗藏的汉奸，就像雨后蛤蟆一样兴奋起来，随着国民党军队一起活动。

有一天晚上，安里村下疃后街上有一户人家，本来已经睡下，忽然听到有人敲门，男主人开门发现外面站着三个穿便衣的，外地口音，其中一个说：“老乡别怕，我们是八路军的便衣，以前叫‘八路’，现在叫解放军。从解放区过来，到海阳那边去，夜里走累了，想借你家讨口吃喝，你看行不行？”这户人家的男主人，是一位积极分子，平日里积极参加村里的支前活动，家里也有儿子参军上前线。一听是自己的同志，赶紧让三人进家门，叫起来妻子，给他们又是烧水，又是做饭，好一阵忙活。三个人吃过一顿热腾腾的饭，其中一个便和男主人拉起呱（方言，聊天）来，问了村里的一些情况，哪些人是军属、干部，男主人也都一一说了。

天快亮的时候，三人说要急着赶路，请他给带个路。男主人想都没想就带着三人出了家门，再没回家。

几天以后，村里有人在村东的出儿山，现在老茔小水库的南岸，发现一具男性

盖艾玲，女，安里村人，1953年生，曾任莱阳电视台部门主任，现居烟台市。

尸体，由于埋得较浅，露了出来，正是那位男主人。家人前去收尸，发现是被匕首一类的短刀从背后刺死的。

又过了些日子，有一天晚上，下疃前街有户人家，也是夜里有人敲门。男户主开门后，门外站着两个人，其中一个说自己是万第来的，有事前往濯村，实在走累了，想借路歇歇脚，喝口水。那时候万第还没有解放，一说是万第来的，不用问，就是国民党赵保原的人。主人赶紧领进家中，热情招待，好菜好饭，一番伺候。天快亮的时候，两位来客请求男户主以送亲戚的名义带他俩出村。结果，这个人也是有去无回。几天后，男户主被发现死于村外的一条山沟里，也是被人暗杀。

后来村里人从我党地下组织得知真相：前面那三个自称是“八路”的，其实是敌人的暗杀队，他们接到告密，便打着“八路”的名义，暗杀村里我党骨干分子。后面两个说自己是万第过来执行任务的，才是我们真正的同志——这是区大队抽调的精干力量组成的“锄奸队”，专门惩戒那些为敌人通风报信、出卖积极分子的汉奸，反击敌人的暗杀行为。

“高人”指点　投身革命

盖国鹏　盖国平

安里村下疃后街有个老党员名叫盖成仁，他参加革命的经历有点特别。

盖成仁的祖父叫盖世禄，当年有土地两百多亩，房产多处，算是个大地主。盖成仁的父亲兄弟五人，人称“五虎将”。后来他们分家时每户分地四十多亩，个个都是小财主。但成仁的父亲盖鸿海没有好好继承家业，因嗜赌成性，没几年工夫家业破落，迫不得已带着成仁、德仁兄弟俩闯关东谋生。盖鸿海在奉天（沈阳）火车站走失，成仁兄弟俩心急火燎地分头找了两个多月，最终没有找到父亲，自此以后父亲杳无音讯，不知所终。

成仁兄弟俩找父无望，不得不分头给人家扛活（打工）。成仁被一个有两百多亩地的于姓财主雇用。东家比他大不了几岁，蛮精明的，让他当把头。因成仁身体强壮、能干会干且打算嘹亮（方言，精明能干之意），得到了东家的欣赏及其雇工的拥戴，东家给他工钱也不薄，这一晃就是14年。后来，因挂念老母亲，成仁便跟东家提出要回老家，东家挽留说：“你若嫌工钱少，我可以给你增加，牡丹江这一带你只管打听吧，我是付给你最高的。”成仁向东家说明了情况，道谢后返回老家，后经人串通（方言，牵线）介绍过继给了街门口（方言，邻居）的族奶奶，当时也有7亩地，凑合着过，解决温饱没有任何问题。

一般人可能就这样混下去了，但成仁是个要强且从不服输的人。家境败落、闯荡东北的经历，让他经受了考验和锻炼，悟性、思想境界、生存创业能力也得到了进一步提高，此时他暗下决心，要重整家业。于是在1945年春天徒步去了青岛，找到本村族爷盖之正，盖之正是个见过世面的人，当过省参议员，也算是国民党政府要员。

说明来意后，盖之正对他说：“成仁，您这个主儿（方言，家族）在咱村很有影响力，你又是个聪明人，老少爷们儿对你有很好的评价，当年你爹在的时候，你是他最器重的孩子，对你期望值很高，后来家庭遭殃了，到了今天这个地步，你应该振作精神，闯出一片新天地，为你老人、为自己争口气啊！你可能不太清楚，尽管现在天下大乱，但不出意外，一刻（方言，很快）就是共产党的天下了。你赶紧回

盖国鹏，安里村人，1960年生，银行退休干部，现居甘肃庆阳市。
盖国平，安里村人，1965年生，现在中石油庆阳工业服务处工作，现居甘肃庆阳市。

去吧，跟共产党干吧！”听了这话，成仁很惊讶。当时他虽然知道村里村外早已有了共产党组织，但了解甚少。成仁不解地问：“既然如此，您老为什么不跟着共产党走呢？”盖之正一时语塞，好一会才说出原委：“我曾是国民党员，做了若干于共产党及人民不相容的事，共产党怎能容我？也不会饶恕我，老百姓也不会原谅我，我现在是混吃等死啊。”后来他才知道，其实那时的盖之正已是“二鬼子”了，整天靠吃喝玩乐、抽大烟来麻醉自己，精神已经崩溃。

成仁当时并不知道这些，但听了盖之正的话他顿时醒悟了，道谢后立即返回老家。从此，积极向共产党的组织靠拢，决心跟共产党走。虽然他的家庭出身对他不利，但他在村里一向有比较好的口碑，再加上自身的努力，很快被组织吸收为共产党员。后来在斗地主、反恶霸、土地改革中表现积极，起到了很好的模范带头作用。当时有些不明真相的人问村里的负责人，为什么让盖成仁参加这些活动，回答是“他不仅能参加，还能组织你们呢，你们应该服从他的领导”。后来村里党组织任命他为财粮主任（委员），类似现在村里的会计保管一类。在“大参军”、物资筹备及发放、支援前线等工作上，成仁都做得有声有色。

1951年，姜疃乡（区）党委书记（区长）徐志民（后任莱阳县副县长）找成仁谈话：“要不是你岁数大，真应该调你上来，我们在区里搭档。要不这样吧，根据上级指示精神，每个区都要成立一个供销合作社（股份制）。你全权负责筹建吧！”成仁立即表示服从组织安排。于是，他带领本村盖冠鹏等人靠一把算盘、一杆秤很快组建起了姜疃区第一个农民入股的商业合作组织——姜疃供销合作社，后被任命为理事会主任，盖冠鹏被任命为主管会计。在理事会成员和广大干部职工的共同努力下，供销社干得红红火火，不断发展壮大，取得了良好的经济效益和社会效益。

在平凡的岗位上盖成仁辛勤工作几十年，成了远近闻名的好党员、好干部。

解放初期几件大事

韩仁贵 口述　盖永泉撰写

解放了

1945年除夕之夜，八路军解放了赵保原盘踞的万第。第二天，天刚一亮，八路军就开进了咱村，安里村解放了。

上级随即派来了工作干部，叫黄炳南。他积极了解情况，培养群众骨干，发展党员，酝酿选举村长以及群众组织负责人。据“老八路”盖善云说，咱村发展的第一批党员有五个人。

3月份，五龙县凤山区在姜疃村村南头（过去赶集的小猪市场）召开全区群众大会。区长讲了全区解放的情况和当前的主要任务——减租减息运动。

很快，黄炳南组织群众骨干盖洪方、兰清、盖云、盖善云等人，推选张松云、盖冠武为新村长，建立村民政府，筹备成立“四大团体”。新村长的工作开展得很顺利，发展了党员，建立起以盖善云为组长的基层党组织，成立了青、农、职、妇四大团体和儿童团组织。

一是青救会。张维纲、盖风礼为正副会长。下有青年抗日先锋队（简称“青抗先”），就是现在的民兵连，负责管理枪支弹药、巡逻保护本村的安全。盖本、盖彩宾、盖洪中、盖月良、盖洪京、盖福升等人先后任过青抗先的队长。

二是农救会。盖云、盖洪方为正副会长。会内又成立贫农团，盖仁之、盖洪宾为正副团长。贫农团内也有民兵。另外，盖洪之是安里村的贫农团代表，可以参加全区反恶霸斗争。

三是职工会。盖仁先、兰清为正副会长。职工会的成员，主要是常年在外干活的木匠、瓦匠和打工的青壮年。

四是妇救会。新党员盖淑贵先代理了妇救会会长三个月，她工作调动后，盖福先、盖淑群担任正副会长。会里又成立青妇队，全是青年妇女，盖桂珍、盖翠花为

盖永泉，安里村人，1962年生，姜疃中心中学教师，现居莱阳市。

正副队长。

五是儿童团。盖知生、盖万风为正副团长，1945年上半年换成了盖永吉、盖淑德、江守快。团内成立勇敢队，张维胜、盖常春为正副队长。

以上组织成立后，接着就把过去的保甲制度变成了选区制度。全村划为七个选区、十八个旅，每个旅十三四户，安排任务时就按照各选区各旅各户派任务。

土地改革和分田分地

1945年以前，咱村就有参加革命的。村里对有人参加革命的家庭格外照顾。解放后，盖政云为安里村代耕大队长，负责本村的军烈属的代耕工作。1946年秋季，又推选盖合群为军烈属代表，负责了解军烈属家庭日常生活情况，做一些群众工作。

“四大团体”成立后，开始大搞减租减息和土地捐让运动，评出各家各户的家庭成分，为分享胜利果实作准备。

家庭成分划分为贫农、中农、富农和地主，其中贫农占多数。

贫农分为四个等级：一等雇农、二等贫雇农、三等贫农、四等贫农。

中农分为四个等级：一等富裕中农、二等上中农、三等中农、四等下中农。

此外，还评出了十户富农、五户地主、四户恶霸。

从1945年大搞减租减息运动开始，都是以农救会为主。那年的农历六月初六，

为了庆祝贫农团当家作主人，村里的四大团体及儿童团等组织的全体人员，敲锣打鼓，列队沿着上下疃大街举行游行活动。从此开始，大搞土地斗争运动，没收地主、富农的土地分给贫农。村里还成立了财粮小组，负责登记从各旅各户上调的，以及没收地主和富农的各种物资。1946年，部队医院二分所到咱村来居住的时候，也有存拨的东西。

1946年农历二月初二，在咱村疃西头小河沟边上镇压了国民党连长盖世钦，斗地主打恶霸正式开始了。那年八九月份是反恶霸的高潮，先是镇压了本村的恶霸盖洪柱；秋季，在村北小后山上，镇压了盖治民和江同先。秋收时候，盖洪信上垛山后看地瓜干时失踪了，据说此人身份不清。在反恶霸高潮阶段，反出来的东西都由盖迎宾负责看管，盖香洲负责记账，准备按照等级分发给贫雇农。

1945年至1948年的农村工作，多数由农救会会长做主，所以，咱村的农救会会长盖云就成了专职干部。他出门工作时常带着三件武器，肩上挎着一支钢枪，腰里别着三颗手榴弹，后背上背着一把大刀。1949年以后被免职。

1947年春节过后，上级发起了大参军运动。村长盖聚成带头报名，出现了很多母送子、子送父、妻送夫的动人场面，一次就去了上百人，被编到南海独立团，还特别成立了一个“盖家连”。咱村的参军人数在全区排第一名，按照户数比也是最高的。

送走大参军的人以后，1947年农历二三月份，在村北面的小后山上，又镇压了三青团骨干分子张从云，村里进入第二波反恶霸斗争，也叫“大复查运动”，总的原则是：中间不动，两头拉平（方言，平均）。拉平拉出来的物资、土地和房子，还有捐让的土地等，全部分给农民，还要填写相应的土地证。听盖乐宾说，当初填写土地证的有十三四个人，会计盖香洲和清算主任盖洪方负责管理土地证等工作。

解放后，把村公所改为村政府。村长和书记到村政府办公。其他人员就在村团部，就是现在会计、民兵值班的地方。1945年至1947年，村政府换了好几个地方。头一个在大街南盖正之的三间房子里，第二个在大街北胡同里盖学宾的五间房子里，第三个在大街北盖冠民被拉平拉出来的正屋三间、倒屋（和正屋相对，坐南朝北的房子）三间里，叫大高房子。我记得那时每天有四个儿童团队员在此值班，没事在外面，有事叫进去。有事多数是叫他们往外村送信。有一天，我和盖京先往瑶头送过两次信，回来时还要拿着收条儿上交。

1947年秋，蒋介石发动反攻解放区活动，一些反动势力借机组织“还乡团”进攻胶东解放区。在敌人进攻时，村团部派民兵到宋格庄等地侦察，了解敌人的动向，组织群众和“四类分子”转移。群众为了躲避敌人，有的跑到海阳，有的跑到大夼横岭口、苟格庄、柳树夼等地方。“四类分子”盖洪清走到大口子西坡时，因为逃跑被民兵击毙。

1948年和1949年连续两年的春天，村里组织群众上山把自己原有和分得的土地都插上牌子，写清楚山名、地段、亩数、地界、“四至”等，以备查验是否与土地证相同。

1949年，山东省公安厅在青岛湛山枪毙了从咱村出去的日军翻译官、参议员、反动道会门头子盖之正。

1950年，村里的工作重点是废除旧土地证，换发新土地证，贫苦农民都有了自己的土地。

1945年至1950年，村里的主要干部有盖仁先、盖福升、盖洪方、盖正云、盖功法、张维正、盖桂先、江奎世、盖月良、盖洪京、盖洪秋、盖保云、张松云、盖冠武、盖福先、盖淑群、盖桂珍、盖翠花等人。四大团体和儿童团到1950年就基本结束（工作）了，由村党支部和民兵村团部主持日常工作直到1953年。

抗美援朝和服兵役

1951年，咱村盖奎、盖月庆、盖江云、盖发先、盖洪文、盖义群、盖元福、盖保春等八人，积极响应上级“抗美援朝，保家卫国”的号召，报名参军。接着，上级又号召：门外打狼，家里打狗，发动群众，捐献飞机大炮。村里马上开会发动群众积极捐献家里的金、银、铜、铁、锡等，有的妇女当场就把自己的耳环和手镯摘下来，交给在戏台子上主持捐献会议的人。

1952年，开展镇压反革命运动。全区在姜疃河东岸分两批枪毙了七个反革命分子。过了几天，又在濯村南河岸一次枪毙了七八个反革命分子。紧接着就开展了“三反”肃反运动。全区在姜疃村南头广场召开大会，有的人被群众当场揭发，关押起来。

会后，咱村群众就把盖香洲给查出来了。他在1945年至1947年打地主斗恶霸时，担任村里的财粮小组长和清算主任，因为账目不清，有贪污现象，被隔离审查。晚上趁着看管民兵麻痹大意，他上吊自杀了。最后也没弄出什么结果，村里把账目全部装到棺材里，埋了。

到1955年春天，国家开始实行义务兵役法，发动青年参军。咱村盖永吉、盖永群、盖永邦、盖冠云、盖守堂、盖贤群等六名青年参军。

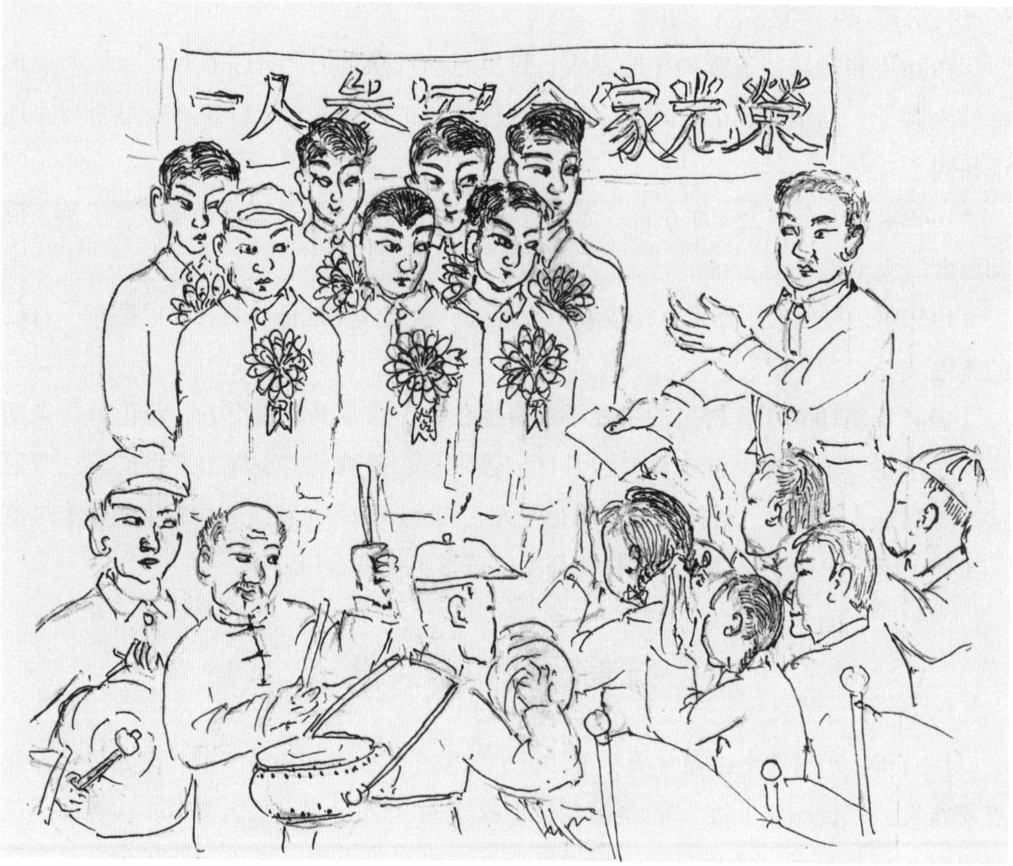

粮食统购和出民工

1953年开始国防大建设和粮食统购统销运动。全村先开代表座谈会，然后发动群众自报余粮数，一周为一个阶段。有的人头一天晚上报1升或者1斗（注：那时不论斤，论升、斗、块。3升是1斗，4斗是1块，1升是13.5斤，1斗是40斤，1块是160斤），第二天晚上再报头天晚上的数，等到第七天晚上合起来可不是小数目了。有的人头天晚上报1块，到最后那天晚上加起来就是7块（1120斤）。最后没有办法，谁家到底能有多少余粮，都要经过群众评议确定。对不接受的人家，就进行个别开会动员。还有个别人家，死也不想拿一点。当时有个姜区长在咱村驻点，专门协助搞粮食统购统销运动，他也拿这几户没办法。

那年的国防大建设，上级要求咱村派五个民工到莱阳城去烧窑，两个月的工期。盖明升、盖乐升、张维国、盖振国、韩仁贵去了。有时遇到下雨天不能干活，他们几个人就去打短工，去装马车拉沙，修建县委前面路西的工人俱乐部。

互助组与合作社

1953年后，党中央提出党的总路线和发展农业纲要四十条，提倡农村大搞互助合作，成立三等组、二等组。全县试点成立了两处农业合作社，北半县在沐浴店区黄崖底村，南半县在姜疃区东宅村，其他村都是以三等组、二等组为主，单干户很少。

1954年春天，咱村成立了五处初级农业生产合作社，除了这五处初级农业生产合作社以外，还有很多三等组、二等组没有入社。

1955年秋天，五处初级农业合作社合并为一处高级农业生产合作社。此前的互助组和单干户都要入社，并且入股参加，就是把大小牲畜以及配套使用的各种农具，一律由全村统一评估作价入社，如果这些东西不足标准额就要贷款入社。

全村合并之后，就研究决定先划分地片，再划分生产大队，把原来的七个选区定为生产大队，然后划好七个大片的土地，山坡和坝头都随地片走，洼地单独划分。

烈属父亲和“儿子”

盖龙先　张正齐

上疃街有个张仕学，一生勤劳，勤俭持家，挺会过日子的。年轻时性子急，有一次挑水进门，一脚踏进了母亲放在门口的面汤盆里，母亲骂他瞎“冒龙”（方言，冒失的意思），他说“收不住马了”。他的乳名叫小冬，后来村里就有了“小冬挑水——收不住马”的歇后语。

张仕学嗓门好，会唱不少老歌。生产队时期，每到晚上开会前或是上山劳动休息的时候，总有人“央及”（方言，请求的意思）他唱一段，他一点也不拘束，立马就会大大方方地唱上一段“小寡妇上坟”，声情并茂，唱着唱着自己就哭起来了，抽抽嗒嗒的声音让人动容，周围也会有人跟着他哭。

张仕学命运多舛。四十来岁的时候老婆没了，他和续娶的妻子把一儿一女拉扯大。他拼尽全力供儿子张本修读书，本修天资聪颖，又勤奋，考上了莱西中学。读书期间受进步思想影响加入地下党，1947年投笔从戎，参军到了华野九纵。张本修有文化又会说快板书，是连队的宣传员，经常参加师机关宣传小报的编发工作。淮海战役中，张本修英勇冲锋，壮烈牺牲。

儿子牺牲时，张仕学快五十岁了，续妻已经死了，女儿也出嫁了。他成了烈属，受到政府优待。可是没了后代，他心有不甘，他说就是借个女人也要再生个儿子，后来还真成了。

“三年自然灾害”最严重的那段时间，1960年末或是1961年春，村里人成群结队外出讨饭，同时也有外地人来村里讨饭的。张仕学一来有怜悯之心，二来也想有个家，就收留了讨饭的一家母子三人，母亲五十岁上下，两个孩子大的是个姑娘，十六七岁的样子，下面是个七八岁的男孩。

这下张仕学相当于有了老婆还有一双儿女，他高兴得很，整天乐呵呵的。那个小男孩叫“小丁和”，他更是喜欢得不得了，尽最大努力呵护照顾。小丁和由于营养不良，身材细瘦，但聪明机灵，大眼睛忽闪忽闪地特别有神，来村里住下后不久就和街上一般大的孩子合群了。起初，他还不怎么说话，只是旁观，不几天就活跃起

盖龙先，安里村人，1949年生，现居安里村。

来，话也多了。孩子们都爱听他的话音，虽然听不太懂，但腔调很好听，小伙伴们都主动亲近他，逗他说话。小丁和一高兴就说话，越说越高兴，夸这里地瓜干比饼干还好吃，还教给孩子们在老家玩的游戏，在孩子们中很有亲和力。有时和小伙伴玩疯了，忘了回家，街上就会听到张仕学的吆喝声："小丁和——，小丁和——，回家吃饭了啊！"张仕学耳聋，声音特别大，满街都能听见。

小丁和的妈老实本分，很少出家门。小丁和的姐姐中等身材，模样端庄，一身的旧粗布衣服，补丁很多却很合身，洗得也很干净。姑娘很勤快，上山干活也利索，虽然不怎么和大人尤其是小伙子们说话，小伙子们却对她都有想法。当时有人想给她介绍村里最漂亮的青年小伙盖青，可当时盖青家人口多，日子很艰难，哪娶得起媳妇啊。

马瘦毛长，人穷志短。过了两个多月，张仕学有点撑不住劲了。毕竟凭空添了三口人吃饭，他自己也不宽裕，积攒的陈粮剩草，也快用完了，这时他们就产生矛盾了。邻居们常能听到他们屋里传出争吵声甚至责骂声，张仕学几次要赶他们走。可这样的三个人能去哪里呢，他们坚持不走。硬的不行就来软的，张仕学好声好气劝女人："你走吧，我真是养不起你们这么多人了。要不你上后屋老头家过吧！"后屋的老头叫张绍明，是张仕学本家，长张仕学一辈，也是个老光棍，家里更是穷得叮当响。

没过几天，小丁和只好和妈妈、姐姐离开了，临别时小丁和满脸泪水，依依不舍，一步一回头，姐姐拉着他的手，"呜呜"地一路哭着走了。听说她们去了海阳，她们老家是胶县（今胶州市），那年头胶县胶南一带比莱阳的灾荒更厉害。

再后来，张仕学借腹所生的儿子长大后归了他，他为儿子娶了媳妇，有了孙子孙女。

迎送解放军

邢一夫

安里村一直有拥军的传统。有青年参军，村里都组织学生、群众敲锣打鼓热烈欢送。在我的记忆里，有两次欢送至今难忘。

1951年，中国人民志愿军与美军在朝鲜战场展开激战，为确保这场战争的胜利，我国从多地征召青年入伍，作为预备队，随时准备入朝作战。

当年，安里村也有一批青年应征入伍。在姜疃区集结出发那天，区里派了一名干部到村里组织群众为这批青年送行，送行地点在村学校。全校师生站立在校门两边，村里还组织了锣鼓队，很多村民闻讯赶来。一会儿工夫，参军的青年们列队从南街往学校方向走来，个个精神抖擞。队伍快到校门时，锣鼓队敲打起来，锣鼓喧天，老师领着学生高呼“抗美援朝，保家卫国”的口号，村民们也都鼓掌欢呼，场面非常热闹。这时，一位老太太从后面撵上队伍，抱着盖月庆的腿哭了起来，不让他走。那名区干部见状，疾步上前，用力掰开老人的双手，向老人说了些什么，又向出发的青年大声喊道：快到姜疃区去集合。听到命令后，一队青年便大步向姜疃奔去。

当时我年龄小，觉得这名干部挺厉害的。后面的大个子同学说：“他是区里的位助理，是那位老太太的女婿，是盖月庆的亲姐夫。”明白了这些关系以后，我心里顿时生出一股敬佩之情。对那位老太太的举动，大多数在场的村民都很同情，一些上了年纪的也跟着唏嘘起来。可难过归难过，一旦儿子参军走了，当母亲的除了挂念，就是默默地挑起家庭生活的重担。

几年后，盖月庆光荣退伍回到村里，他发扬部队的优良作风，在生产劳动中起模范带头作用，在村里产生了很好的反响。江守民同学当年还专门写了一篇表扬盖月庆的稿件，刊登在《莱阳县报》上。

后来我知道，在当年的参军队伍里，还有曾当过村党支部书记的盖奎老前辈。我们村的这批抗美援朝老兵，还有解放前参加革命的老兵，以及那些推着小车、抬着担架的支前民工，都为建立和保卫新中国立下了汗马功劳，他们是安里村的骄傲，是我学习的榜样。

1953年的一天，区里通知说，有一支解放军部队转场训练路过安里，要求村里、学校组织迎送。

按照区里指示，学校老师便把全校学生集合起来，列队站在从学校门口到村南街的路上，等候部队的到来。时间不长，便见到一支队伍从村西的路上走了过来，顿时锣鼓齐响，老师领着学生鼓掌欢迎，并喊着口号。好多村民也都赶来站在学生后面观看，表情都很兴奋。我看到战士们个个精神抖擞，情绪高昂，着装整齐，步调一致，肩扛着枪，一排一排地大步向前行进。两位部队领导走在队伍最前面，不时向欢送的人群挥手致意。队伍最后面是后勤人员，有的推着小车，有的挑着担子，紧紧地跟着队伍向前行进。有位老兵特别引人注目，他有五十岁左右，个子不高，粗壮敦实，挑着一副装着炊事用具的担子，其中一头挂着一口大铁锅，担子有些沉重，老兵走起来，那扁担一颤一颤的。我看到于老师从学生队伍中快步走出来，向前伸出双手，对这位老兵说："解放军大哥，我来帮你挑一会儿。"那位老兵向于老师摆摆手，客气地说道："不用不用，谢谢。"说完便大步跟上了队伍。

整个活动的时间不是很长，但这位老兵和于老师当时给我留下了深刻的印象，至今都忘不了。

青年支边北大荒

张正芳　张玉志

1959年，根据中央要求，山东省派出33万名青年赴黑龙江北大荒支边。当时上级分配给姜疃公社一百多个名额，要求和征兵一样，不仅政审要合格，还要“三通四满意”。安里村许多青年准备报名时，听到有人散布“关东山，喝山沟核桃水，长大骨节病瘸腿，蚊子小咬要人命”的谣言，有部分青年打了退堂鼓。但仍然有九位同志报了名，他们是：张维模、盖洪英、盖天佐、盖永祥、盖奎兰（女）、盖淑芝（女）、张桂兰（女）、高翠花（女，高格庄人，自幼被安里盖姓人家收养，改名盖翠花，支边报名又恢复原姓）、江桂珍（女）。盖洪英是中共党员，又是复员军人，指定为临时带队。

8月20日，全县支边青年在莱阳火车站参加欢送大会后坐火车到烟台，又坐船到了大连。在大连火车站，带队领导说：“咱们和部队运兵换防一样，都坐闷罐车。大家要经受住考验，三天就到了！”这种闷罐火车无窗、无座、无厕所，闷不透气，大家仍然情绪高涨，有人教唱《我们新疆好地方》，大家学得很来劲，很快就唱熟了。因为没有厕所，走几站便要停车，大家下车围成一圈轮流解手。在沈阳苏家屯吃了第一顿大碴子豆腐菜饭。三天三夜后到达了当时的场部辉崔火车站，到的时候是中午，天下着雨，汗水、雨水挂满了这些山东小伙子和大嫚们的脸。

在车站广场，八五〇农场组织了一个简单的欢迎会。这个农场是1954年由铁道兵8505部队的五百多名转业复员官兵建立的，故称“八五〇农场”，有“龙江军垦第一场”之誉。

农场领导向大家明确了分配去向，其中姜疃公社的一百多人分配到五分场第一、二、三生产队，张桂兰、张维模、盖奎兰、江桂珍等都分在三队，大家坐着马车去了各自的生产队。那时的生产队很荒凉，人也不多，没有像样的道路，甚至连厕所也没有。支边青年朝气蓬勃、风华正茂，他们的到来，给北大荒带来了充沛的劳动力，带来了万家灯火，生产队一下子变得热闹起来了。但当大家深一脚浅

张正芳，安里村人，1949年生，黑龙江省虎林市八五〇农场公安分局退休干警，现居黑龙江虎林市。
张玉志，安里村人，1967年生，八五〇农场干部，现居黑龙江虎林市。

一脚，扛着行李住进四面通风的茅草房或用木头搭起的马架子时，顿觉心里凉了半截，加上刚离开父母和家乡，不少人都哭了，开始是几个人小声地哭，一会儿就哭成了一片。

当时的口号是“干活集体化，行动军事化”，有首歌唱的“小伙子，大姑娘，开着拖拉机上山岗，艰难困苦无阻挡”，就是他们工作生活的真实写照。北大荒的环境相当恶劣，“天苍苍，地茫茫，遍地杂草野兽满山岗”。尤其是冬天，下大雪，刮大烟泡，风雪刮在脸上像刀割一样。零下四十度滴水成冰，大家戴着狗皮帽子和棉手套，腰上扎根绳子，穿着乌拉鞋，里面垫上乌拉草、玉米皮当鞋垫。抡大镐挖排水沟，去野外荒地刨草炭（晒干作颗粒肥），定额每人4方。春夏秋三季，早上三点半就下地，三顿饭都在地头吃，主要是黑馒头就着白菜汤，天黑了才收工。如果收工早一些，还要干一些义务劳动，如修路、粮食上囤、修房子等。夏天挽着裤腿到水里割（捞）麦子，机械下不了地，就得靠人工拉犁种地。秋天弯着腰割大豆，定额每人每天4亩，完不成不回家。最烦人的是蚊子、小咬、瞎蠓等一群一群的，嗡嗡乱叫，脸上一抓一把。

农业队的活儿重，挖排水沟，建棋盘田，小块的1000平方米，大块的3000～4000平方米。吃不饱活又重，长筒铁锹一锹下去二三十斤，甩出去三四米，手起泡，腰腿疼，还要经常加夜班，定额计划完不成不下班，汗水泪水掺和流。就这样，大家写家信还都有一句誓言：“我们要把北大荒建成国家北大仓！”

那时正值“大跃进”，又遇上了特大洪涝灾害，粮食大幅减产。快到年底时，开始度灾荒，实行严格定量，后勤月供15斤，前线按劳动强度分20斤、32斤两个等级。1960年每人每月口粮只有25斤，后来又减到18斤。吃不饱就挖野菜、捞泥鳅、打猎物补充，有的掺杂些豆饼粉、豆秸粉、玉米秸粉一起吃。仓库里虽然大豆、小麦堆成垛，但那是供国家调拨的，农场自身不能随便动用。

三个月后，开始评工资。人们的月工资分成四等：23元、26元、29元、32元。张桂兰腿不好，分在后勤，每月26元。盖淑芝是排长，学开拖拉机，工资最高32元，其余都是29元。

评工资前，盖永祥转行了（当时黑龙江林业煤矿招工，特别喜欢山东人，用山东布票证明身份就可被招用）。盖天佐和盖洪英先后回到老家。一年后盖淑芝回乡探亲时找了婆家，也退职了。高翠花和她丈夫在农场退休后也回了丈夫的老家山东冠县。

张桂兰、张维模、盖奎兰、江桂珍一直扎根在北大荒。

张维模与盖奎兰同在三连，两人结为夫妻。张维模忠厚老实，乐于助人，人缘很好。他当过机务保管员、“康拜因”车组组长，是个劳动能手，获得过不少荣誉。比如割大豆，3000多米长的垄，他挥起镰刀能一口气割完，常常是全连第一。1976年他41岁时自尽，大家都很伤心。当时的农场领导、38团冯团长亲自参加追悼会，称赞张维模是革命的老黄牛，发了400元抚恤金。那时盖奎兰只有34岁，三个儿子尚小。她吃过不少苦，干过食堂，种过菜，靠给别人理发、洗衣服、做衣服鞋子补贴家用，自己还养鸡养鸭养鹅，带着孩子捡煤核。当时一吨煤才12块钱，她也买不起，一个冬天全家只用半吨煤。尽管自己很艰难，她仍不忘帮助他人，攒的微薄工资常常借给邻居应急。长期的劳累使她身心疲惫，2008年5月患脑梗去世，年仅66岁。她的孩子们都很争气，长子张玉平在农场科研所工作。次子张玉孝现在种植水稻形成了较好的产业规模。第三子张玉志是中共党员，自学成才，从机务工人一直干到总技术员、科研中心主任，是当地颇有名气的“农业专家”。

1961年，江桂珍、张桂兰与聊城冠县的郝兴族、周克已调到农场打鱼队，一起劳动，相处得很好。第二年，江桂珍与郝兴族、张桂兰与周克已结为夫妻。江桂珍后来到了糖厂幼儿园工作，直到退休，1999年去世。郝兴族，退休前是农场机关商业科科长，2009年去世。他们的长子郝东现在虎林市电视台工作，次子郝刚退伍后在北京公安部门工作，第三子郝利现在东沟林场工作。

张桂兰的丈夫周克已当过排长、糖厂副厂长等，1998年12月去世。张桂兰后来调到农场商店，在糖厂退休，2014年去世。他们的女儿周海霞是中共党员，现在是农场医院内科副主任。

六十多年过去了，如今的北大荒早已变成了祖国的“北大仓”。安里村的这几位青年，和千千万万北大荒人一道，用自己的青春血汗谱写了一曲时代强音。尤其是扎根在北大荒的四位同志，献了青春献终身，献了终身献子孙，把自己永远留在了北大荒。

玉岱河发大水

盖艾玲

1962年八九月间，正当秋玉米、花生即将收获的季节，本地连续降雨，天空就像撕开了一个大口子，倾盆大雨连续下了两天两夜。玉岱河上游的海阳县、栖霞县也普降大暴雨，洪水暴涨，玉岱河的河面比原来宽了十几倍。洪水离开河床的约束，由瑶头村村南河的拐弯处，冲过安里村村后的西洼、北洼，一路南奔，冲到安里村村西，淹没了学校西边的那口甜水井，水面盖过井口不算，又慢慢涨到齐腰深。洪水的前峰与安里村村南小河的滔滔激流汇合，一直冲到村西果园北面，才极不情愿地调头转为西北方向，汇入姜疃村南原来的河床。此时，浩浩荡荡的洪流，已将姜疃村由南至北洗礼一番。据姜疃村老人回忆，村里百分之八九十的人家都进了水。连续两三天，洪水不退。其间，安里村与姜疃有亲戚的人家，无不急得猫爪挠心、手足无措。安里村男女老少，每天都有几十上百人聚集在村北小后山上，望着滔滔洪浪，为无法前去帮忙营救而揪心。

那时我还不到十岁，也顾不上吃饭，瞅空就往小后山跑。后山上，一天到黑都有人，在那里看百年不遇的大洪水。大人们都不说话，默默地抽着旱烟袋，一副心情沉重的样子。小孩子也不敢大声喧闹，怕遭到大人的呵斥。

站在小后山上远远看去，在原河床中心的位置，泛黄的洪水浩浩荡荡，顺流直下。大棵大棵连根带梢的树木、一根接一根的木头，在水中就像茅草树叶那样，没于巨浪之中，转瞬即逝；无数扎成捆的玉米秸，像放牧的羊群一样，一捆接一捆，顺流而下。一个一个的草垛，从北面晃晃悠悠漂过来，在水面上始终没被打散；更有甚者，有些草垛上面竟然站着一只大公鸡，或者一条狗、一头猪，晃晃悠悠，随着洪水跟着草垛向下游漂去。不过，只要不是河床中心，那些漂浮的杂物就慢了下来。洪水将一些木头、大树冲到了河边，被什么东西挡住了，留了下来，就成了浮财。小后山西面的山脚下，陆陆续续漂过这样的浮财。洪水过后，村里一些勤快的年轻人，就去拣那些浮财，扒到小后山西面的土坡下，晾晒几天，等快晒干了再收拾拿走。

暴涨的洪水像猛兽一样撒野时，却始终未越过距离小后山山脚十几米的地方。安里村村西的几户人家院子进了水，但并无大碍。村里人说，这都是小后山老龟的功劳。

多少年后，我和姜疃村的同学说起这场大洪水，同学说，姜疃村那次大洪水，村南的农户家中受损不少。有的农户家里的粮食囤子被水泡了；有的将自己八十多岁的老奶奶抱进大笸箩里，推着出门到高处避水；还有一些农户家中的土墙壁子（方言，即墙壁）、土锅台、土炕都被泡塌了。最令人惊诧的是，某家的门口有五六级台阶，大水淹到了第四级，一条金黄色的小蛇在门前的台阶上游动，看到的人赶紧告诉了家里的奶奶。奶奶说："这是龙太子出来玩耍，还不快快烧纸，求它保佑。"这人赶紧从家里找出一些土纸、几根香烛，在台阶上点着了，奶奶在一边祷告。说话间，只见小金蛇点点头，隐入水中。不到半个时辰，大水一个台阶、一个台阶地往下退，半天工夫就退回了河槽之内。

后来听村里人说，那个时候，村里的老人都烧过香烛纸马等物，求过龙王。

难忘岁月难忘事

——韩文山 张正齐

“三反”和“四清”

1960年七八月份，县委派来驻村工作组，搞“三反”运动。组长李华，村里盖福升、盖洪言分别为正副书记，韩仁贵为财贸书记。“三反”组计划把咱村分成两个村，最后没有分成。

1961年生活困难时，咱村有的职工家属因为缺少劳力耕种，有好几个职工为了支农回乡劳动，盖仁先和盖洪秋等人都是那时回来的。

1964年“四清”开始时，烟台地委召开了8000人的动员大会。参加会议的有各大队、公社的领导，县委书记以及各企事业单位书记等。地委书记黄岗在会上讲话，主要内容有：落实中央政策，前四条是“清账目、清仓库、清物资、清工分”，后四条是“清政治、清经济、清组织、清思想”。咱村盖仁先书记参加，回来以后马上落实会议精神，大搞“四清”：清账目、清仓库、清物资、清工分。村大队长盖洪言、保管张维先、治安主任盖仁华、管理菜园的负责人盖月良等，都退赔了不少，各生产队的队长、会计也都退赔过。（韩文山）

人民公社、“大跃进”和大炼钢铁

1958年八九月份，按照上级要求，姜疃成立了人民公社，各村都改为生产大队。随后，在“大跃进”的推动下，各村又改为生产连队，把各家各户的粮食集中起来，统一吃食堂。

到了秋收的时候，先把大豆、谷子、高粱收完了，上交给了公社的粮库，但其他作物还没有收。按照公社要求，大队开始调用各户的大板子、大木头、大树等物资，堆放在盖风友住的那六间房子（原来是兰保山的大园）那里，一部分被公社调

韩文山，安里村人，1953年生，现居安里村。

用修建了修配厂、莱阳十中、瑶头联中等。公社除了调用物资以外，还调用劳动力参与建设，咱村的支部书记兰保坤被调到姜格庄村任指导员。

那时，安里村、姜疃村、泊庄村、凤头村、上夼村被统一划为第一耕作区，也称第一连队。公社让第一连队组织80人到濯村后洼深翻地种小麦。濯村村里安排 4 辆小车一早晨往那里运了两趟麦种，有2560斤，让我们给种上，如果麦种不够的话就要自己垫上。韩仁贵在那负责，他让泊庄的盖丙翠负责种小麦。后来听说盖丙翠偷偷拖出4块麦种拿到泊庄的伙房里吃了。

在濯村深翻地时，就开始大炼钢铁了。姜疃供销社的黄福中任指导员，宫学国任连长，负责调动全公社的翻地人员支持大炼钢铁。我们的人时不时地被调去搬砖、垒土窑，后来又被调到莱阳古柳去翻地种小麦。

这个时期，劳动力分成精壮劳力和附属劳力。精壮劳力就是年轻力壮的青年男劳力，附属劳力就是老年男人和妇女。

精壮劳力搞大炼钢铁运动，到处扒土坟，挖出砖块垒土灶。咱村是公社的第一个兵团，分为七个连队。在村中间庙台子的东面垒了七个炼铁灶，把群众的生产工具锄头、镰刀、铁锨、镢头、铡刀等，还有做饭的铁锅等其他铁器，都拿出来炼铁了。根据“串门抬头不见铁”的标准，最后把墙上的铁钉子、街门上的“门划楞”、门把手，家里桌子上的抽屉拖手（方言，拉手）和木箱、大柜子上的示儿（方言，搭扣）等全部取下来炼铁了。为了炼铁，让群众把盖房用的檩子拿出来，把山上的大树都砍光了。

全村的附属劳力就在山上露营，吃住全在山上。每天晚上，每人提着一个小煤油灯干活，满山遍野一片红。地里的地瓜和花生都不要让镢头刨，全部用牲畜拉着犁（把地瓜、花生）给犁了，其他人跟在后面往一起拾，把地瓜拾成一堆一堆的，就放在地里，既不擦成地瓜干，也不往家里搬，后来天冷全都冻坏了。花生耕起来撒得满地都是，最后也被冻了。

1959年继续“大跃进”，全村吃食堂。公社从正月就开始号召育地瓜芽儿，烧露天回龙炕。五大队垒砌起四个大回龙炕，盖洪言负责烧炕，出地瓜芽了以后，党委书记孙术田来指示：地瓜芽长到二寸半就要拔栽，每亩要栽一万株。当时有的群众虽然不服，但没有敢说的，害怕被扣“帽子”。为了烧回龙炕，把山上的树都砍光了。
（韩文山）

农业学大寨

1968年，上级提出农业学大寨。咱村开始有些急躁，在老茔水库西搞过不成样的大寨田，也搞过不切实际的远景规划。从1969年到1970年，先成立党的核心领导小组，以后又改选了党支部，这才正式开始做长远规划。那时的口号是“要得富先修路”，最先改造了四条大道：第一条，从疃西头学校西老菜园井根往北到姜疃东河边，往南到分水岭顶，也就是现在疃西头的大公路的前身，总长2700米，占地43亩，是包干给各生产队干的。第二条，从疃后往北到西宅取直加宽的路，占地8.3亩。第三条，从疃后往东到北石羊岭顶，大口子和现在的窑厂东头，到挂角山顶往后。第四条，从出儿山往东南，到南石羊岭懒汉窝往东，到位家前小山顶，山顶都被劈开了，通往猪元山北，再从现在的疃前大坝头东西两侧，到上夼疃后。（改造的原则）都是大弯就实、小弯取直。

1972年批判林彪反革命集团，农业学大寨推迟了。村党支部根据实际情况，调整政策，各队建的坝头各队种，充分调动了各生产队的积极性，全村14个生产队，从1970年到1972年共建成大小坝头28节，造地78亩。党支部还把各队的场院和饲养场也都重新规划，改造扩大了。（韩文山）

“文化大革命”

1966年，“文化大革命”开始，秋后各村都成立了红卫兵组织，唯独陶格庄没有成立。随后，咱村盖世勉被派到陶格庄成立红卫兵组织，红卫兵队长由宫元山担任。所以，咱村夺权的时候，民工都不在家，直到腊月小年那天才放工回家，领导干部是腊月二十四日回来的，还得向“文革”小组做汇报才能回家。

1967年正月初六，韩仁贵带领民工到陶格庄打石头，正月二十一日，村“文革”小组让盖福云到陶格庄去换回韩仁贵，叫他回村扶持盖月庆代理大队长。同时，又到公社把盖福升要回来扶持盖洪修代理支部书记，要在正月底做出全大队和各个生产小队的工作计划。时间不长，上级号召老干部、贫下中农协会、红卫兵三结合成立革命委员会，支持红卫兵闹革命、进行革命大串联。高潮时期，红卫兵坐车不花钱，吃饭不要钱，有很多红卫兵代表到北京去参观。（韩文山）

捡漏

1961年春季，下疃街北一户人家在门前处理居家杂物，据说货主是日伪时省参议员盖之正（外号三大头）的族人。我去问价时，只剩下字画和一些案头细小物件，那人说："给钱就卖，挑吧！"我费了好大工夫，挑选了几件：一是莱阳邑人王垿的"为君满意说江湖"巨幅条山；二是一幅落款"郑燮板桥"的竹石水墨大中堂；三是曹鸿勋狂草四扇屏；四是王寿彭的一幅书法大条山，记得有两句是"春山春水春意浓，春风春雨春花红"。另外还挑了四幅拓墨唐诗，有王之涣的《登鹳雀楼》、李白的《望庐山瀑布》等，最后选了一幅很大的拓墨泰山挂图，从山脚到极顶的各个景点都有标注。

我挑选的这些字画，卖主用草绳捆扎好，收了我三元钱。临走又花一角三分钱买下了一对古花瓶，满载而归！从此我心里就多了一份难以言表的得意，隔三岔五就展开欣赏一番。（张正齐）

遭劫

1966年春，"文化大革命"在全国陆续展开，高考延期。高三学生都想多赢得一些政审资历，声讨封资修激情高涨。我因为收集并向县政府反映姜疃医院医疗事故多、对贫下中农服务态度差等情况，得罪了医院领导。就在我回到一中进一步整理材料时，医院组织了四十多人排着队喊着口号扑向安里村，还扎了一个"反革命政治骗子"大纸帽子准备给我戴上。他们先到大队部找了几个民兵带路，从南北两面堵住我家过道，冲进我家翻箱倒柜，把小厢屋里那些字画一并扔到院中，还把我安装矿石收音机的无线电、元器件导线一并搜了出来，不知谁喊了一句："有电台，是隐藏的特务！"这下响了街（方言，整条街上的人都知道），"张正齐是特务，有

电台！现行反革命！”最后，他们把三间正房、两间小厢屋翻了个底朝天，没搜着“特务”，就呼着口号带着缴获的战利品扬长而去。（张正齐）

平反

我家遭劫后，我有幸参加由省统战部部长冯平、省妇联主席郭敏带队的山东红卫兵赴京代表团。中央“文革”小组领导在首都工人体育场接见我们。我向“文革”红卫兵信访办反映了被报复抄家的情况，接待人员让我交了材料并填写了表格，告诉我一定会解决。三个多月后，县上和公社书记到安里村，在庙台下开村民会，肯定了我的革命行动，为我平了反，恢复了红卫兵革命小将的名誉，归还了除字画外被抄去的东西，据说字画都和族子（族谱）什么的被一起烧了。（张正齐）

造化

1966年，这一届高中毕业生陆续离校了。农村户口的一律回乡，城市户口的也回家，后来上山下乡接受贫下中农再教育。回乡后，我老老实实接受再教育，勤勤恳恳参加生产劳动，受到公社公安特派员的表扬。后来又去大队菜园干活。1969年7月当了民办教师，1976年当选大队党支部书记。县文化局辛洪兴局长带队来安里大队驻村帮扶，他们对我的指导和帮助很大，我们建立了深厚的友谊。1977年恢复高考，我榜上有名。上大学前，我把捡漏买来的那幅郑板桥的竹石水墨送给辛局长以示感谢。这幅画在我家遭劫前一个多月被本队张维元老先生借去欣赏，我家被抄十多天后送回，躲过一劫。

退休后，一次盖艾玲请我和张玉林老师做客，县政府老秘书孙作琴也在座，无意中谈起送给辛局长的那幅画，孙先生说，那幅画辛局长让他看过，是真迹！不过后来辛局长去画店修复时让人偷走了。

1968年安里村宣传队排演《抓壮丁》歌剧，地主家的舞台布景挂着四幅拓墨唐诗，就是当年我捡漏买的！我没去索要，很多年过去了，我也没再过问。但愿当年没被烧，存世就有文化价值。（张正齐）

驴之名·逮河蟹

——盖艾玲

驴之名

1958年前后，农村成立了人民公社，每个生产队都有饲养场，饲养牛、马、毛驴、骡子等牲畜，它们都是劳动的好帮手，尤其是毛驴，往山上送肥、往家里运农作物、拉碌碡碾麦穗、拉磨等等都离不开它，甚至小媳妇回娘家也要骑毛驴。

入社前，我们家养了一头毛驴，浑身毛色油黑铮亮，白肚皮、白嘴巴，双眼叠皮，大眼睛长睫毛“扑刹扑刹”的，我们都叫它“大黑”。人入社，驴也入社，大黑和其他各家各户的驴都牵到饲养场里。

大黑在我家时，住在西厢房里，大约10平方米，宽敞明亮干净。每天干活回来，爸爸就给它喂上饲草，加进麸皮等细料，大黑惬意地享受着单身“王老五”的幸福时光。

入社后大黑住“集体宿舍”，十几头驴全都拴在一长溜石槽头上，互相离得很近。吃食时，左边那个讨厌的驴小子，时不时地伸过它那三尺半长的脑袋来，抢吃好饲料；右边那个老驴家伙更可恶，经常用它那扁不拉塌的驴鼻子“打喷嚏”，鼻涕星子乱飞。大黑也有自己的驴脾气，就是“尥蹄子”，凡有靠近它的，不论是人是驴，都“腾”地尥起蹄子一通乱踢，今天踢了人，明天又踢了驴，很快饲养员上门告状了。

饲养员是我的本家大哥盖洪宽，他找我奶奶“投诉”，奶奶忍住笑，出主意：“孩子，你就不能使劲揍它一顿？”洪宽哥说：“二奶奶，你不知道它的蹄子多有劲，再说它现在是集体驴，哪能随便揍？”奶奶笑得不行，大声说：“哪天我去帮着你揍它。”我和妈妈也笑得不行。奶奶又说：“宽儿这孩子真好，心眼实在。”

十几头驴集中在一个饲养室里，干活时一般由像我这样十几岁的学生牵出驴棚，赶驴上山。毛驴通常不是黑色，就是灰色，或者黑灰相间的颜色，大小也差不多，这样麻烦就来了——在分配学生拉驴上山干农活时，怎么办呢？起名字。

到我能赶驴上山送肥时，毛驴已经入社七八年了，队里的毛驴都有了自己的名字，构成格式是“某某某驴”，前面是驴入社前家主人的名字。比如，我们家的大黑，因为我爸爸叫盖世华，就叫“盖世华驴”；盖任群家的驴，就叫“盖任群驴”。还有“盖中西驴”“盖洪国驴”“盖大群驴”等。

后来我发现，别人当着我的面说他去牵“盖世华驴”，我没有生气；队长当着盖大群家里人的面，安排人“赶着‘盖大群驴’去吧”，盖大群家人听见也没生气。在山里地里劳动时，大家都这样毫无顾忌、大声喊叫“某某某驴”，“某某某”或其家人都从来没有当成骂人的话。不只是我们生产队的驴被这样“命名”，我赶驴上山送肥时，听见村里其他生产队也是这样叫。

我们赶驴上山送肥，或者是往回拉玉米秸秆。队长根据路程远近定下趟数，早完成，早收工。于是，抢到一头走路快捷、干活利索的好驴，是很重要的。这是我12岁后参加劳动时，小伙伴永红告诉我的秘诀：每天要早早去抢驴。可我总是抢不到，那些好驴都被别人抢走了，每天收工我总是落在最后。

麦收季节，有一天都大晌歪（方言，过了中午12点）了，我才完成上午的三趟送肥任务，等我赶着驴回来时，看到乳名叫“山”的小子（方言，男孩），已经吃完午饭，在饲养室门口等着抢驴了，好早早完成下午的送肥趟数。他以胜利者的姿态看着我，我想想自己抢不到好驴，回回落后头、晚回家，心里不禁难过起来。难过有什么用？我暗暗发誓一定好好读书，一辈子决不送粪跟驴腚。

逮河蟹

玉岱河在瑶头村前拐个弯儿，向南流去。那些年雨水丰沛，玉岱河常年流水，碧波清清，河岸柳枝摇曳，芦苇茂盛，小河是鱼虾蟹蚌的乐园。姜疃粮所东面的位置，最适合下挂网逮河蟹。

那时候每年中秋节前后，爸爸都会去那里下一个挂网。“挂网”就是先在河的一边找一个位置，砸进一根木橛子，将网的一端挂在上面，再到河对岸也砸下一根木橛子，拴上渔网的另一端。网的底部有铅坠沉到河底，挂网横拦在水中。下挂网要在傍晚时分进行，下好网就回家。一夜过后，河蟹就会挂在网上，第二天要早早来收网。

有一年中秋节前几天，我爸照例又去下了挂网。第二天一早，爸爸就把我叫起来去捡河蟹。爸爸拿着大小油篓出了门，邻居盖中玉和我本家三哥盖洪棣，已经在场院西头等着一起去。爸说，这回需要三四个人。

一路上，我听他们边走边讨论下挂网逮河蟹的细节。他们说，昨晚咱们这里光

打雷，没下雨，估计上游下雨了，河里一定会发水。还说，如果水太大，河水会冲下树枝等杂物戳破挂网。水太小，河蟹躲在洞里不挪窝，不出来网就挂不到。只有下不大不小的雨，发不大不小的水，才会有很多河蟹挂网，否则捡不到几个河蟹。三哥有腿疾走不快，我俩落在后面十几步。爸爸和中玉先到，听见他俩高兴地惊呼连连，喊我“快跑快跑”。我连跑带蹦急急赶过去，爸爸和中玉已经下水提起了挂网。

我在岸上守着一个大油篓，三哥下到临近水面的地方，等待爸和中玉摘河蟹。昨天夜里上游确实下了雨，河里也发了水，都不算太大，三哥说这是老天赐福，天遂人愿。河水差不多到了爸的腰部，他和中玉弯着腰，打底下掀起挂网来，天哪！年年来挂网，这次收获最多，只见网上挂满了河蟹，一色的青皮、白肚、钢毛，大的有手掌那么大，小的也有鸡蛋大。

“发财了！发财了！”我和三哥开心地大叫起来。只见爸爸和中玉每人脖子上挂着一个小油篓，将挂在网上的河蟹一只只摘下来，他俩还一边说话——

爸说：“怎么今年这些家伙和傻子一样，都跑出来撞网啊？”

中玉说：“雨水合适了，敢保是急着到你家锅里去洗澡吧。”

他俩开心地哈哈大笑。

一年级时洪棣三哥教过我，在学校我叫他老师，回家喊他三哥。他高兴之下，念叨了几句诗：“秋风起，蟹爬叉；菊花开，吃蟹来。”我问他这是不是《红楼梦》里的诗，三哥说是他自己编的；接着，他又念：“饕餮王孙应有酒，横行公子竟无肠”，说这才是《红楼梦》里写河蟹的诗。我虽听不大懂，但很佩服三哥肚子里有墨水。

爸爸和中玉把小油篓装满了，就从脖子上取下，转手交给守在河岸下边的三哥，三哥举过头顶，递给岸上的我。我便把小油篓里的河蟹，倒进大油篓里。这样重复三四回，大油篓很快装满了。河蟹们在油篓里你踩着我，我踏着你，拼命往上爬。我找根儿小树棍把它们一个一个捅下去，后来索性将一件旧衣服揉搓几下，塞住了大油篓的嘴儿。

回家后，爸爸将河蟹三家平分，大家都很高兴。这一年的中秋节，我们家的东西实在丰盛，姜疃食品站的猪肉五六毛钱一斤，爸爸割了半斤。地里采摘的豆角，有老的，有嫩的，妈妈包了带肉的豆角包子，每个包子两头塞两块肥肉。我帮着妈妈好不容易把河蟹倒进大锅，妈妈开始烧火，风匣“鼓哒鼓哒”响着，灶底下柴草“噼里啪啦”燃着火苗，大锅终于烧开了，眼看那籽满肥美的大河蟹马上就能吃到嘴里了，哪承想，早晨回来后，我竟然受凉感冒发烧了，鼻子一闻（蟹味）竟然很反胃，白瞎好东西了。

整整一锅河蟹，直到第二天全家都没吃完。

坐拖拉机进城

——周翠英

20世纪六七十年代，每到夏收或秋收，学校都会放假，让老师、同学们回生产队帮忙。60年代初我上小学二年级的时候，有一天，我跟妈妈到北洼去拾麦根草，吃了中午饭，我们几个邻居，大人小孩一起来到了长条（北洼的一块地名）。长条土地肥沃，麦子长得好，地里的麦根草厚实，大家拼命地忙活。大人刨，小孩收，一边干活，一边说着话，不到两个小时，家家都有了一大堆的收获，好不快活。

这时听到从公路东面传来轰隆隆的声音，由远到近，声音越来越大。妈妈们拄着镢柄，孩子们踮着脚尖，大家都没看到发声的东西。不一会儿，由东向西过来了一个全身通红的大家伙，在太阳的照耀下，就像一个大火球，慢吞吞地在公路上向前滚着。我们很好奇，大家争先恐后地跑到了公路边。啊！是一台大机器。只见它没有车轮子，左右两边一边一条宽宽的铁带子，在地上向前滚动。它的声音很大，震耳欲聋。它的力量很大，每往前移动一点，震得地都颤抖，铁带子把公路上的沙子往后扒得一小堆一小堆的，扒去沙子的地方留下了白白印痕。它走得很慢，我们在后边跑着就能追上。为了看得仔细，它在前边跑，我们就在它后面跟，左窜窜，右看看，全然不顾它扬起的尘土，把我们的眼睛都迷得睁不开了。当我们靠得太近时，坐在驾驶员旁边的阿姨就大声呵斥我们："离远点，不怕轧死啊！"就这样，我们跑着看着，尘土把我们全身都染成了土黄色，完全看不清面孔，只有两只小眼睛眨巴眨巴着。看了半天，我们也不知道它的名字。

过了玉岱河大桥，到了姜疃粮所的位置，那个大家伙还往前走，我们不能再跟了，因为天快黑了，妈妈还在等我们回家呢。正好这时，不知谁喊了一嗓子："回去了——"，我们又拼命地往回跑。一会儿跑到妈妈跟前。汗水从我们的脸上流下来，形成了一条条小溪，脏手背把眼睛揉成了熊猫眼，身上的衣服被汗水和着尘土浸透了，像从泥浆里捞出来一样，紧紧地裹在我们身上。但是，脏和累一点也耽误不了我们心里的兴奋往外喷发。大家用最大音量向妈妈报告着自己看到的一切，声音一个比一个高，一时间把整个长条都吵翻了。

周翠英，女，安里村人，1956年生，原莱阳市总工会干部，现居莱阳市。

吃晚饭的时候，我和爸爸说了下午的事情。爸爸告诉我们，那是履带式拖拉机。很早以前，他就在青岛见过，并告诉我们，拖拉机有了履带，在泥泞的路上走，不打滑，在松软的地方走，陷不进去，小沟、小土坡都能过。听说遇到战争时，履带式拖拉机一改装架上大炮，就能改装成坦克呢！听到这儿，我立刻想到了我们书上的坦克图片，好像今天真看到坦克了。心想，我什么时候也能坐一次拖拉机就好了。

说来真巧了，麦假开学后的第二个星期六傍晚，同学到我家找我，说她哥哥在姜疃拖拉机站开拖拉机，第二天要去莱阳城里办事，问我能不能和她一块去城里玩玩。我听了心都快从嗓子眼里蹦出来了。回家经过爸爸妈妈同意后，我和同学约定了第二天的行动。当天晚上兴奋得都没睡着觉，就怕耽误了出发的时间。好不容易熬到天亮，顾不得吃饭，就叫上我同学，去了姜疃拖拉机站等候。大约快八点的时候，大哥才来了。他埋怨我们应该吃完早饭再过来，我们俩相视笑了笑。

终于上路了，心里有说不出的高兴。我和同学坐在拖拉机轮子上面的护板上，一边一个，大哥在中间开车，拖拉机一路晃晃荡荡。太阳照在我们身上，好热；看到一排排树在往后倒，玉米地、地瓜地、花生地，相互交替着往后退，风景美极了；想到麦假时追拖拉机受到的呵斥，此时心里的惬意劲就甭提了。

中午时分到了城里，大哥把我们送到东方红照相馆。我和同学照完相，工作人员说，要保存好取相片的小票，丢了就取不到照片了。我们把小票装在衣服口袋里，手在外边捂着，就怕不小心弄丢了。来到大街上一看，这里可真热闹，人来人往，吆喝声此起彼伏。见一位卖冰棍的老人叫卖着，“冰——棍”，有人来买，她就先打开木箱子，掀开棉被，从一个暖瓶状的大桶里拿出一支冰棍，她扒下冰棍的包装纸，放在自己带的网兜里，然后把冰棍递给买的人。那冰棍有红色的，有绿色的，还有黄色的，真好看。买的人吃得津津有味，可我们俩，谁也不知道那冰棍是什么东西，什么味道，只是看到别人吃完后扔在地上的小木片，是那样光滑、漂亮，好想捡一些带回家，给同学们看看。

大哥没回来，我们俩又商量去旁边的百货商店看看。商店里的货物琳琅满目，非常漂亮。我们看得目不暇接，那叫上名的、叫不上名的点心的香甜味，活活地把我们的饥饿感给勾上来了，毕竟从昨天晚上到现在，我们还水米未进呢。再看下去，恐怕就会馋哭了。怕大哥找不着我们，看了一会，我们就回到了原来的地方等大哥。不一会儿，我们喜出望外，大哥回来了。我们忙把照相的小票给了他，问大哥冰棍是什么，大哥立马花六分钱，给我们俩一人买了一支，他自己都没舍得买。冰棍刚放到嘴里，那感觉爽极了，凉凉的，甜到嗓子眼了。我们不舍得吃，就慢慢地品尝。可谁知道天太热了，冰棍化的速度，比我们吃的速度还快。一支冰棍一会就化完了。吃完了冰棍，我们舍不得扔，放在嘴里咂呀咂，仿佛小木片里有二斤蜜似的；咂完后又悄悄地装进了衣服兜里，等回家后给别人讲冰棍的故事。

吃完冰棍后，大哥带我们来到了工农兵饭店，一人要了一碗面条。那是我出生以来吃的最好吃的一碗面条，面不太多却很爽滑，菜不多却很鲜。好吃再加上肚子饿，一会儿工夫吃完了。说实话，虽然吃得饱饱的，可觉得再有半碗，我还能吃下去，因为太好吃了！

回到家后，我的话匣子便打开了，把这一整天看到的、遇到的一件件新鲜事，都一一告诉了家人，很晚了，那兴奋劲一点都不消停，直到爸爸告诉我，不说了，睡吧，明天还要上学呢。

那一夜我睡得像块木头。

看场儿和“破四旧”

盖国祥

看场

人民公社时期，安里大队有14个生产队，我们家在第六生产小队。那时候我还在读书，家里有八口人，只有爸爸一个劳动力，是生产队里的欠款户。为了多挣点工分，少欠点队里的粮款，我每个星期天、暑假、秋假、寒假都要到生产队参加劳动。队里根据我的表现及能力，从开始的每天5分慢慢评到了8分。那时一个劳动力一天最高分是10分，一般妇女是6分。

这年秋天，学校放了秋假，我再次投入到队里繁忙的秋收秋种中。白天和社员一起劳动，晚上也和社员们一样被编入了看场的行列。

看场就是看护场院，用现在的话说，就是在生产队的场院里值夜班。那时的社会风气好，路不拾遗，夜不闭户。但为了以防万一，为了生产队全体社员的利益不受损失，生产队还是安排人员晚上看场，三个人为一个小组。大队也组织治安人员半夜对各个场院进行巡查，有时看到看场人员只管呼呼大睡，咬牙说梦话，治安人员进了屋子都浑然不知，这时他们就会拿出事先准备好的笔墨，在看场人员的脸上画上各种图案，然后跑到屋外大喊一声“偷东西了”，看场人惊醒后相互对视，等明白过来再追，治安人员已经跑远了。这看起来是一种恶作剧，但从另一方面告诉看场人员，看场不只是一种形式，更是一种责任，为了集体利益是要提高警惕的。

转眼进入深秋，地里的东西收得差不多了，场院里堆满了玉米、花生、棉花等，秋季上缴的公粮、明年预留的种子和社员们的口粮都在其中。

这天晚上又轮到我们看场了，我和蓝维强、盖文良在一个小组，他们两个都是队里年轻一代的骨干。深秋的夜晚，气温下降，场院里屋子里空洞洞的，门上没有门，窗上没有窗，寒气袭人。好在场院里草多，为了一夜都能睡上热炕，我们在炕洞里填满了草，然后点燃。睡觉的时候我睡在炕里边，脚对着烟囱，炕有点烫，我

盖国祥，安里村人，1953年生，原空军某部上校，现居河南开封市。

就把被子铺一半盖一半，由于我的被子比较厚，感觉还是挺舒服的。就这样，我们三个躺下后又天南地北地说着，在不知不觉中进入了梦乡。

也不知过了多久，睡在中间的蓝维强突然“啊呀”一声大叫，吓得我猛然坐了起来，一看，我脚下面的火苗有两尺多高，被子下面也着了火。当时我本能地将没着火的大半个被子迅速翻盖在火苗上，把火苗包在了被子里，抱起被子跳下炕就跑出了屋子，直奔屋后的大高嫚湾，顾不得风冷、霜冻，赤脚跳下一米多高的河岸，将着火的被子按在冰凉的水中。火灭了，我的心情也放松了下来，这时才感到天冷、水凉，背部火辣辣地痛——原来背部也被烫伤了，治疗了几个月才好。

原来，炕洞烧久了会在炕案石下面结一层厚厚的黑灰，我睡的地方直通烟囱，结的灰更厚，烧炕时把这层灰也点燃了，造成局部温度过高引燃了棉被。

事情过去了好长一段时间，我仍心有余悸，觉得真是不幸中的万幸，我们三个都很年轻，都没经验，这关系到两个生产队的粮草，万一火势大灭不了，想想后果非常可怕。

“破四旧”

1966年6月1日，《人民日报》发表社论《横扫一切牛鬼蛇神》，提出了破除“旧思想、旧文化、旧风俗、旧习惯”的口号。很快，“破四旧”“立四新”的运动就在全国范围内开展起来，安里村也不例外。

旧社会遗留下来的旧思想、旧文化、旧风俗、旧习惯，在春节期间体现得比较明显。过春节也叫过年。每年大年三十的下半过晌（方言，下午），家家户户就开始忙乎了，母亲主要是忙着做好吃的，父亲先是把族子（族谱）放下来挂好，然后对我们说：“你们看，我们的老祖宗们都在这上面，晚上他们就来家过年了，你们把饽饽、苹果、橘子、糖都摆上，他们晚上好下来吃。”我说：“怎么以前也没看到他们下来吃过？”父亲说：“你们怎么能看见，是他们的魂下来闻一闻，就算是吃了。”我们听了只能半信半疑。之后就开始贴对联，挂吊子，撒谷草。父亲又告诉我们：“老祖宗们今天晚上回来的时候，都是骑着高头大马来的。挂吊子是为他们的马准备的鞭料，谷草是为他们的马准备的草料。他们回来了先在门口等着，我们要出去迎接，在门口先放一挂鞭炮，老祖宗们听到鞭炮响就跟着我们回家来了，回来后他们就上族谱上去了。他们要在家过年，到正月初二下午才走。这期间你们不要多说话，多烧点香，多烧点纸，多磕几个头，这样他们就会保佑我们全家一年平平安安，有吃有穿。”转眼就到了初二傍晚，早早吃了送年的饺子，天还不黑，我们拿着吊子、烧纸、香、鞭炮等，到南沟关帝庙前面的南山大道上，把吊子、烧纸、香等点燃，再点上鞭炮。听大人们说，这时候老祖宗们就会在鞭炮声中带着后辈们孝敬的香火、纸钱策马扬鞭绝尘而去了。到底到什么地方去了，大人们也无人知晓，只知道是到一个很远很远的地方，很少有人去过。有的说可能是到另外一个世界去了，叫什么极乐世界，也不知是真是假。

“破四旧”运动开始后，过年期间的风俗如请神、送神、烧香、烧纸、磕头等，都是封建迷信，都是“四旧”，都要彻底扫除。

有一天晚上放学后，母亲说：“大队广播了，各家各户都要把族子、香炉等过年用的东西拿到大会场烧了，那都是迷信的东西，以后不用了。你去吧。”我说：“好。”然后拿起族谱等东西飞也似地奔向村里的大会场。大会场人很多，中间一大堆“四旧”，堆得老高。

天黑了，“四旧”也送得差不多了，蓦然听到有人大喊一声“点火！”接着就见四面同时点了火，“呼”的一声火焰张天，熊熊火光照亮了整个大会场，烤得人脸通红生疼（方言，很痛），眼也睁不开了。我在最前面，离火堆近，最先受不了了，赶紧向外挤，挤出来后就往家里走。走了几十米，回头一看，咦，大火刚刚还在河北岸的大会场上，怎么突然跑到河南岸了？真是奇怪！扛不住脸也痛眼也疼，顾不得再回去看了，还是赶紧回家吧。不过脑子里还在想着“火怎么跑到河南岸了”，边走边想，边想边走，只听“扑通”一声，吓了我一大跳，这下彻底清醒了，原来刚才迷失方向掉进河里了。我赶紧爬上岸跑回了家，问母亲我是不是叫狐狸迷着了，母亲说：“什么狐狸迷着了，那是你们烧那些东西烧的，这不，报应来了，多亏报应得轻，没磕坏了就好，赶快换衣服吧。”

这件事过去了好久，后来才慢慢明白，当时之所以迷失方向，主要是因为火太大，大火周围缺氧，我离火太近，脑部供氧不足造成短时间的迷糊，并不是母亲说的因为“破四旧”遭了报应。

“水沟头”赶集

盖国臻

莱西市过去叫莱西县，县城在水集（也叫水沟头，方言叫“水骨头”），距姜疃镇六十多里地。20世纪70年代，莱阳、莱西同属烟台地区，都是农业大县，因我们这一带丘陵地多，地瓜产量高，农民的主食地瓜干也就相对便宜些。莱西洼地多，雨水也多，地瓜产量不高，所以地瓜干就贵一些。据老人们回忆，20世纪70年代初，莱阳农村集市每百斤地瓜干7.7元（每斤7分多），小麦13.6元，玉米9.6元，而莱西县城每斤地瓜干可卖一毛多，比莱阳贵五六分钱。

那时我父亲是大队书记，我家属于第十生产队，前屋邻居盖溢（我未出五服的二爹）是政治队长，后屋邻居盖成先是生产队长。三家关系融洽，来往比较密切。哥哥说大约是1970年农历二三月份，青黄不接的时候，三家大人商量去赶一次“水沟头”集，卖一部分地瓜干赚点零花钱补贴家用，就借用队里的一头驴车，来回一天也耽误不了队里多少活儿。那时社员赶集需要政治队长、生产队长批准。大人们决定让我哥哥随两个队长一起去。那年我哥哥十二三岁，听他说，当时是下半夜两点来钟，大人们把地瓜干装好车，盖溢和盖成先每家各两麻袋，重一百五六十斤，我家一麻袋，重八九十斤。三个人先沿村北简易路上到“大公路”再一直往西走。哥哥记得，当时大地还在沉睡，偶尔听到几声狗叫，四周更显寂寥，天上虽有繁星点点，却还是黑蒙蒙的。初春的胶东依然寒气袭人，沙石路面的公路泛着微弱的光亮，驴蹄子和车轱辘与路面沙子摩擦，发出一会儿轻一会儿重的“沙沙”声，在寂静的夜里十分清晰，还挺悦耳的。

盖成先那时也就30岁左右，邻居们都知道，他个子不高却敦实有力气，样样农活都拿得起，赶车、扬场、犁地、耙地都是好把式。他负责赶车，手拿鞭子走在驴屁股侧后，隔一会儿就“喔喔”“哦哦”地吆喝几声，督促着毛驴不停地往前走。盖溢二爹那时也不到40岁，他忠厚勤奋人缘好，在生产队里很有凝聚力，晚上、下雨天不少人都喜欢到他家打扑克，喝茶拉呱，他连续多年担任政治队长，为队里的大事小事操了很多心，自己的身体却早早就垮了，后来不到60岁就去世了。

盖国臻，女，安里村人，1968年生，原莱阳麻纺厂职工，现居莱阳。

哥哥他们走的这条公路，那时叫“国防大公路”，向东经大夼、万第至莱阳县城接烟（台）青（岛）公路，向西经姜疃、团旺至莱西也可接烟青路；再早的时候是土路，“文革”中县革委会组织力量进行改造，路面铺上了沙子。那时机动车少，拖拉机也不多，公路上跑的马车、驴车倒是不少。哥哥和二爹跟在驴车后面走，走累了偶尔也在车上坐一会。因为是在半夜，路上几乎没有车也没有行人，路的起伏也不大，上午10点左右到达水沟头，所谓“水沟头大集”也就比姜疃集地盘大些、人多些而已，其他都差不多。盖成先把驴拴在路旁一棵树上，哥哥在那里看着，他们二人去联系买家，一会就有人来带着他们去了一个地方，过秤，成交，整个过程很顺利，因为我们的地瓜干块大、色白、粉多，买方又是一个公家单位，没有太多的讨价还价。听说每斤赚了将近一毛钱。

哥哥他们都很省，自带了馒头、咸菜，所以早饭、午饭都是在驴车上或是在路边吃的。午饭后便赶着车往回返，车空了，驴轻松了，三人坐在驴车上，也不用走路了，带着收获、带着愉快，出了莱西县城一路向东，天黑时分便回到了家。

贫下中农管理学校

——江述明 张正齐

20世纪70年代，根据上级“贫下中农管理学校”的指示，盖洪双作为贫下中农的代表，进驻安里村学校担任管理负责人。

盖洪双那时五十来岁，他当过兵，对党和毛主席有朴素的阶级感情，虽然没读过几天书，不识几个字，但硬是凭着脑子好使，背下了一些领袖语录。学校里有一些大事小事，他也能应付一二。比如，作为管理负责人，无论校会班会，只要盖洪双在场，他总要讲上一段话。因为近视，他通常掏出小本，贴近双眼，照着本子念，常有念错的，让大家哭笑不得。虽然有时候语无伦次、颠三倒四，倒也滔滔不绝。有一次学校开大会，他举着小本子，不停地翻，不停地讲，时间过去了大半天，他还讲得不亦乐乎，老师和学生们都有些着急，心想怎么还没讲完。有个老师忍不住到后面看了一眼他拿的小本子，上面竟然一个字也没有。从那以后，就传出来一句顺口溜：“天不怕，地不怕，就怕盖洪双来讲话。”还有的打趣说，如果哪个孩子不听话，就叫盖洪双来讲话。

那一年村里接收青岛知识青年插队，他在学校会上讲：“青岛知识青年到庄稼地来，有很必要（很有必要），要做到家家佛晓（家喻户晓）。”他还在大队广播喇叭里讲：“知识青年来了，不要惊慌失措，不要轰轰烈烈。”一次学校中学班深翻试验田，盖洪双把上衣一脱，带头干了起来，边干边说：“毛主席教导我们‘提高警惕，保卫打仗’。来吧，咱们要按毛主席说的办，‘深挖洞，光脊梁’。”

他自己不是木匠，却很热心地帮助学校修理课桌，有一次他把一张解放前留下来的老桌子修理得晃晃悠悠往一边歪，还得找人重修。大队木工组长盖风平风趣地说：“洪双修的桌子都会齐步走了！”

那时安里学校贯彻毛主席“五七指示”，开门办学，学工学农，饲养场和小农场办得很红火。饲养场有长毛兔、青化羊、猪、白玉鸡四个种类。小农场有两亩试验田。盖洪双经常到这些地方检查指导并亲自动手清栏、垫圈等。学校的厕所是用

江述明，安里村人，1962年生，安里村村干部，现居安里村。

石头垒起来的，不是很坚实。有一次，下大雨把厕所冲倒了，他不嫌脏臭，硬是亲手用原来的石头重新垒了起来。学校有个别不好好学习的学生，盖洪双主动联系家长，一起教导。由于贫下中农在学生中有权威，教育效果很好。若干年里，安里学校很少发生学生违纪违法的事。

生产队轶事

盖国珍 盖艾玲

生产队琐事

改革开放前，农村实行人民公社化，安里村有14个生产小队。麦收季节，中小学生都放麦假，加入到“抢收抢种”的队伍中。每天清晨，村里的大喇叭会如约播放那个时代的歌曲，像“大海航行靠舵手”“社员都是向阳花”等，亢奋激昂的旋律很快将沉睡的村民叫醒，男女老少纷纷出来，在各自的生产队集合，开始一天的劳作。大一点的孩子挥舞镰刀跟着大人割麦子，小学生在后面捡麦穗，然后集中起来送到场院，做到颗粒归仓。

那个年代物质匮乏，妇女们都善于持家、吃苦能干。她们一大早起来收拾家务，做好早饭，把饭送到生产队指定的地方（为了节省时间多干活，早午两顿饭一般都是送饭吃，由专人把饭送到地头），然后自己急急忙忙吃点饭，安顿好小孩，再去场院干活，那时妇女们个个都是扬场的好手。

比如我的母亲尹秀娥，24岁与我父亲结婚。当时父亲刚从部队退伍回来，从小队干部一直干到大队书记，因为工作忙，再加上性格所致，家里的事基本不闻不问。母亲从不因为父亲是村里的“一把手”而觉得自己比别人强，而是本本分分，起早贪黑，白天参加生产队的劳动，晚上做副业挣点补贴。当时村里的副业搞得红红火火，有结网、织玉米皮提包等，母亲每晚都点着油灯结网到很晚。除了干活，母亲养猪养鸡补贴家用，把省吃俭用省下来的鸡蛋拿到集市上去卖，换来全家人的日常开销。我小时候总以为母亲喜欢吃馊了的玉米饼子、鱼刺等，长大后才知道，她是把好吃的东西全留给了我们。

母亲心地善良，待人厚道，经常主动关心帮助邻居。1958年她不幸染上了哮喘病，后来逐渐严重起来。那时物资短缺，很多东西都买不到。父亲好不容易买到一点猪肺猪心给她补一补，她还分给了邻居家同样患有哮喘病的一个女孩，女孩的母

盖国珍，女，安里村人，1962年生，现居濯村。

亲拉着我母亲的手，感动得半天不松开。

到了秋收季节，劳动流程基本和麦收季节差不多，也是一天两顿吃在山上，大人刨地瓜、收花生等。放了秋假的学生们主要任务是割地瓜蔓儿，这个活别看不用抡大镢头，其实也挺累的，得弯着腰、拿着镰刀退着向后割，有时候为了提高劳动效率，生产队实行包工干活，有些懂事的孩子为了帮家里多挣工分，一直弯着腰“嗖嗖”地往后退着割，长时间不舍得直一下腰。当年我哥哥就是这样把腰累伤了。

生产队的农活是辛苦的，每一份收获都是无数汗水换来的。为了多挣工分，人们往往生病了也不舍得请假，坚持坚持再坚持。最盼望的是夕阳西下，生产队长一声吆喝“放工了”，大家便拖着疲惫的身子回家。妇女们能早一点从场院收工，火急火燎地赶回家做饭，照顾小孩。天色渐渐暗下来，村庄升起了袅袅炊烟，大家开始吃晚饭了。吃完晚饭便三三两两到队部找个地方坐下，聊着天，等着记工员把工分记上。

社员的劳动按照等级记分，记分基准按天来算。10队最能干的男壮年是10分，再加上早晨干活就是12分；一般的男劳力是9分，加早晨共11分；女性青壮年和高中生为7分，早上加2分共9分；一般女性为6分；小学生则是4分、4.5分、5分不等。

农民的收入除了自留地，几乎都来自生产队。收获的粮食先要完成国家的收购任务，然后才能按照每户挣的工分多少来计算应当分得的粮食。一年到头，分钱分粮是社员最开心的时候。也有好多家庭辛苦劳累一年不但分不到一分钱，还会成为欠款户，特别是家里孩子多、开销大，又提前在生产队里预支了钱的，折算下来干一年还要欠队里的钱。好在每户到了年底一般都能卖一头二三百斤的肥猪，全家大人小孩过年都能穿上新衣服，戴上新帽子，挨家挨户去拜年。

社员的文化娱乐生活主要就是看电影。公社有专门的放映队，一部电影各个大队轮流放。如果晚上放电影，村头的大喇叭早上就会广播，大家一收工就抓紧吃晚饭，成群结队地带上马扎、椅子、凳子飞奔而去。那时都要“占场儿”，就是孩子们提前去放电影的地方给家人占个地方，先到的才能占到好地方，小孩子之间经常为了“占场儿”发生打斗的事情。有时为了一部好电影，很多人翻山越岭一个村一个村地追着看，重复看好几遍。印象最深的是朝鲜故事片《卖花姑娘》和国产电影《刘三姐》，据说有个小伙子还迷上了“刘三姐”的美貌，跟着电影队不知看了多少遍，最后竟得了相思病。

20世纪70年代末期，我们大队因为副业搞得不错，村里除了正常开销还有点余钱，于是大队干部商量买了一台17寸的黑白电视机，据说那是当时莱阳南半县的第一台电视机。每天晚上张维福同志负责从屋里把电视机搬到院子里的台子上，亲自打开，全村老少安静地坐在那里聚精会神地观看。记得放的第一部电视剧是刘晓庆主演的《神秘的大佛》。东到大夼，西到团旺，南到高格庄，有很多年轻人骑着自行车赶来看热闹。

1982年12月第五届全国人大第五次会议召开，各级均设立人民代表大会和人民政府，人民公社从此解体，生产队也成为了历史。（盖国珍）

打地瓜干

人民公社时期，生产队每年都要打地瓜干，一般是在农历十月初一前后，接近立冬节气。

打地瓜干是队里的大事，全队男女老少都要参加。农村学生放秋假，大清早就被爹妈叫起来跟着上山。一般来说，妈妈和自己的孩子组成一个劳动单位。一层层的梯田里，年龄稍大的半大小子们是先头部队，他们早早就把地瓜蔓割下来。男劳力是一梯队，他们在前面刨地瓜。我们这样的学生是二梯队，用提篓子拣、装地瓜，隔段距离集成一小堆。妈妈们是三梯队，她们是打地瓜干的主力。打出地瓜干来，我们又变成了四梯队，负责摆地瓜干。

打地瓜干是一门技术活。一块巴掌大小的锋利刀片，镶嵌在形似洗衣板的木板中间，就是妈妈们的“武器”，手拿地瓜，朝着刀刃反复按下去，一片片雪白的地瓜干就落进下面的筐子、篓子里。在高手那里，只听见“咵咵咵”的声音，地瓜干像流水一样“唰唰唰”往下掉，转眼就是一篓子。我们负责摆地瓜干的，就开始忙活了。

那时候队里干活是工分制，平时基本是“日工”，就是干多干少都拿固定工分。但是到了打地瓜干时，妇女们的报酬是“包工”，会计提前用一个筐来计量确定，打一筐地瓜干记2分，一个快手一上午能打四五筐，多劳多得。大家的劳动热情高涨，地里人来人往，大人叫、孩子跳，好不热闹。

中午在山上吃饭，队长安排专人负责送饭。我记得经常送饭的是盖国永。奶奶在家里把饭做好，送到队部门口，装进驴驮篓里，等一家一家收齐了，他就赶着毛驴，送到地头来。各家的生活水平不一样，条件好的人家送白面饽饽、千层饼、咸鸭蛋、咸鲅鱼炖萝卜，条件差点的送苞米饼子就咸菜疙瘩，极个别人家送的饭里有一星儿半点的肉，大部分能吃饱肚子就很不错了。（盖艾玲）

选队长·争工分

——— 盖天佐　张正齐

一个工分的争议

“工分、工分，社员的命根。”工分，顾名思义就是出工获得的分数。具体来说，就是人民公社时期，社员参加生产队劳动得到的报酬。工分可以换钱，也可以换粮食。

当年生产队工分是这样计算的：一天分为十成，早二成，上、下午各四成，每晚到队部记工，年底计算总的出工日，乘以每日的工分，就是全年总工分。每日工分年初由社员评比、队委会研究决定，一年一评定，定完后基本不变。评工分的依据是：劳动能力、技术、态度、群众威信。男劳力每天8～10分，女劳力5～7分。工分对社员太重要了，因此一年一度的评分会议吵得脸红脖子粗是常事。

1972年春天，有一天下雨不能下地干活，一队在老儿庙队部召开社员大会评定工分。政治队长盖洪修首先进行了动员，生产队长盖洪江发言后各小组投票。在队委会研究时，盖洪江提出给张焕英在7分基础上再加1分为8分。各委员一直认为，张焕英确实能干，说起来给8分也不多，但多年来不成文的规定，妇女劳力最高为7分，那也得是青壮年或高中生，一般妇女只有 6 分，不好打破这个先例。盖洪江站起来说了理由：“焕英虽是从城市返乡的随军家属，但是没有军官太太的娇气，拉扯着四个孩子，一年来起早贪黑，吃苦耐劳，在生产队特别是在妇女当中起到了很好的模范带头作用；她身大力不亏，甚至比一些男劳力还强壮，一人能顶俩人用；她从不计较个人得失，脏活累活冲在前，社员谁不服她？！假若不能打破老规矩，不行就从我身上扣掉1分补给她行吧？！”他说完后，各队委都不说话了。关键时刻，政治队长盖洪修发话了：“洪江说得不错，大家对焕英也都公认（她做得好）。既然如此，我看就破个例吧！给焕英7分的基础上再加半分，大家看怎么样？”于是一个工分的争议结束了。张焕英成为安里村唯一获得7.5分的妇女。（盖天佐）

盖天佐，安里村人，1939年生，现居安里村。

选队长

20世纪70年代，每年年底，生产队“决分”完后，就要开始落实来年各小队的领导班子。

公社党委、领导对这件事很重视，也很焦急，不断催促各村上报，村支部更是伤透脑筋。大家都明白，各队队长劳累了一年，都想歇一歇。按要求，生产队干部应当由群众选举，事实上群众选谁谁不愿意干。而现任队长一般都是有能力有威信的人，大队党支部也不想换人。面对这个矛盾，党支部只好分别下到各队，进“重点人家”的炕头做工作。

五队的盖荣先有文化，办事公道，有领导能力，在社员中威信很高，已当过多年政治队长。这一年大队党支部想让他继续留任，结果遭到拒绝。盖荣先推说身体不好，坚决要求换人。派去做工作的人向党支部汇报，说：“这块骨头太硬，啃不下来。”老村干部盖仁先说：“我不信，没有不上杆的猴，还是锣敲得不急！”这话传到荣先耳朵里，他说：“我是一只死猴，敲烂锣也白搭！”书记盖奎知道后，决定亲自去啃这块“硬骨头”。第二天，他只带着一个老党员去了，一进门就说：“荣先，来和你要饭吃，你给不给吧！”三个人拉了一上午的知心话，终于把荣先的思想做通了，盖荣先一句话表了态：“我就是只死猴也还得爬杆呀！”那一年盖荣先任劳任怨，起早贪晚，五队生产生活取得很大进步，各项工作依然在全村名列前茅。（张正齐）

青岛知青

潘秀贞　乔颖英

20世纪70年代，全国各地的知识青年都响应伟大领袖毛主席号召，到农村接受贫下中农的再教育。1975年6月3日，我们青岛自行车厂第一批下乡知青佩戴大红花，背上统一分发的黄挎包，坐着大卡车风尘仆仆到了莱阳，其中18人被分配到姜疃公社安里村插队落户，负责带队的是解洪昌科长（自行车厂工资科长）。除了我俩以外，还有孙学芳（女）、吕桂英（女）、俞凤英（女）、丁洪秀（女）、高振荣（女）、程秀（女）、余兴民、张天福、王德利、张新良、姚庆文、孙永顺、李全玉、刘家和、刘文智、陈思文。我们在安里大队生活劳动了三年，1978年底才离开。

当卡车开到村口时，我们看到小学生排着长长的队伍，站在道路两旁。他们手持标语牌、花环和彩绸，高喊着“欢迎！欢迎！热烈欢迎！”。村领导带着一些村民，满面笑容地迎接我们。我们被欢迎的场面所感染，个个热血沸腾，感到做一名知青是那样的光荣和骄傲。

中午，大队安排了丰盛的午餐，我们都非常感动。下午，住进了大队专门为知青盖的十二间铮明瓦亮的新房子，我们非常高兴，大队还专门安排盖维显师傅做我们的厨师，心里感到非常温暖。

青岛知青1977年10月摄于安里村知青宿舍。前排左起为：周翠英、俞凤英、丁洪秀、吕桂英、高振荣；后排左起为：孙永顺、姚庆文、王德利、周永正、张新亮、李全玉

第二天，大队长盖洪言、村贫协主任盖洪双两位大叔，分别给我们讲了安里村的党史及村史，介绍了安里村民在抗日战争、解放战争时期为国家做出

潘秀贞，女，青岛市人，1957年生，退休职工，现居青岛市北区。
乔颖英，女，青岛市人，1954年生，退休职工，现居青岛市。

的巨大贡献，以及安里村解放后翻天覆地的变化。通过忆苦思甜，我们了解了安里村的过去和现在，更加憧憬着安里村的未来，决心为祖国、为第二故乡安里村的发展多做贡献。

熟悉了几天后，我们被分到了各个生产队。大队领导考虑到我们的身体条件，把我们都分到自然条件比较好的生产队。上工了，感到一切是那么美好。田野里金黄色的麦子被风一吹，一浪接一浪；山上的草啊树啊郁郁葱葱；就连地里的大葱也碧绿碧绿的，拔起一棵放到嘴里一嚼，真叫一个爽。但过了几天，新鲜劲儿没了，由于用力过猛，且用的都是笨劲儿，有的人出现了身体不适。

叔叔伯伯们都尽量给我们安排一些轻点的农活。可我们这些走惯了城市大马路的双脚，经常被田间地头的石头、泥块崴了，双肩和双手也被农具磨破了皮，火烧火燎地疼。在他们看来很轻的农活，却把我们累得腰酸背疼。队长大叔看在眼里，疼在心里，经常在散工的时候，安排大板车送我们回家。坐在大板车上，我们非常高兴，觉得比坐青岛的公交车都舒服。另一方面也觉得很惭愧，因为我们看到了和贫下中农的差距，都下决心好好向农民学习，刻苦锻炼，使自己尽快成长为一个真正的农民。

在大家的帮助和自己的努力下，一年多的时间，我们掌握了大多数农活的技术。种菜、种花生、种玉米、种地瓜、种芋头等都会了，除草施肥也样样都行。到

了夏收、秋收，场院的活也学着做。拉碌碡、放场、晒粮、打麦子、摘花生、掰玉米等，样样都学会了，也得到了大家的赞扬，这时我们才觉得真正和贫下中农打成一片了。

那时候，我们年轻有朝气，村里举办的各种活动都积极参加。秋收结束了，农活轻松了，利用晚上的时间，在一起说说

唱唱。王德利、高振荣、孙永顺、李全玉、姚庆文我们六人和村里的文艺骨干一起排练节目，大年初二晚上为村民演出，和全村人一起过了一个祥和快乐的春节。虽然没能回青岛与家人团聚，但我们和村民的感情越来越近了，以前吃苦受累的委屈也都荡然无存了。

三年的劳动锻炼，我们的脸晒黑了，手上的茧子结了一层又一层，但身子骨更结实了，真正成了一代有知识、懂技术的新型农民。村领导看到我们的成长，笑在脸上，喜在心里，提议团支部从我们知青中选拔优秀青年加入共青团。潘秀贞和乔颖英、李家和有幸成为第一批知青中的共青团员。后来，潘秀贞又被任命为安里大队团支部组织委员。政治上的进步，更增强了我们扎根农村、建设农村的决心。

我们在村里的表现传回青岛自行车厂，厂领导很高兴，多次安排有关人员到村里看望我们。后来我们厂又有26位知青陆续到安里村插队。第二批10人，由陈洪利同志带队，他们是：徐中华、张丽霞（女）、孙清华（女）、王铭娟（女）、王培彩（女）、李克、孙国庆、王君亮、李风国、武连亭，时间为1977年10月至1979年11月。第三批也是10人，他们是：栾胜智、张春晓、王玉贤、于挺江、曲凤娟（女）、刘国香（女）、丁春香（女）、刘佩芳（女）、王泽宽、初德亮，时间为1977年12月至1979年11月。第四批6人，他们是：王少军、杜建国、乔秀英（女）、孙少智（女）、解建华（女）、赵桂芳（女），时间为1978年12月至1979年11月。

我们在安里村的四批青年44人于1979年底全部返回城里。到目前为止，除李风国、武连亭、丁春香离世，初德亮还在岗工作，其余40人都已先后退休，其中女强人老高（振荣）是退而不休。振荣1958年生，1975年初中毕业即到安里下乡，三年的农村生活、劳动使她得到了充分的锻炼，1978年底回青岛后，她先是在轻工机械厂上班，第二年考取八级技工资格，这是当年计划经济年代实行八级工资制最高的一档，工友们都很佩服她。除干好正常本职工作外，她业余时间不顾寒风雪雨、烈日当头及一些人的冷嘲热讽，到外面摆地摊卖货，挣到了第一桶金。1987年国企改革实行人员分流，她第一个报名离岗，从事公交运营服务业，1996年又转行成立了老乔曙光物流公司，组织50多辆车开展物流运输业。2008年汶川地震时，她捐款捐物并组织车辆支援灾区，受到青岛市委市政府的表彰。她的物流公司社会效益经济效益双丰收，先后十次被评为青岛市先进单位，并被青岛市市场监督管理局评为消费者信得过单位。

灾年遇劫

盖洪波

父亲在世时，告诉我这样一件事：1960年，饥荒年间，为了不让家人饿肚子，奶奶就让我父亲在家里收集一些农产品，推着二把手小车，去青岛我大爹家，来回捣腾点小生意，弄点吃的来维持一家人的生存。

那个年代，不准搞小商贩的营生，所以只能偷偷进行。明面上说去给我伯父家送吃的，这个理由别人无法反驳，实际上是推去一些农副特产，如芋头、花生、地瓜以及五谷杂粮等，到青岛我伯父家里，他在国棉四厂的同事、家属宿舍的邻居们分一分，不一定给钱，也可以用东西交换。我记得父亲换回来的有小咸鱼、老板鱼干、虾皮、糖果点心、大米挂面、棉布、衣服、手电筒、电池，还有小型的儿童玩具如转转圈等各种食品及日用品，拿回来一部分自己家里吃用，一部分邻居们就买去了，或者用粮食、面粉等换取。那时候，我们经常吃到别人家孩子吃不到的好东西。

父亲去青岛这件事情，奶奶和母亲叫做上青岛“赶脚”，莱阳土话就说成了“赶决”，应该是带着东西赶路快点走的意思。每次大半夜两三点钟起身，父亲推着二三百斤重的车子，开始往青岛走。从安里村先奔向团旺、穴坊，进入即墨的王村，一路都是乡间土路，走上一整天，天黑之后才能到达伯父家。我现在想象不出，父亲为了一家的生计，忍受怎样的劳苦、孤独，流尽汗水，一路饥寒，去干这“赶决”的营生。

每次父亲出门后，奶奶就整夜整夜坐着，也不躺下睡觉。我都醒了好几回，每回都能看到透过窗棂的微光，奶奶坐着的身影像一尊雕像。我想，她一定是心里挂着她的小儿子吧。

真没想到，有一次就出了点事。

那天父亲半夜两点起身，天刚蒙蒙亮的时候，已经过了穴坊，进入即墨地界。走到一个村庄时，远远看见一个人，肩上用铁锨挑着提篓子，好像是清早起来拣粪的。走到跟前，那人看父亲推着鼓鼓囊囊两个麻袋，就问了一句：“去青岛赶决的吧？”父亲回答“是”。那人说“留步”。

盖洪波，安里村人，1957年生，退休职工，现居威海。

父亲停下车，直起身来，那人用手按了按车子上的麻袋，问：“里面是什么？”父亲答：“芋头、地瓜干。”那人说：“不对，还有花生米吧？”父亲只能如实回答：“是，有点。”那人说：“解开麻袋口，给我留下些。”

父亲不知该如何回答，脑子里飞快地转动，心想我这是遇到劫路的了？如果不给，他手里拿着铁锨，一铁锨就能把人拍死；要给他吧，麻袋里的东西一部分是自家的，还有花生米什么的，是赊的邻居的……正想着，那人自己动手了，解开了系麻袋口的小绳，一下就从麻袋里倒出了大半袋子芋头，还有小布袋里面的花生米。又把这一边的麻袋解开，倒出了半麻袋地瓜干。之后说：“你自己把麻袋系上吧。”

父亲吓得一句话也不敢说，两手哆哆嗦嗦好歹系上了麻袋口。推起小车掉回头往穴坊方向一溜烟疾跑。只听得后面那人大声说：“兄弟，俺家里四五个孩子，都断粮十几天了。要是再没有吃的，就都饿死了。你算行行好，救俺一家大人孩子的命了。”

父亲急着快跑，顾不上多想，推着剩下的东西，半上午又跑回了家。

后来家人议论这件事，令父亲不解的地方有两点：一是，那人为什么不把麻袋里的东西全部倒干净，为什么只倒出来半麻袋？二是，自己推着二把手独轮车，两面的分量不一样，一边的花生米被劫走了，芋头剩下一点儿；另一边的地瓜干剩得多，还有一半。这样推起车来“偏沉”，可是自己一路疾跑几十里地，怎么没有感觉出“偏沉”来呢?

对此，我本家三哥盖洪棣分析说：一，这个人不算是“劫匪”式的坏人，可能就是为了给家人救命，才抢劫他人财物；二，父亲当时吓得“冒包”（方言，懵了）了，只顾逃命要紧，根本不知道车子上的东西“偏沉”了。

张家遇险呈祥（两则）

张正齐

误食毒饵

大约在1965年前后，安里村闹鼠灾，家家户户都能看到老鼠窜来窜去。为了消灭老鼠，大家什么办法都用上了，用铁夹子夹，用开水灌，用药诱杀，有的把柴油倒进老鼠洞里点火烧，我们家在老鼠经常出没的地方放了一些拌过毒药的花生米。

一天下午，我刚进院门，就听见我妈惊慌地喊："可箱了（方言，坏事了）！那是药老鼠的长果仁！"原来二弟张正芳在草棚里拾了两粒下药的花生米吃了！我一听，心想坏了，一边哭喊着告诉二弟："快喝水，手指头压住舌根，往外吐！"一边急忙跑到对门老爷爷家，问他咋办，老爷爷说："快灌尿汤！"我飞快跑回院里，只见二弟已经呕了一地，脸上冒汗，不忍心给他灌尿汤，赶紧又端出一瓢水，告诉他："快喝，指头往嗓子里抠！"二弟也很害怕，为了保住性命，明明已经吐干净了，却只得照办，最后连黄水都吐出来了。一气儿折腾到傍黑（傍晚），直到晚上睡觉，也没有什么中毒的反应，一场尅命（方言，要命）大灾就这样挺过来了。

毒药毒不死的人，算是得老天眷顾，自然性格坚强，命运不差！经历过那次危险后，二弟的命运迎来了转机。他18岁当上了生产队民兵排长，后来参军，在部队干了10年，转业到黑龙江农场公安局，先后担任指导员、副局长、一级警督。现在虽退休多年，但是农场职工提起他来，还是赞不绝口："张大胡子是清官！"

小手术大事故

1965年春，为迎接来年高考，同学们憋足了劲学习，而我却另有心思，因为我得了严重的痔疮，知道当兵升学都要检查肛门，担心体检不过关，于是编了个理由请了假。县医院就在离家三里地的姜疃，外科的宋大夫简单查问了一番，说："已经形成管子了，破坏掉就行了，没问题！"然而手术后，问题就来了，刀口渗血不止，换了外贴纱布也不济事，大量渗血沿直肠逆流到胃，竟一次便下多半盆黑红色的血块，我失去了知觉。后来有人告诉我，当时我的脸上没有一点血色，像张黄裱纸。母亲跑进病房一看，又疼又惊，哭天喊地："俺孩子走着来的，怎么一下弄成了这样？！"宋大夫让护士把母亲扶出门，拿出一把撑子，直接插入刀口，生生撑开，那揪心的疼啊！我尖叫一声，差点截（断）了气！宋大夫用手电照着看了一会，满头冒汗。毕竟人命关天，过了约两个钟头，城里开来救护车，中心医院的外科权威葛仕功大夫来了。他给我仔细检查，做了一番处理，把我从死神那里拉了回来！原来，手术时割断了血管，血管当时就缩了进去，从刀口创面看不见血管，再加上我血压偏高——当时是140/90毫米汞柱，手术前没测量，没实施降压措施，造成恶果。其实这都是外科大夫必备的基本常识。当时姜疃医院有很好的外科大夫，如青岛医学院毕业并有多年行医经验的祝雪华、严廓清大夫，医德医术口碑相当好，只因为成分不好，限制他们接病号。

这是一次典型的手术事故，医院应负全责，那时不知道这些。入院的押金，还是父亲卖了点口粮才拿上的。我出院后，院方又下了催款单，加上中心医院的出诊费，父亲借了钱才还上。不少人劝我父亲，这钱不用拿，医院应该赔偿。"能活着回来就好！"父亲说，"花多少钱买不回一条命来。"

我由衷感谢葛大夫救了我一命，也因此更加敬重从事治病救人这个行业的人，高考决心把学医填在第一志愿！可惜，就在我们要高考时，"文化大革命"开始了，一连十年大学没招生，1977年恢复高考，我已三十多岁，医学院不收，只上了个师范，几十个人录取一个，也算十分幸运了！

老董

——盖德金 盖国云

20世纪60年代初，全国“三年自然灾害”，到处闹饥荒。我们这个地方，自然条件相对好一些，受灾程度相对轻一些，但也不能幸免。

那时逃荒要饭的人很多。大约1960年刚开春，我们村的上疃大街上来了一个60岁上下的老头儿，领着一个十五六岁的女孩。老头儿约一米七的个头，长脸形，脸色灰暗，穿一件黑棉衣，背着一个大包袱，沿街要饭吃。当他在街上看到有病的老人小孩，特别是腿上生疮生疥的，便主动过去说我可以给你“扎古扎古”（方言，治一治的意思），他一般是用自配的草药给敷一敷，效果还是挺好的。那时家家户户住的多是草坯房，条件都很差，即便如此也没有多余的房间，但又十分可怜这父女俩，村民张维典就想到东山外自家有个小场院屋子，便把他们领到那里，让父女俩暂时有了栖身之地，也算是安了个家。那个时候，医疗条件差，又遇到灾荒年，人们得了病也没有钱去医院，只能干挺着。突然来了一个会点儿医术的要饭老头儿，大家都挺高兴的，人们有个头疼脑热的，便找老头儿给看看，他用自配的草药治疗，效果一般也都不错。时间长了，全村人都知道了这个可怜的好老头儿，为了给全村人看病都方便，下疃的江守礼又把爷俩领到了南山脚下自家的场院屋子住了下来，这里大体算是村子的中部。

老头儿治病配药，不要一分钱，只要给点吃的就行。如此一来那些被他“扎古”好的人家往往过意不去，时不时送点好吃的东西给他表示感谢。所谓好吃的东西，只不过是地瓜干、菜饼子等，玉米面饼子、馒头很少，更不用说点心了。这样一来他基本上就不用外出要饭了，有空的时候经常到张克修的屋后、张义修的屋东头跟大家拉拉家常。慢慢地，人们了解了他的身世，原来他叫董凤贵，老家是西面团旺公社（现团旺镇）牛北城庄人，距安里村有二十来里地，他自己有肺病，不能干体力活，但懂点医术，会看个小病，会配制草药，他的肺病也是自己配制草药治疗，已经治得差不多好了。从此大人们一般喊他老董，小孩子就喊他董大爷。

据盖龙云回忆，四五岁的时候，不知什么原因肚子上长了一个大疥疮，有小孩

盖德金，安里村人，1946年生，现居安里村。

拳头那么大，他父亲便带着一点玉米饼子地瓜干什么的，抱着他去请董大爷帮忙“扎古”。都是天黑后人们吃了晚饭的时候去，董大爷住的场院小屋在河南岸村外，孤零零的，又矮又窄巴，董大爷就着一盏小油灯的光亮，先把几种草药捣成糊状，然后敷在患处，再用一块蚊帐布包好，一共去了三四次，疥疮里的脓血慢慢流干净了，十几天后结了疤就完全好了。

时间长了，大家和老董也都熟悉了。老董也是个爱面子的人，当有断顿的时候，他便会到街上走一走，在那些家里条件好点的人家门口故意站一站，也不说话，这时便会有人主动问：“老董是不是没吃的了？”然后就给他收拾一点够他们爷儿俩吃上一天二日的。

到了1962年底，农村最困难的时候基本过去了，粗粮加野菜也能填饱肚子了。大约是这年底或第二年开春，他便离开了安里村。他在安里村虽然只有三年左右，但很多人一直都念着这个“老董”“董大爷”。

小宝之死

——张玉田　张正齐

安里村张家街有个张玉宝，小名叫小宝，1944年生人。

小宝的父亲张维忠在青岛跟着张维礼干瓦匠。1945年8月日本投降时，日军在青岛开设的医院遭市民哄抢，张维忠见工友抢了不少东西，也去抢了些玻璃瓶子，被日本人开枪打死了。张维礼往老家传信：张维忠得了霍乱病死了，已经埋了。张维忠的老婆娘家是姜疃镇北黄村的一个财主，听到男人的死讯后，简直天塌了，哭晕过去好几次。

小宝的爷爷张海云，外号“四瞎子”，会过日子，就知道攒钱置地，土改时定成分为富农。张海云雇工干活儿，都是送馒头、饼子、咸蛋给他们吃，自己却回家吃豆皮粗面饼子。因为这事，张海云又多了个外号——“四豆皮”。

张维忠死在青岛，“四豆皮”老两口也很难过，却对儿媳妇甩脸子，逼她改嫁。小宝母亲要求带着小宝走，老两口坚决不让，连小宝母亲的嫁妆也不让全带走，要留给小宝长大了娶媳妇儿用。后来小宝母亲改嫁本村下疃盖洪济，生了三女一子，都是老实本分的庄稼人，农忙种地，农闲漏粉条，日子过得也还平稳。

小宝有两个姑姑两个叔叔。大姑嫁到邻村没多久，丈夫参军光荣牺牲，又嫁给安里村下疃盖洪加。盖洪加参过军打过仗，是位优秀的共产党员，曾担任多年小队生产队长，在村里口碑很好。二姑结婚后，丈夫参军光荣牺牲，也成了一名光荣的革命烈属。

小宝的二爹张维芝，文化程度较高，懂英语，当过小学教员和政府机关职员。1949年随国民党军队逃往台湾，娶了姜疃村一位同去台湾的女子，育有一儿三女。三爹张维业，1947年参加解放军，在部队积极上进，又有文化，被选拔培养成技术干部。1963年前后，张维业所在部队驻防福建，部队同意其父母和侄儿小宝随军。在接风宴上，部队有人问：“老人家在山东老家日子怎么样？活得很累吧？”张海云不识字，平时只顾自己家，国家形势什么的从来不闻不问。他随口说道：“我现在挺好的，我这阵儿哪头过来都行，国民党、共产党两下咱都有人。”现场气氛顿时严肃

张玉田，安里村人，1951年生，现居安里村。

起来。张维业跳起来训斥父亲胡说八道，当场宣布断绝父子关系！第二天，张维业把断绝父子关系书交给了领导，并把三个人撵回老家，又向部队写了决心书，要坚决站稳阶级立场，一心一意跟着共产党革命到底！

回到老家后，张海云在部队说的那番话就在村里传开了。大家纷纷责怪他是个老糊涂虫，毁了儿子的前程。张海云也觉得愧疚，又多病缠身，没几年就去世了。

张海云老伴岁数也大了，全靠小宝支撑着过日子。小宝人倒是勤快，也能干，家里家外都能拿得起来。他手特别巧，会织毛衣，能在毛衣上织出“前进”两个字。最让村里人竖大拇指的，是他自己打石头，在院内盖起了一幢像模像样的厢屋，连老瓦匠都夸赞说这活儿干得“上拐上线”（方言，有水平的意思）。

但小宝有个毛病，爱占公家的便宜。那时是生产队体制，有一年队上默许每人可以到集体树林里砍一棵小树，做翻地瓜蔓用的棍儿，小宝却砍了十几棵，治安发现后，勒令他背着一捆树棍敲锣游街。小宝家里养了一群鸽子，鸽子窝都是用队上的旧抬筐、偏筐做的。他左右邻居都是军烈属，门口挂着木制的“光荣之家”牌子，小宝趁人不注意摘下来做了一双呱哒板（木底拖鞋），被举报后全村开大会批斗他。后来，队长又从他家找出不少队里的公物，其中有染了红色记号的绳子一堆，围囤子用的折子，打苫用的麦秸，抬驮子的杠子等，还有不知从哪里弄来的风钻杆。队委会研究决定，罚他60元钱，限三天交齐。小宝自知理亏，也没辩驳，便四处找亲戚借钱。那个年月，不到年底决分，不卖肥猪，哪家手里能有现钱？大家平常都是靠卖几个鸡蛋换点咸盐，谁也拿不出那么多钱，就是三块五块的也拿不出来。

小宝跑了两天，一分钱也没借到。回家路上，他想想自己富农出身，成分不好，又犯了这么多错，这下子弄不好还要站台子上被批斗，越想越觉得没有奔头，活着还有什么意思？没精打采地回到家后，见石磨上还有没磨的苞米，便拾起磨棍推起磨来。推磨走圈，他脑子也在乱画圈。磨上的粮磨完了，他全然不知，还在空转着推，最后说了句“奶奶，我再也不能给你推磨了”就在自己盖的厢屋里上吊了。他奶奶坐在炕上，听到孙子的自言自语，可也无能为力，等邻居们赶来后，做人工呼吸抢救，已经来不及了。那一年小宝26岁。

小宝的三爹张维业，因为那年老父亲胡说八道，对他在部队的进步产生了很大的负面影响，不久就转业到地方工作，先是在广西扶绥县，后又调到南宁市，离休时是副处级。多年后，张维业和两个女儿张波、张萍回安里村寻根，看望亲戚。面对空无一人、破烂不堪的张家老宅，两个女儿问张维业：“这破房子就是老富农的家吗？”

20世纪80年代后期台湾开放大陆探亲，两岸亲人开始有了来往。张维业的大女儿张波是广西妇幼保健院专家，一次她去台北参加学术会议，经过一番周折，联系上了二爹张维芝，到他们在花莲的家里看望，两岸亲戚们听说后都很高兴，之后他们几家的晚辈一直保持着联系。

张维芝去世时八十多岁，比张维业早十来年去世。张维业2019年底在南宁病逝，享年91岁。

“摸”土豆

盖艾玲

1960年夏末，连续大雨，第一生产队菜园（现在村西学校一带）的土豆地里积水严重。眼看土豆再不收就沤烂了，队长和社员们都很着急，研究一番后，队里决定不集体组织刨土豆了，各家自己下地去捞吧，谁捞到算谁的。

从开春以来，家家户户就没有多少粮食了，这时候，能吃的东西就能救人命，何况是土豆。队长一声令下，各家各户大人孩子一齐冲进了土豆地。

我和爸爸、妈妈赶到的时候，只见满地都是人。队长说“捞土豆”，到了地里才知道，其实是“摸土豆”。原本土豆是一垄一垄栽的，现在垄也看不见了，土豆叶蔓被水泡得耷拉了，只能用手扶着土豆蔓，顺着蔓往下摸土豆。大多数家庭都是这样分工：爸爸和年龄较大的男孩子下去摸，妈妈在后面拖着筐子或者盆子等着装，装满了就拖回地边上，孩子们在地边，或蹲或坐或站，等着接收“胜利果实”。

人们一边摸，一边议论：今年的土豆大丰收了，长得真好啊。白生生、黄熏熏的大土豆，从半泥半水中摸出来，真稀罕人。我们这些小孩，眼前守着筐子、袋子，等自家大人一盆一盆地往回送。妈妈送回来的土豆，上边都沾着泥，先倒在地上，我一个个在草里擦几下，就干净了许多，再装进袋子。

刚开始还按照一户两垄往前摸，形成一个扇面队形。摸到半晌午，队形就乱了，你家的垄、我家的垄根本分不清了，大家没法再按垄摸了，队形也变得不那么整齐了。不过，自始至终，没有抢夺的，也没有吵架的，大家都互相谦让。这边二嫂子说：“大婶，你家人多，你过来，这场净大的。”那边大婶子就说：“侄媳妇，你家孩子也不少，你摸吧，我不过去了。”

摸啊摸，摸啊摸，家家户户都舍不得回去，多摸一盆，就多了一盆口粮。满地的人，谁都顾不上吃饭，一口气干到半过午。开始大家都要大的土豆，小的没人要，后来小的也舍不得扔下，一个个猫在泥水里，不停地摸啊摸。

我蹲在又粘又湿的草地上，冷得打哆嗦，对妈妈说：“妈，咱不稀（方言，通常后接动词，意即“别”“不要”）摸吧，回家看看妹妹吧。”妈妈这才想起，家里还有三四个月大的孩子要喂奶，急忙拾掇拾掇，装好土豆，让爸爸用二把手小车推回家去。

这几袋子土豆，因为在水里泡久了，没有面糊劲儿，吃起来“咯唧咯唧”的，即便这样，也是那个年月弥足珍贵的果腹之物了。

这天晚上，我那个只有三四个月大的小妹妹无声无息地走了，奶奶说，孩子是饿死的。

曾经的集体事业

村技术队

盖　梁

安里村农业技术队成立于1966年，1982年解散。这16年里，盖风庆、盖连群、兰宝臣、盖贤宾、盖永群、盖国云、张维民、盖振国等同志先后任队长，盖梁为副队长兼技术员，后期盖永发任副技术员。队员主要有盖文国、盖玉山、盖春花、盖良先、盖明云、张玉秋、江吉先、张玉清、盖政群、盖益群、董希修、盖元林、盖月香等人。70年代中期，曾吸收了十几个青岛下放知青参加。

农业技术队成立后，大队党支部书记盖奎同志和副书记、大队长韩仁贵同志非常重视，以后换届的大队干部盖连群、盖洪言等同志经常参加技术队劳动，发现问题及时帮助解决。

那时姜疃公社农技站站长是赵高堂。莱阳县农业局局长是戴仁礼，副局长位福同，农技站下设小麦、玉米、地瓜、花生四个技术科研组。他们经常指导我们的工作。

1966年12月莱阳县政府、县农业局在古柳村召开全县农业技术大会，各大队技术员参加。大会主题是传达党中央毛主席的指示，贯彻执行“农业八字宪法”，大搞农业科学实验，培养又红又专的技术人才。会议要求各公社各大队要拿出一部分土地，建立实验示范基地，把引进的良种和先进的增产经验，通过小区对比实验和大田示范，写好总结报告，把适合当地显著增产的优良品种和行之有效的增产措施，推广到生产队，促进大面积增产。

安里村共有可耕地3600多亩，其中洼地约200亩、坝头地500多亩、丘陵地2900亩。由于地下水源缺乏，从1958年开始，村里先后建了三座水库，挖了三个平塘，以囤积雨水为主。村里水利条件不够理想，自流灌溉面积很少，浇地只能靠机器抽水。

在小麦生产上，技术队逐年引进优良品种，经过对比实验，大田示范选出了“太山一号”“4671”和“鲁麦21”等高产、优质的小麦良种，淘汰了当地老品种油籽麦，产量由亩产200斤增加到350～400斤。

在地瓜生产方面，探索热物温床育苗。温汤浸地瓜种，消灭地瓜黑斑病和茎线

盖梁，安里村人，1942年生，现居安里村。

虫病的知识也普及到各生产队，帮助农民培育出粗壮无病的地瓜苗，淘汰了各家各户火炕育苗的老办法。

安里技术队从山前店南崖后村技术队引进了十几个地瓜品种，经过小区对比实验和大田示范，选出了“烟薯三号”“696”和“济薯一号”良种。这几个地瓜品种产量高，味道好，也耐储藏。这些良种很快普及到各生产队，特别是“炯薯三号”，在全公社36个大队技术队很快普及，受到公社领导和技术站的表扬。

技术队还把莒南县窝瓜“下蛋”的先进经验做了小区实验和大田示范，这一先进经验增产效果显著，品质好，大队召开现场会，用实物做比较，各生产队很快接受，淘汰了老式窝瓜的栽培。县农业局还专门调盖月香同志到陕西省指导窝瓜“下蛋”。

在玉米生产方面，各生产队的玉米种都是年年自产的老种子，产量低。技术队学习掌握了玉米制种方法，培养了各生产队的技术人员，确定各生产队玉米制种区、隔离区，确保种子彻底干净去杂，不自交、不混交。技术队先是引进了“新双一号”，这是个双交种。这个品种后来和引进的单交种做对比实验，产量低于单交玉米，技术队随后又引进了“中单一号”亲本制种，这个品种比“新双一号”每亩增产200～300斤。

在花生方面，县农业局和姜疃公社农技站站长赵高堂同志经常来我村检查指导工作。技术队首先引进了早熟种伏花生，之后又陆续引进了早熟种“白沙171”“白沙1016”以及中熟种“杂选四号”“海花一号”。这些品种与当地老品种爬蔓大花生做对比实验，增产显著，并且能倒茬种小麦。在播种时间上，技术队每天测量土壤5公分（注，深度5公分）地温，发现每年的5月1日至10日，昼夜温度在13℃～15℃，最适合花生种萌发，能确保13～15天出苗。在种植方法上，对比实验的结论是起垅比平地开沟种产量高。在山岭薄地，垅距2.4尺、垅高不超过10公分、垅顶平宽1.4尺，种两行花生，行距8寸，墩距6.5寸，每墩两粒，每亩7500～8000墩。花生抗涝，烂果轻。在起垅的基础上，技术队从外地引进了地膜覆盖的先进经验，通过对比实验，产量比不覆膜的每亩增产20%～30%，果多，出油率高。技术队还做了花生清棵的对比实验，实验结果证明，清棵比不清棵增产12%，这些增产举措都推广到了各生产队。

总之，农业要增产，必须要科学种田，做到良种良法配套，以改土为主深翻土地，加厚活土层，增施化学肥料氮、磷、钾和有益菌肥，及时防治病虫害。

这是我们过去几十年科学种田得出的基本结论。

村机械队

——张全芝 张维全

安里大队机械队1974年组建，党支部决定由支部委员盖风庆负总责、张全芝担任机务负责人，机务人员加上会计兼保管共12人。机械队的条件比较好，新盖了7间拖拉机屋、4间机械库房、3间维修保养车间，还有3间办公值班室、3间配件库，两间西厢房是油库。

1974年至1977年，机械队购进“东方红-20”拖拉机2台、“泰山-25”拖拉机1台、脱粒机5台、玉米秸秆铡草机1台、花生摘果机1台、小麦秸梳草扑麦机1台、12马力脱粒收割机1台、“690”柴油机1台、“195”柴油机5台、八进八出水泵1台、四进四出水泵4台。生产队拥有“泰山-12”拖拉机4台、“195”柴油机2台。

在机械化作业中，机械队的拖拉机主要负责14个生产队的运输、春耕、秋耕，农闲时节给副业队运输产品原料，为果园菜园运水果蔬菜到各大集市及青岛。此外，也给供销社、乡镇企业运输物资等。

三夏时节，所有的机务人员到生产队的各个场院，昼夜两班倒，看守机械，维修加油，分秒必争抢收小麦。他们热情服务，从不叫苦喊累，时刻保证机械正常运转，保护好操作人员的人身安全，做到“颗粒归仓，寸草归垛”，受到生产队长和社员的好评。机械化解放了生产力，社员再也不用头顶烈日、汗流浃背地干活，也不用驴拉石磙反复碾压（收割的庄稼）了。

在秋收秋种季节，拖拉机驾驶员两班倒昼夜耕地，露宿田野。在公社种小麦进度榜上，安里大队的小红旗排在中上位。张全芝问盖风庆，我们拖拉机驾驶员尽心尽力，小红旗怎么上不到前五位呢？他说我们大队山地多、洼地太少了。于是，我们就到各生产队找生产队长研究，队长们反映拖拉机耕地是快，但是耕牛耙地太慢，牛要吃草料喝水，夜间不能干，耙不好地，种上也不行。张全芝就到公社向农机站初明祥站长解释，拖拉机三铧犁耕地，耙地跟不上，种小麦是个问题。他说：“拖拉机在山区耕地。耙地跟不上的问题，我们各站都向县农机局反映过。你来的

张全芝，安里村人，1955年生，现居安里村。
张维全，安里村人，1941年生，现居安里村。

正是时候，我昨天到农机局开会刚回来，农业机械科研所研制出中型拖拉机配套施耕犁，推广产品不收费，发现问题及时上报，并且一定要写好实验报告，给你们大队一套。”张全芝灵机一动，说：“站长你给我们三套，我保证写好实验报告。我们村是姜疃公社大村，有2900多亩山地，在我们大队实验推广，离公社最近，方便管理，发现问题能及时报告。”他听张全芝说得在理，就同意了。当天张全芝就拉回来三套，连夜和驾驶员安装，实地操作，效果良好。刀头磨秃了，红炉能连夜锻打，全大队提前完成了小麦种植任务。初站长高兴地说：“在你们大队实验推广就对了。”

秋收后期，机务组负责给生产队的花生摘果，花生秸秆、玉米秸秆粉碎等工作，并运到生产队饲养场喂牲口，解放了大量人力。

在水利化方面，我们大队在北洼建成3座小型水库，水利灌溉几百亩。机务组负责抽水，开春季节，天气寒冷，机务人员不怕冷，下水调节水龙头、阀门，提水灌水泵，每天坚持十几个小时，给生产队浇灌小麦。

在机械研制方面，以前每到麦收季节，社员就要顶着烈日在场院用连箭（方言，一种木制的脱粒工具）打小麦、梳麦叶、打苫，晚上、下雨天用苫盖场院晒的粮食，需要不少男女劳力。机务人员在盖风庆领导下，以盖永杰为主，成功研制出一台麦草脱粒梳草机，解决了人工梳草打苫的问题，深受生产队长及社员的欢迎。

在发展电力方面，我们大队1974年冬购进一台7000瓦发电机，在农业学大寨中发挥了重要作用。在北洼，为晚上整大寨田拉了（通了）方圆10亩的照明电。1975年，盖风庆通过咱村在平度任中学校长的徐强的关系，购进了一台哈尔滨产“4110型”40马力柴油机发电机组，供副业院晚上加班、学校老师办公、大队办公室、卫生室等单位照明用电，那时负责人是盖学中。

我们大队从1970年成立新一届党支部后，在党支部的领导下，全村在农业机械化、水利化、电力化、农业科技等方面取得了很大进步，走在了全公社乃至全县的前列。机械队在公社农机站年终评比中，连年被评为先进单位。在拖拉机驾驶员安全百日赛中，江守洪获得了安全百日赛优胜证书。

村林业队

——盖风庆

1967年，上级有指示：山村要想富，必须封山育林修水库。安里大队党支部召开党员大会研究决定，把所有河岸边收回，由大队统一管理。把学校前的菜园地改为林木苗圃，成立林业队。

林业队最开始由盖功法负责。疃西头二层小楼那里原来是一片桑树，河岸上全部是榆树和加拿大杨树，高儿山很多果树，南山的东西山头也全栽种的果树，这些都是他们的功劳。他们还把六七十岁的老人组织起来，成立了“老头队”，常年在南山西坡、高儿山前后坡开荒整梯田。经过他们的劳动，村里的每个社员年年都能吃到时令水果。

后来林业队由盖风庆负责。主要培育加拿大杨、藏白杨、梧桐树三大品种。在技术员精心管理下，两年时间加拿大杨就长到了两米多高。出圃后，树苗栽在姜疃东大桥东岸八亩多地的泥坑洼里，学校西小桥以北大泥湾、河东岸十几亩地里，社员每户免费在房屋前后栽3棵，路边、鸡嘴地都栽上。同时，大队组织老党员兰庆云、盖洪福等人分片包干管理，成活率比较高。到1972年、1973年基本成材，给大队集体建设带来了很大的效益。

当时确定主要搞好两大

盖风庆，安里村人，1947年生，现居安里村。

片。一是南山桃岚子（树林）。负责人是兰振芳。这片岚子解放前是盖鸿基爷爷开的，人民公社成立后，归大队管理。由果业技术员栽培嫁接桃子、苹果、葡萄、李子等多种果树及板栗等干果树，其中以各品种的桃树为主。在负责人和技术员带领指导下，果业人员认真努力，不怕苦不怕累，各种水果连年丰收。水果收获季节，平价卖给社员，特别是桃子成熟期短，大部分人员推二把手车下乡赶集卖，但必须由负责人到工商、税务开出自产自销证明，否则当投机倒把处理。大队拖拉机主要负责运往即墨、李村、青岛等地卖个好价钱，年年增加集体收入。二是高儿山苹果园。在公社党委的号召下，1974年大队党支部研究决定伐掉马尾松，栽种苹果树。由盖风庆负责，党员干部带头，共青团员、民兵队长打先锋，有义务的社员，每人两个树窝的任务。50多亩的山坡，栽种小“国光”1400多棵。组织老党员、老年社员，垒地堰、整树盘、除杂草，苦干了两三年。在果业人员的管理下，成活率达到80%以上。改革开放后，这些果园都分片承包给了社员管理，在苹果盛产期，一年可出产小“国光”苹果7万多斤。

村建设队

韩仁贵 张维学

1960年，全国都在搞“大跃进”运动，安里村也不例外。农村要大力发展农业、壮大副业、兴修水利，就需要一支建设队，可以为大队建厂房、修水渠、架桥梁，为社员解决盖房难问题。

1961年春天，安里村党支部决定组建一支建设队，开始由盖仁先负责管理，在村里找了部分老石匠：张思齐、盖夏云、盖民、盖功增、盖风、盖国先、张春云、张翠云、张松云、张立振、盖世昌、盖洪方、兰维清、兰保玉、兰保臣。后来，又增加了兰保民、盖凡武等，到1962年队伍就发展到28人。

由于形势的发展，这支队伍满足不了工作和人民群众的需求，于是又找了几名年轻的瓦匠：盖东、盖丛云、周凤礼、盖迎先，小工有盖京群、张玉申等6人。他们个个技高艺精、老实本分。

建设需要石头，1965年秋天又组建了石匠队，主要成员有盖志彬、盖风彬、周明华、盖成升、盖洪田等。先是在西夼沟打了一冬一春的石头，足有200立方米，为建设队提供了石材保障。

从1970年开始，建设队干了好几项工程。首先翻建了大队副业院的办公室、磨坊，房屋建在最后一排，共18间，就是现在盖作群住的那一排，现在仍保持原样。后又建了4000多平方米的北猪场，猪圈60多个；当时养猪200多头，规模不小，养猪的多数是高中毕业生。

为了解决吃水问题，在猪场西南方打了一眼20多米深的井，供猪场粉房的用水以及周边群众的吃水，还在猪场后挖了一个一亩七分大的水葫芦湾。1986年被叫行（方言，类似“招拍挂”）给个人，填平后种上了树（即现在盖作群房后）。

第二项工程，1971年先后为村学校建了两排教室、办公室，共8个教室、1个办公室，还有1个乒乓球台子。还翻建教室12间，使安里学校成为当时全公社一类学校。

第三项工程，为了解决群众买化肥难的问题，1972年、1973年间，先后修建了两个氨水库，第二个氨水库（在盖永生屋前）规模很大、施工标准也高，质量在全公

张维学，安里村人，1958年生，莱阳市退休教师，现居莱阳市。

社都是一流。接着，又翻建了大队的办公室13间和1个大门洞，1991年又建了6间西厢房。

第四项工程，在后街盖起了十几间宽敞明亮的新房子，供下乡的知识青年居住，解决了下乡知青的后顾之忧。

为了扩大再生产，增加副业收入，提高群众生活水平，1973年又把副业院的12间东西两厢建了起来，有电焊屋、裁缝屋、压补轮胎屋、油坊等。1974年建起了长30米、宽9米的机械屋。盖完大队拖拉机屋，紧接着又在河南岸，即大会场前盖了12间养蚕室。1975年后，建设队除了给村里社员建房外，因为瓦匠技术水平高，受到人们普遍的认可，还被公社党委和姜疃医院聘请，先后参建了很多重要项目。1978年又在副业院的南面建起了12间倒房，发展为红炉、染坊、绣花屋、提包屋等，村副业发展到了鼎盛期。

1977年开始建设队主要由韩仁贵负责，直到1997年建设队解体。

村养猪场

周敬明

20世纪70年代中期，国家不割“资本主义尾巴”了，上级号召农村大力发展“十五养”（养鸡、狗、鹅、鸭、猪、羊、驴、马等），有条件的村要建养殖场，农民家家养。在这种情况下，姜疃公社刘永海书记找咱村盖奎书记商量，要咱村带头建个养猪场。猪场的建设规格要高，质量要好，不能凑合。盖奎书记回来后，就召开了支部会议，研究决定：在咱村最北边，原来的氨水库西面，拿出一块地来，建一个养猪场。说干就干，不到三个月，一个占地10亩的中型养猪场就建成了。新建的猪场，最北边一排从东到西八间大瓦房，有饲养员休息和值班室、猪饲料调配室、干饲料储藏室、防疫室等。房子前面就是一排排猪圈。第一排是已孕母猪圈，一猪一圈，猪圈外边是一个大院子，院子里铺了好多沙子，是将来小猪活动的场所。第二排是待孕母猪圈和种猪圈，也是一猪一圈。第三排和第四排是育肥圈，从东到西是一个大圈，猪舍一个挨一个，猪舍前有一个水泥大平台，供肥猪活动、晒太阳，平台前面是一个石头砌的大坑，是攒农家肥的地方。最南边还建了一个大羊栏，准备养羊。猪圈修得很好，下碱墙都是清一色的石头垒的，水泥抹缝，上边是白灰墙，一色的红瓦房顶。不管近瞧还是远看，都非常气派。

经大队党支部研究决定，由精明能干的盖风武任场长，兰庆云老人任技术顾问，江吉民任防疫员，于桂兰负责煮猪食，残废军人盖世勉负责饲养马匹，还选了四名高中刚毕业的学生——周翠英、张玉巧、盖元翠和盖国胜负责养猪。当时支部研究的时候，有人不同意三个女孩子当饲养员。认为她们三个受不了那个罪，吃不了那个苦。争来论去，最后盖奎书记定了调：三个女孩子是咱农民的孩子。农民的本色，就是不怕苦，不怕累。让她们干干试试，不试怎么知道行不行呢？三个女孩子到了养猪场，白围裙一系，白套袖一戴，青春靓丽，每天穿梭在红瓦白墙的猪场里，确实成了一道靓丽的风景，在东道上来往的行人，都要多看一眼。她们确实像支书说的一样，身娇志不娇。工作中虚心向老一辈学习，每天喂猪、打扫猪舍、推土垫圈、积攒农家肥，不怕脏，不怕累，一心扑在养猪事业上。

周敬明，安里村人，1963年生，莱阳古柳街道办干部，现居莱阳市。

猪场有了，饲养员到位了，工作人员开始到市场上买猪抓羊买马。不长时间，猪满圈了，羊有三十多只了，有了一公一母两匹马。饲养员分工明确：盖风武和盖国胜干重活，兰庆云负责喂羊，周翠英喂养老母猪兼任技术员，张玉巧喂养待孕母猪兼任会计，盖元翠喂养育肥猪兼任保管。大家在各自岗位上都非常认真负责。场长盖风武起早贪晚，忍受着剧烈的胃疼，有时疼得直冒汗仍捂着肚子坚持干，挖起粪来一干就是几个小时。于桂兰是个追求完美的“女强人”，不仅带着年轻人忙前忙后，还经常找他们谈心，帮助他们解决困难。

公社领导也很关注养猪场的事情，要求姜疃兽医站做好协助工作。兽医站站长盖丙和三天两头带着人到咱们猪场来，传授科学养猪、疾病防疫知识。饲养员们认真学习，并运用于实践。在很短的时间内，就掌握了给猪接生、治病打针、科学喂养等知识。母猪约克夏、大长白、金华猪、烟台黑先后产仔了，仔猪成活率达到了很高的水平。小猪出生十多天后，都跑到院子里玩耍，一起拱沙子，咬耳朵，满院追逐嬉戏，活泼可爱；更有胆大的，跑到饲养员身边，等着饲养员给它挠痒痒呢。为了让猪冬天吃上青饲料，大队党支部又决定建一个深3米、面积30平方米的地下储青室，在储青室旁边建了一个打浆池。在猪场后面挖了一个池塘，春天在里边放上水葫芦苗，秋天捞上来放到打浆池里一打，送进储青室里储存起来，冬天用来喂猪。猪吃得好，营养全，长得很快。

随着猪的数量增多，饲养人员的劳动强度也增大了。为了方便管理，他们摸索了一套用哨音管理猪的方法：一声长哨音“嘟——”，不管猪在哪个角落，听到哨音后，都“咴咴”地叫着跑到槽子边吃食；一长两短的哨音“嘟——嘟嘟”，育肥圈里的猪，都“哼哼”着跑到坑底大小便，既保证了猪舍的卫生，也减轻了饲养员的负担。村民们知道了以后，都高兴地跑来观看。那时候的养猪场，小猪健康成长，一窝接一窝地出圈；躺在平台上晒太阳的肥猪，一片一片的，长势喜人。盖世勉喂的两匹马也背宽腚圆的，那匹公马，拉起五六百斤重的大车嗖嗖的。兰庆云喂的羊群逐渐壮大，小羊的出生率、成活率都很高。整个养猪场，到处是羊欢、马壮、猪肥的景象。

养猪场办得很有起色，不但大队党支部满意，公社领导也非常高兴，在各种会议上对咱们村进行表扬鼓励。三位姑娘也被姜疃公社共青团委授予“农村广阔天地大有作为优秀青年”光荣称号，还被她们的母校莱阳十中请去作报告。周翠英多次在姜疃公社、莱阳县召开的养猪事业大会上作先进事迹报告。安里村在外边的名声也响了，在莱阳县南八社，只要提起安里村的养猪场，都竖大拇指。公社养猪办公室也经常在我们村开现场会，全县各地来参观取经的络绎不绝。村民们也都为此自豪！

随着养猪场名声越来越大，工作人员要一边工作一边搞接待，有时候连饭都顾不得吃。为了减轻他们的负担，进一步搞好养猪事业，党支部决定在下一届高中毕业生中，再选拔一批优秀学生加入饲养员队伍，被选拔的有盖天学、盖翠美、盖玉珍、张美娥、张玉秋、盖守群等。新成员给养猪场带来了新的活力，大家干劲更足了，各项工作又上了一个新台阶。红红火火的养猪场，成了我们村的一张名片。

村副业大院

——盖国祥

20世纪70年代，安里村开办了副业大院，是一处比较大的四合院建筑，位于下疃中间的村南边。那时安里村称为安里大队，在党支部书记盖奎领导下，农业连年丰收，副业蒸蒸日上。

副业大院由盖洪言负责，下设结网、绣花、草制品加工、兔毛加工、毛毡鞋加工、木匠铺、修车铺、铁匠铺、裁剪铺、电气焊铺、粉坊、磨坊、油坊、染坊、养蚕坊、养猪场、养兔场、养羊场等生产小组。

女性是安里副业生产的主力军，充分发挥了半边天的作用。

当你走进安里大队的东西大街，会看到妇女们三三两两走在通往副业大院的路上，有的手里拿着绣品，有的拿着玉米皮编制的地毯，有的拿着纺好的玉米皮绳，去副业大院验货上缴，再领回自己所需要的原材料。这些绣品、地毯都是用来出口创汇的，不但能为大队创造收益，还能为家庭增加收入。我邻居家有个三人绣花小组，白天绣了一天，晚饭后饭碗一推又挑灯夜战，昏暗的煤油灯下，谈笑间巧手翻飞，不用看图纸也能绣出漂亮的绣品。

当你走上通往副业大院的南北通道，就会听到铁匠铺里传出叮叮当当的打铁声，时轻时重，时快时慢，有时叮哐哐、叮哐哐，有时叮当叮当叮当，像奔跑的马蹄声，更像天籁之音。炎热的夏天，走近副业大院大门南侧，就会看到铁匠铺内炉火通红，三个彪形大汉围炉而立，个个膀大腰圆，满面红光，裸着的背上热汗直往下淌。手执小锤的是师傅兰宝山，抡大锤的是徒弟张忠、盖永波。师傅小锤叮的一声，俩徒弟虎虎生风的大锤就会砸出哐哐的声响，钢花四溅，围观的人们不自觉地赶紧往后退，烧红的钢板在他们锤下像面团一样柔软，他们在为社员们打造和维修农具。

走进副业大院的大门洞，会听到“1140”柴油机欢快的轰鸣声，这是磨坊。小麦面、玉米面等各种面粉，就是从这里加工出来的。以前磨面都是各家各户用石磨推，费时费力。这套磨面机是张维纲主任在大队干部支持下从外面买来的，社员们只要拿着小麦、玉米就可换回磨好的面粉，非常方便。机器淘汰了石磨，把妇女孩子们都解放了，妇女们可以绣花编地毯，孩子们可以安心读书了。

副业大院的西北角，是编制提包的工作间，原料也是玉米皮，经过硫磺熏制，像雪一样白，用它编制出来的提包洁白无瑕，非常漂亮。工作间里，清一色的年轻女性，让人眼前一亮，她们美丽活泼，谈笑风生，充满青春活力。她们编制提包，不但可以增加收入，买漂亮得体的服装，还可以出口创汇。那个年代，穿上一件的确良、人造棉的衣服是很值得骄傲的。夏天屋内闷热，中午过后，姑娘们就会跑到大院外边的阴凉处，由南向北、面东背西一字摆开，一边熟练地编制着提包，一边有说有笑，成为村里一道靓丽的风景。

副业大院的东北角，是榨花生油的工作间，负责全村花生油的供应。大院的西南角是农用车补胎与修鞋铺。大院内还有残疾人制绳间、服装裁剪间等。可以说，副业大院是一个门类众多的多种经营发展中心。

四五十年过去了，安里村的副业大院已经成了历史，但当年那种奋发向上、积极发展的精神，以及为安里大队作出的重大贡献，已经成为人们心中的美好回忆。

村卫生所

盖旭君　张玉莲

20世纪60年代到80年代，安里村积极响应党中央“把医疗卫生工作的重点放到农村去”的号召，组建了村卫生所，给村民提供了极大的就医便利。当时，安里村共有3000多口人，无论是新生儿还是百岁老人，每个人几乎都有到卫生所寻医问药的经历。卫生所的许多设施至今还在用。

刚开始卫生所由盖中南负责，后来由盖宝金负责，张玉莲、盖举群、盖秀香、盖举英、盖德臣、盖国福等人先后在那里干过。盖宝金从小得祖父盖绍芝先生真传，从25岁开始行医，每天坚持研读医书，《本草纲目》几乎能背下来，中医问诊达到了全科大夫的水准。村民身体有毛病，第一时间就是找盖宝金。他给成人下气针（针灸）穴位准，到了春天给孩子“扎食水”（中医治疗儿童食欲不振的一种疗法）调脾胃，真像歌里唱的那样——“赤脚医生向阳花，贫下中农人人夸。一根银针治百病，一颗红心暖千家。”盖宝金不仅医术高，而且医德好，有时候一宿被叫起来出诊四五次，有时出诊回到家天快亮了，顾不上休息接着投入白天的工作。有一次，一个村民突患急症，病情危急，家人深夜到盖宝金家求助，他二话不说，立马前往救治，之后每天都去听诊把脉，下气针开中药，硬是把病号从鬼门关里拉了回来，患者家人几次想答谢他都被婉言谢绝。

1969年，张玉莲从莱阳卫校毕业，回村当赤脚医生兼接生员。村党支部书记盖奎语重心长地对她说：“咱们是人口大村，一年有五六十个孩子出生。以前没有专业接生员，不少孩子出生时因感染破伤风或其他意外而死亡，叫人揪心。玉莲啊，你可一定要把接生这件大事搞好，争取一个孩子都不死，我和乡亲们都指望着你呢。”张玉莲牢记嘱托，除了给人看病接生，还抓紧时间看医书、背药谱、辨别中药材……水平提高很快。她积极宣传新的接生办法，帮助人们摒弃偏见和落后观念。只要有人找她接生，无论白天黑夜，她都随叫随到，从不推辞。有时连续接生两三个孩子，宁可不吃饭不睡觉，也从没耽误过。

盖旭君，安里村人，1965年生，莱阳市公安局干部，现居莱阳市。
张玉莲，女，安里村人，1950年生，莱阳市退休医生，现居莱阳市。

一天下午，村民盖文利急匆匆地来找张玉莲接生。眼看着夜饭时间过了，半宿过去了，还不生。盖文利和家人劝张玉莲先回去休息，有了动静再去请她，但张玉莲硬是陪伴产妇度过了一个不眠之夜。第二天早上，一个小生命终于来到人间，接生虽然顺利，但孩子不能自主呼吸，心跳微弱，如不及时抢救随时会有生命危险。张玉莲趴下身子，和孩子嘴对着嘴，往外吸痰和羊水，吸一口吐一口，把痰和羊水吸完后，又赶紧进行人工呼吸。十多分钟后，孩子转危为安。

张玉莲当赤脚医生近两年，行医出诊风雨无阻，接生孩子一百多个，赢得了村民的一致赞誉。1971年，经村党支部推荐，她成为村里第一个工农兵大学生，后来成为莱阳妇幼保健院的一名主任医师。

卫生所的每一位赤脚医生，对待工作都一丝不苟，甘于付出。当时每年要在全村进行一次灭“四害”活动，在村中央大会场安上几口大缸，将灭虫药倒进大缸，按比例兑水搅拌，每人背着一个大喷雾器，挨家挨户进行喷洒，灭除苍蝇、蚊子等害虫，取得了很好的防疫效果。

卫生所每天人来人往，谁家媳妇临产，谁家孩子闹感冒，谁家老人摔倒了，没有不找卫生所的。赤脚医生们经常早出晚归，走街串巷，24小时为村民提供服务。那一段历史，早已深深镌刻在每一个安里村村民的心中。

小铺

盖天学　盖国福

小铺是几十年前安里村无人不晓的供销点，是全村老少爷们经常光顾的场所，相当于全村的“超市”。它的位置在今天村委会前排房屋的最东边，共五间，其中西边两间是仓库，东边三间是门市部。

小铺成立于1953年，正规名称是“姜疃供销社安里代购代销店”（简称“双代店”），属于姜疃供销社与安里村联办的集体所有制商业组织，是姜疃供销社在姜疃区建立的第一批也是最大的一个双代店。顾名思义，代购是替供销社收购废品，加农副产品采购；代销是对供销社购进的生产生活资料进行供应与销售。其宗旨是支援农业生产，发展农村集体经济，方便群众生产、生活需要，活跃城乡交流。其职责是协助上级供销社宣传贯彻党的“三农”政策，加强种植养殖业、农业机械、农业生产技术在村里的推广应用。

村民张岁云是小铺的第一个工作人员，先是在下疃前街偏西租借了村民盖世行两间平房（1958年迁至庙台上两间小屋，后增加到三间，1973年拆除后原地扩建至五间，拆迁期间搬至庙台下广场西拖拉机屋）。他当时靠一个算盘、一杆16两的木杆秤起家，垒柜台、钉货架，自己备材料自己干，运货靠肩挑（扛）手提。由于资金紧张，张岁云不得不勤进快销，有时一天要到姜疃供销社进几次货。除了进货卖货，他还积极配合供销社和村里开展其他工作。如60年代初与供销社一道为村民推广化肥（硫酸铵、尿素）使用技术等，那时在田间地头经常能见到他的身影。在上级眼里，老张就是个“营生疙瘩”；在村民眼里，他就是个“不知疲倦的老货郎”，一年360天总是不停地忙、忙、忙……

由于年龄的原因，1963年张岁云退出，由兰维广接替。兰维广年轻有为，上进心强，边学边干，很快进入角色，除完成本职工作外还走街串巷，为军烈属、伤残军人、五保户服务，在力所能及的情况下帮助了许多人。他的奉献、勤劳、善良得到村民的好评，称赞他“困难面前不低头，不败下风不弯腰，说一不二干嘣脆，撒手

盖天学，安里村人，1956年生，莱阳建委退休干部，现居莱阳市。
盖国福，安里村人，1957年生，现居安里村。

定舵好营生”。由于业务量的增加，1972年村支部又将退役军人盖国武安排到小铺工作，他俩互相配合，工作上了个新台阶。供销社领导十分看好兰维广，1973年他被破格聘任为姜疃供销社员工。他干一行爱一行，供销社所有机械安装、使用、维修都由他负责，为供销社节省了不少资金。后来他又开拖拉机搞运输，供销社安排他外出学习。兰维广拿到汽车驾照后，社里将唯一一辆东风挂车交给他。他不负众望，起早贪黑，一次次将本地农副产品送到外地，把外地产品运回来供应百姓，为供销事业的发展、群众生活水平的提高作出了很大贡献。

兰维广去姜疃供销社工作后，盖国武担负起了小铺的重任，他工作起来雷厉风行，服务态度端正，想村民之所想，急村民之所急。小铺经营品种进一步扩大，针纺织品也被摆上了货架，是姜疃供销社所有双代店中最早这样做的（后来村民盖洪庆、盖方群也先后到小铺干过一段时间）。

当时盖奎同志任党支部书记，他坚持以农为主、多种经营、全面发展的原则，掀起了副业创收活动的热潮。盖国武积极配合党支部工作，想方设法为村民创收创造条件。当年外贸和供销社在安里村试点养殖长毛兔，盖国武积极参加钉兔笼、垒兔窝等工作，和上级技术人员一起向群众传授养殖技术，村里和安里学校的养兔以及栽桑养蚕工作得到了上级的肯定和表扬。

盖国武因身体等原因于1978年辞职。高中毕业的张洪芝成为第四位小铺“店主”，四个月后经村支部研究，三队保管员盖保堂也加入进来，他俩互帮互助、配合默契。盖保堂主内，负责店内商品摆设、保养、销售，以及卫生清理、账目处理等工作；张洪芝主外，负责商品购进及对外协调。张洪芝头脑灵活、思路清晰、性格开朗，从来没有草急（方言，打怵的意思）的营生。有的生产队为感谢他，经常给他点儿地瓜、芋头、花生，他都不舍得吃，分给供销社其他员工。他每月六块钱的补贴，也常拿出来款待大家。那时饭店的饭菜便宜，一个菜三毛五毛的，六块钱能吃好几顿大餐。为了工作，张洪芝常常不顾一切，甚至是“花言巧语”地舔慕（方言，献殷勤）、苦口婆心地央及（方言，请求）、赖着不走地粘心（方言，缠着）领导，都是为了让上级领导理解关心小铺的发展。功夫不负有心人，后来上级供销社的确给了小铺不少支持，如碱面、小苏打、煤油、白糖、香烟、化纤布匹等紧缺物资的数量有所增加，较好地满足了百姓的生活需要。有一年秋天，大旱后下了一场及时雨，十三队为加快秋种步伐，决定再购进一部四寸步犁，保管员当天去生资门市部两趟，都因缺货没能买到。张洪芝听说后马上赶到生资门市部，向领导说明了情况，解决了问题，他又连夜将步犁拉回生产队，和大伙一起安装好，第二天一早即投入使用……

经过张洪芝和盖保堂五年的经营，小铺商品充盈、货架满满、卫生清洁，成了村民的贴心店、家庭主妇采购油盐酱醋菜的乐园、孩子们玩耍的天堂、村民休闲聊天的好地方。小铺的经销、商品品种、周转天数都达到了历史最好水平，多项指标名列姜疃双代店第一。在上级组织的日清、季检、年查中，都没出现任何问题，连续多年被评为先进单位，二人同时被评为先进双代员。

1982年后，随着农村商品经济的发展及联产承包制的确立，小铺规模逐步萎缩，渐渐淡出人们的视野，成为几代人难忘的记忆。

安里学校高中部

——江守涛

1975年，莱阳教育界发生了一件大事：全县成立两所村办高中，安里学校高中是其中之一。

村办高中，前所未有，闻所未闻，要面对一系列问题。首先是师资难以解决，按当时的说法是由上级选派和村里委派，但上级选派一直没有兑现。那年夏天，我高中毕业，先是在村里副业大院当了十五天半的会计，突然有一天，校长江吉高前来找我，经过村里和学校研究，让我去刚成立的高中班教语文并担任班主任。我听后既感惊喜，又顾虑重重。喜的是教书育人的职业温雅高尚，又有更多的学习机会；忧虑的是我高中刚毕业的一介书生就去教高中，知识浅陋，经验匮乏，能否胜任？在家人的鼓励下，我最终还是鼓起勇气迈出了这一步。干中学、学中干嘛，初生牛犊还不怕虎呢！

安里村是一个大村，有着悠久且优良的办学传统。安里学校是一所声名极佳的学校，教学和勤工俭学等工作多次获县和公社褒奖。选择安里学校单办高中，是县里根据当时的教育形势和办学需要，经深思熟虑后做出的决定。高中设一个班，教师全部由村里配备，共有学生50多人，绝大多数是本村的学生，另外从姜疃、上夼、凤头、濯村、地南头等村优选了部分学生。至此，小学、初中、高中三个级部齐备，是安里村办学的巅峰时期。

第一次进教室，面对密匝匝一片人，心里顿时生出些紧张，这可是一帮高中生啊！看了花名册知道，班里有三四个学生比我的年龄还大，有些男生个头比我还高，心里的小鼓“咚咚”乱敲：教这样一个班的学生且还要当他们的班主任，你该有怎样的能力和底气啊！此后许多天里我不停地思考，寻求克服困难、提高信心的良方：向书本学，向老教师学，与同学们打成一片，边干边学，边学边干，勇挑重担，只要全身心地投入，就一定能完成任务，交给组织一份满意的答卷。

当时，尽管“文革”还没有结束，但由于小平同志二次出山，对国民经济和社会状况进行全面治理整顿，国家开始重视教育质量。学校的办学任务主要有三项：一是教学质量，二是勤工俭学，三是学生管理。

在教学上，我把全部精力用在吃透教材、储备知识、钻研问题上，多向其他老师请教，坚持认真备课，上好每一堂课，批改作业一丝不苟，教学质量得到了学校、学生和家长们的认可。1977年恢复高考之后，有数名学生考上了大专、中专。

勤工俭学是当时办学的一项重大任务。由于经费不足，办学所需资金很大一部分靠勤工俭学的收入。勤工俭学所能做的是养羊、养兔、拾粪、复收（搅地瓜、花生，拾麦穗等），所得收入除了交学校一部分，剩余的给每位学生做一身衣服。每逢学校举办重大活动或逢年过节，学生们穿上新衣，如同今天的校服一样，神气十足，脸上都堆着幸福满足的笑容，我们看了也有大大的成就感。为了多赚些钱，我和正齐老师每人骑车带了60斤花生油，长途跋涉去青岛贩卖。当时既要克服疲累饥饿，还要提防抓“投机倒把”，躲在胡同里抓紧卖出，多赚了100多块钱，这样学生们做新衣的钱就有保障了。

面对一个有50多名“大”学生的班级，如何管理好学生的学习、生活和纪律，是一件令我头疼的事。首先，我努力做到以身作则，为人师表，时常检视自己的言行规范，坚持到学生中去，聊学习，聊人生，问寒问暖，与学生做知心朋友。对于个别违反道德纪律的学生，有时也给予严厉的批评，教他们做人做事的道理（对个别学生也有批评过头的时候）。其次，坚持走“群众路线”，实行学生自我管理。我很注意班委会建设，一批得力且有责任心的班干部会做好班里绝大部分工作，减轻班主任的负担。学生们之间互相监督，维持纪律秩序，团结友爱，积极向上，充满正能量，班级的面貌每天都是新的。每当集体活动列队外出，学生们排着整齐的队伍，纪律严明，精神饱满，村民们见了都啧啧称赞。令我颇感幸运的是，学生们都知书达礼，善良厚道，帮助我顺利完成了工作，我真诚地感谢他们！

1977年夏季，第一届高中班的学生们毕业了（高中两年制）。此时已粉碎“四人帮”，结束了“文革”，国家的教育事业也迎来了春天。

1976年、1977年又招了两届学生，我仍教语文。1978年，第三届高中班入学一年后合并到丰台高中，我随之调往丰台高中任教，在安里学校的教学生涯也告一段落。

我在安里学校当教师的情景，如同一部烙印深刻的电影，一幕幕的镜头经常在脑海中闪现。几年的教学生涯，为我以后的学习、工作和生活打下了良好、坚实的基础，是我进入社会之前积累的“第一桶金”。我时常想念我的学生们，想念与我共事的老师们，想念那些纯朴忠厚的家长们，包括那古朴的校舍和庄严的校门！唯有一点，至今想来令我心惊肉跳，一身冷汗——一个高中刚刚毕业的学生敢去教高中，胆子够大啊，这也许就是“胆大包天”！

人物群像

明代县令盖玄龄

盖元修

明朝万历年间，安里村有个远赴外地当官的人，名叫盖玄龄。据《莱阳县志》记载："盖玄龄，万历三十年岁贡，庵里村，廉子。"又据安里村盖氏南五长支族谱记载："十一世祖，盖玄龄，字童香，号岩峰，明朝万历三十年（1602）进士，任山西省平阳府（今临汾市）洪洞县县令，正七品。一生重教育，尚节俭，治县有方，成效斐然。"他的书斋曰"东房"，著有《四书五经讲义》。

传说盖玄龄接到任命后，从山东出发，穿河北，跨太行，日夜兼程到达洪洞。洪洞县位于山西省南部，沟壑纵横，山岭突兀，很难见到树木绿荫。老百姓住在破窑洞里，衣不遮体，生活艰难。

盖玄龄到任后，县吏、衙役纷纷向他倾诉前任县令的种种劣迹，老百姓成群结队地来鸣冤叫屈。

面对前任留下的烂摊子，盖玄龄先惩处了一批盗抢作乱之徒，稳定了社会秩序。接着向上级反映由于税赋过重，百姓已不堪重负，请求减税、减摊派、减贡品。因为他说得有理有据，上级同意减税，并连续三年不加税。老百姓知道了以后，欢呼雀跃，燃鞭放炮。

有了好的开局，盖玄龄意识到，想要从根本上改善民生，必须建立良好的法度制约，改善吏治。他制定了官员考评制度，要求县衙官吏勤勉为政，恪守职责，并率先垂范，在办案过程中，公开公正公平，改变了当地官场的风气。

为了掌握情况，他走村入户，遍访民情，了解百姓疾苦，改造基层组织。要求各乡推举里正（相当于现在的乡镇干部），由县里任命。各村推举有名望的族老村老，盖玄龄依靠这些有基层威望和经验的人治理乡村并广贴告示："任何人不得以上峰之名，改变税率，加重税收。如有敲诈乡民、豪夺资产者，一经查实，严惩不贷。"通过加强乡村治理，保障老百姓的利益，不到一年时间，洪洞县的民风大为好转。

那时候，因为收成不好，每年都有吃不上饭的百姓出门讨饭，饿死乡野。为了

盖元修，安里村人，1949年生，现居安里村。

应对饥荒，盖玄龄连续上书，请求上级增拨救济粮，县里统一组织开设粥棚，十里一棚，救助饥民。为掌握施粥的真实情况，他假扮饥民，手捧粗瓷蓝边大碗，拿着一双发黑的毛竹筷子，挤到多个粥棚亲自查看、品尝。一路走下来，他对饥民的艰难困苦有了更加真实深切的体会，立志要当好父母官，造福一方百姓。

盖玄龄非常重视教育。他认为，要解决贫穷问题，首先要启迪民智。他动员富绅出资办学，号召百姓有钱的出钱、无钱的出力，组织文人开塾讲学。他亲自动手，编写印发《四书五经讲义》，在全县推行义务教育流动学校，先生们每到一地，不论老幼，都可以来听讲。石瓦树棍，泥地砖墙，都能成为教学用具。从“一二三，人手刀”开始，普及文化知识，教完一村再到下一村。现在看来，也算是一大创举。

盖玄龄担任洪洞县令的年限无从考证。据载，他鞠躬尽瘁，累死在任上。朝廷追封其为文林郎，老百姓自发组织起来为他立功德碑、捐建衣冠冢。上级州府官员与其家眷商定：由大夫人董氏率四子（长子盖攀龙、二子盖登龙、三子盖跃龙、四子盖化龙）将其遗体运回老家安葬；由二夫人程氏与儿子盖人龙留在洪洞县料理家产并善后。留在洪洞的这一支人脉，至今供奉盖玄龄为一世始祖。

盖玄龄在安里村的后人，现已繁衍二十三代。20世纪60年代，其在浙江工作的后人盖冠寿到北京开会，发现邻座有一位盖姓山西人。攀谈之后，对方自称是洪洞县盖玄龄的十二世的后人。二人同宗同世同赴会，机缘巧合，相谈甚欢。

盖宋氏与“馥芬堂”

张正齐

据莱阳盖氏家谱载：一世祖盖演于明洪武年间从外地迁入凤头村，二、三、四世祖连续三代单传，到五世方有二子志得、志友，二人又各得二子。其中志得二子又各生五子，分称北五(屋)一至五支，南五（屋）一至五支。

北五（屋）二支七世祖盖整，由凤头村迁居安里村上疃，代代繁盛。至十三世中有一位盖维经，仅有一子盖球，是太学生，算是乡绅一类的读书人，家中有土地及山林两百多亩。盖球只有一子盖大成，大成婚后不久即因病去世，未留下后人。

“不孝有三，无后为大。”大成之妻宋氏深明大义，有仁孝之德，她忍着丧夫之痛，顶着世俗压力，决心亲自给公公续弦以延香火。她先给公公准备好了几天的干粮，然后收拾行装打算回娘家托亲戚朋友给公公提亲。

她刚刚出门走到村中大街上，便听到几个人在议论：“西莱子”那边来了一家要饭的，姓宫，夫妻俩还带着一个成年的大闺女。所谓“西莱子”就是今天的莱西市姜山洼一带，那里十年九涝，年年都有人出来讨饭。宫姓夫妇为生活所迫，很想就近找个好人家把女儿嫁了。听到这些情况，宋氏当机立断，不再回娘家，即刻托人要把这个闺女给公公娶回家。回家后，她动之以情、晓之以理，做通了公公的思想工作。几经周折最终把这个讨饭的年轻女子迎回家，做了自己的婆婆。

宫氏接连为盖球生了三个儿子：盖光先、盖耀先、盖荣先。宋氏以大儿媳妇的身份精心伺候公公婆婆，照看三个小叔子，里里外外，烧火做饭、推磨压碾、纺花织布、做衣做鞋，家务活样样能干，不叫苦不叫累，没日没夜，任劳任怨，一直带到三个小叔子长大成人，娶妻生子。三个小叔子也一直把大嫂当母亲一样孝敬。宋氏终身未改嫁，晚年二弟耀先将儿子凤翔过继给她，为其养老送终。

那时是清代乾隆年间。话说三弟盖荣先聪明伶俐、勤奋能干，成年后到北京城闯荡，开了一家茶馆，人称“盖四爷”。传说乾隆帝有个八叔，人称八贤王、八千岁，一次偶然的机会到盖四爷开的茶馆喝茶聊天，二人相识成为好友。荣先虽不识几个字，但对各地逸闻趣事、风物典故过耳不忘，信手拈来。八贤王也成了茶馆的常客，对荣先也有了敬佩之意。

后来荣先便把自己的家庭情况，特别是宋氏大嫂的事一五一十地说给八贤王听。八贤王听后对宋氏大嫂也很是敬佩，便把宋氏大嫂的故事说给了乾隆皇帝听。乾隆认为这是一个非常典型的孝节女人，应当给她建旌节牌坊，入节烈祠，以示褒扬，他还亲笔写下“馥芬堂”三个大字。盖四爷非常兴奋，立马带着皇帝的御笔题字和封赏返回村里，为大嫂建了“旌表节孝”牌坊，并盖起了家庙（家族祠堂）“馥芬堂”。

“旌表节孝”牌坊简称“牌坊”，俗称“志门”。从那时起一直到“文革”前，“馥芬堂”的后人出门在外，外人只要问在安里村哪里住，都会自豪地回答：“志门里头。”话里话外都难掩发自内心的荣耀。

“旌表节孝牌坊”的位置就在如今村中会场的东侧，盖兴云家房子西头，正南对北。从前这里是南来北往穿越安里村的主要通道，经过这里的人都对这座牌坊（志门）充满敬仰之情。可惜1968年“破四旧”时，牌坊被损毁。其石料被用来在会场南侧建了一座小石桥。当时河南岸有一口井，河北面的人们去井里挑水很不方便，河水少的时候踩着石头过河，水多的时候，就得绕道上疃桥，很不方便。被推倒的牌坊也算做了一件好事。再后来，垒戏台、改河道、填会场，修路加高，石桥残迹被埋在了地下，牌坊遗迹也就在地面上完全消失了。

中华人民共和国成立后，“馥芬堂”家庙归公，分给了家中无房的老兵盖孟仁居住。1961年，盖孟仁从青岛回来后便住了进去。后来几经转手，现在已经翻盖成普通民房。“馥芬堂”的门匾在1958年成立人民公社吃食堂时，被摘下做了饭票箱子，用来盛放饭票，食堂解散后饭票箱子不知所终。

张太华轶事

盖国云

张太华生于清朝同治年间，自幼家境贫寒，给人家放牛，长大成家后，靠着一身力气和勤劳能干，逐步过上了好日子。

张太华小时候放牛，没事就撂（方言，扔）石头玩，慢慢练就了一手绝活，不仅撂得远，而且打得准。村里的人们都说，他能“从大岚顶撂石头三撂到娃娃山顶”，也有人说他能“从线儿岭一撂就到出儿山顶”。一年冬天，他和街坊邻居聚在西街头桥东晒太阳，正说着他撂石头的故事，正巧过来一个卖糖球的，听了以后不大相信，对他说“咱俩打个赌”，然后指了指桥西全疃最高的一颗杨树梢上的喜鹊窝，说：“让你撂三块石头，能撂一块进窝，我输这杆子糖球！撂不进去，你得买我三支糖球！”他当即答应。到桥下捡了三块石头，朝着喜鹊窝瞄了一眼，嗖的一声撂出了第一块石头，不偏不倚打中了，惊出来一只喜鹊。大家哄哄着（方言，吵闹着）就要拔糖球。卖糖球的傻了眼，哭着求他：“我服了！全家就指望这点小本生意，求求你给留点吧！”“你别害怕！”张太华说，“我家孩子多，就拔你三支吧！”那人抹了抹眼泪，再三道谢去了。

他在兄弟五人中排行老二，成亲不久就分家出来了，连栋房子也没有，只分了疃东头一小块山坡地。为了尽早住上房子，他和媳妇夜以继日靠（方言，坚持）在那里，先平整地基。他在前边用镢头刨，媳妇在后边用铁锨赶成堆，攒够了两筐，他就放下镢头，用杠子挑起两个抬筐往外运。他有的是力气，又舍得下力，大牙镢头四五天就磨秃了，就得跑到姜疃集铁匠炉加钢焠火，去的次数多了，就和铁匠师傅熟了。一次铁匠师傅说："老张！这回你用吧！我不信你五天还能磨掉半截子，你若再磨秃了我给你白钢不收钱！"结果他真的不到六天就磨秃了，师傅说话算数，没收钱。地基平好了，他搬来石头，和泥垒墙，他当瓦匠，媳妇当小工，自己动手建起了三间房子。

论力气，他在疃里赫赫有名。上山送粪，一个人能把装满粪土的驮篓安放到驴鞍子上。有一年冬天在南油房，他盘腿坐地上，让人把二百斤豆子压在脖颈上，一鼓劲竟能站起来。在场院，他用一只手从碌碡的一头往上使劲一扳，碌碡立起倒下再立起，连着翻两个滚，和他同龄的没听说有第二个能做到的！

他生性勤快善良。平时总也闲不住，有活干就有精神头。有一天下雨，不能到庄稼地里干活，他浑身不得劲儿，硬是在屋后凿了一个足有二十立方米的地洞！秋后家里的农活干完了，他就上烟台拉大磨，东家给的抽烟用的火柴、披肩膀用的麻袋片，他也省下一些带回家用。他虽然处处节俭，但遇到上门讨饭的却不吝施舍。他媳妇有时候看他给多了有点心疼，他就说："今儿我少吃点就省出来了！要饭的不容易。"

张太华开朗乐观，总是对生活充满信心，再苦再累脸上也挂着笑容。孩子们小的时候，日子实在艰难，他打算把三儿子送到庙里当和尚，省出一张嘴（的粮食）。他媳妇哭着舍不得，他笑着安慰："有饭吃，还能学个看病的手艺，是好事！"最后到底没送到庙里，送到烟台学了木匠。他老婆有时觉得日子太艰难，抱怨两句，他总笑着说："栖霞牟二黑，周疃李宾和，两个加一块，还是比不上我！"后来，他家的日子过得越来越红火，置地三十亩，养了一匹骡子一头驴，还开了个木匠铺，成为上疃的大户。1934年，上疃组织捐资修大桥，他带头响应，捐了一块大洋，是个人户中捐得最多的。

他去世的时候，送葬的人很多，还雇了吹鼓手，引得周围村不少人过来观看，是上疃办丧事多年没有的场面。

功夫高人盖功俭

盖松先

胶东地区民间称会武术的人“会功夫”。

从前安里村有一位功夫高人盖功俭，他生于光绪十六年（1890），兄弟五人中排行老四。20岁那年，他领着15岁的弟弟盖功卿到宋格庄王姓人家开的拳房学功夫，每晚练两三个小时，几乎风雨不误。因沾亲带故，王家拳师一分钱不收，一招一式还教得特别扎实。师傅教的功夫名叫“地躺拳”，该拳术是从万第镇水口村学来的，所以那时有“水口功夫、躺下使劲”之说。

当时功俭年轻，身体棒，力气大，师傅直接教他硬功，长进很快。弟弟因为岁数小，则从基本功开始练起。三年后兄弟俩在安里村开了拳房，白天干农活，晚上及农闲时便免费教村里的小伙子们练功夫，主要有蓝庆斋、蓝坤、江常世、宫秀喜、盖万福等人，后来都成了功俭的好徒弟。

当时西宅村有个于贤武，功夫很不一般，特别是轻功。一天上午八点多钟，于贤武头戴黑礼帽，身穿对襟大褂，手柱文明棍，大摇大摆带着两个徒弟来到安里村，说是要与“四姥爷”（于盖两家老辈有亲戚关系）“走达走达”（武术行话，意思是较量较量）。当时功俭不在家，弟弟功卿热情招待。先是喝了一上午茶，中午又以好酒好菜招待，下午便回了西宅村。这样连续来了三天，第三天晚上功俭赶了回来，次日一大早便在拳房门口等候。八点多钟，于贤武一行又来了。功俭把他们迎进拳房，寒暄道：“贤武，这几天我没在家，得罪了。”贤武道：“哪里话，四姥爷。”功俭接着说：“贤武，你既然来了，咱就先走达走达吧。我还有别的事要忙。”

说话间两人便动了手，拳来脚往，满地生风，打了一个回合不分高低。第二个回合打到门口的时候，功俭瞅准机会，拾起对方一条腿，顺势把他扔到了院子里。贤武也是一身好功夫，一个马步站在了院子当中，竟没倒下。但他已领略了对手的厉害，弯腰拱手说：“领教了，四姥爷，佩服！”功俭客气道：“我还没碰到过像你这样好功夫的呢。”一番客气后，于贤武水都没喝一口便领着徒弟告辞了。

有一次，功俭和本村盖言禄等人到即墨金口镇（人称南海）用毛驴驮咸盐。在盐场过好秤装上驮子要往回走的时候，盖言禄看到自己的驴驮子往一边歪了一点，便趁人不备往轻的一边添了两铁锨盐，被盐工发现后吵嚷起来。盖言禄嚷道：“买

了你这么多盐，不就是多铲了你两锹嘛，有什么大不了的！”结果与对方打了起来。见此情景，功俭便过去赔礼，但盐工仍不相让。功俭也来火了：“你们不能得理不饶人嘛。”边说边让盖言禄他们赶着牲口快走，这时二三十个盐工拿着盐锹朝功俭围了上来，只见功俭侧身一躲，顺手从一个盐工手里夺下一张盐锹，一边应付着一边慢慢后撤，等盖言禄等人走远了，他正好退到了一条两三丈宽的沟边，把锹往地上一插，一个跟头翻身到了沟那边。这时，一直在一旁观看的掌柜看出了门道——此人非等闲之辈，必是功夫好手，立即喝住手下：“住手，你们这是干什么？亲戚们来驮点咸盐吃，你们怎么能这样无理？”又跟功俭道：“这帮小子不懂事，不要跟他们一般见识，来我屋里喝杯茶再走。”不打不成交，从此，那位掌柜跟功俭成了好朋友。

解放初，功俭已经60多岁了，他养了一头公牛，很凶猛，常常顶伤人，只有功俭能制服它。有一次，牛在家里挣脱鼻拘子、缰绳跑到大街上撒欢，把街坊邻居吓得都跑回了家，有人赶紧跑到山上去喊功俭。功俭不慌不忙，先把牛引到了门前的小河中间，河的两边是高墙，牛上不去，便朝功俭顶了过去。说时迟那时快，只见他迅疾出手，一把抓住两只牛角，拉开架子与公牛反复折腾了好几个回合，瞅住公牛失蹄的机会，他猛地插上绊子一下子把牛摔倒在地，并迅疾给牛戴上了鼻拘子。一瞬间，牛老实了。在与牛搏斗的过程中，老少爷们都从门缝或墙头上往外看；有个别壮劳力带着工具赶到现场，想帮一把也没来得及。

1958年成立人民公社后，公牛归公，由盖世北负责上山放这头牛。有一次，在石门口南面山上，这头公牛突然发疯，用两个大角把盖世北顶起来，抛得老高，盖世北重重地摔到地上。有人赶紧叫来功俭，但为时已晚，盖世北已经被顶死了。

功俭把牛牵回家，拴在院墙外一棵一人多粗的大槐树上，村干部决定处死这头牛，以绝后患。也许公牛知道自己闯了祸要受惩罚，老老实实任由人们捆住腿，人们用铁锤镢头等工具把牛砸死了。

功俭行侠仗义的故事还有很多。他是"馥芬堂"盖氏第十九世，其后代大多身体超棒。第三子盖连非常勤劳，是村里有名的庄稼把式，96岁无疾而终。功俭有一个孙子叫盖国云，力气大身体棒，当村技术队长时因表现优秀被推荐读了莱阳师范学校，毕业后当了岚子小学校长。

瓦匠张锴

张维学

从前，村里有一位瓦匠叫张锴，弟兄三人中排行老大，没读什么书但人很聪明，跟着师傅不仅学会了瓦工活，还懂得看图纸、放线钉桩等。那时德国人侵占青岛后大兴土木搞建设。张锴带着几个人去干活，有一次他发现德国技术员放的桩子位置不准，便挪动了桩子，德国技术员破口大骂，还踢了他好几脚。张锴与其力争，德国技术员只好重新测量，才发现张锴的意见正确。此后，德国人便对张锴信任有加，许多工程都交给他去做，青岛市政大楼、胶济铁路等建设工程，张锴及所属工程队都有参与。

张锴在青岛赚了不少钱，便回家买房置地，回家时光施工图纸就装了五麻袋。他先后买了220亩地，成了安里村有名的地主。村里不少人都到他家扛活（打工），如盖要、盖大泰、盖洪位等。据他们后来讲，那时扛活是包吃包住，吃的住的和掌柜的生活标准一样，一到夏季连续吃40天馒头，到中秋节还要给每个干活儿的做一篮子馒头。

“文革”时村里搞忆苦思甜，红卫兵动员那些扛过活的人控诉地主的恶行，盖大太说：“我们有时吃得比掌柜的都好，让我怎么说。”盖要说，他八岁没了父亲，张锴把他叫到家里做杂活，管吃管住，到十五岁那年，张锴让他回家，还送了他五亩地。多年后盖要还对张锴的后人说：“多亏了你们老张家。”

一年秋天，张锴在场院远远看到，一个人到他的瓜地进出三次，但没摘一个瓜，回来时经过场院，张锴问：“是不是家里没吃的啦？”那人回答：“有。”张锴说：“有？那怎么你到我瓜地里去了三次？”张锴回家后就交待儿子给这人送去了一些粮食。此事在村里一时传为佳话。

忠孝两全的老军人盖诚

盖志云

自古忠孝难两全。可在我们家族内，就出过一位忠孝两全的人物，他就是我的叔伯大爹盖诚。

我的高祖仁警公生下五子，从长到幼分别是隆松、隆柏、隆贵、隆梅、隆荣。其中，松公生下三子，分别是功宪、功思、功志；柏公生下二子，分别是功高、功增；贵公生下二子，分别是功敏、功沺；梅公生下二子，分别是功亮、功法；荣公生下二子，分别是功温、功存。再往下就是我的父辈了，共有14人之多。大爹是功高爷爷的长子，也是14位父辈中唯一的正团级干部。所以，他身上凝集着当年村子里数百名参军入伍者的荣耀。

大爹在抗日战争胜利后加入了解放军在胶东的部队，全程参加了解放战争，历任班长、排长、连长、营长等职；全国解放后入青岛某海军学校任大队长；1955年被授予大尉军衔；1960年前后，转业到淄博地区兵役局；70年代末，调入淄博军分区；80年代中期，离职休养；2009年9月辞世，葬于黑铁山革命烈士陵园。

大爹身材高大，嗓音洪亮，天生一副“军人材料”，为人则一如其名，不仅耿直实诚，而且坚韧不拔。据他晚年回忆，当年参军后，没经过什么训练就直接上了战场，转战于胶东大地。由于吃苦耐劳，作战勇敢，在战场上善于观察，机智灵活，参军没多久就入了党，从副班长干起，一步步成长为营级干部。1955年授衔时，与他同龄的干部，大多都是上尉衔，而他被授大尉衔，也算出类拔萃了。全国解放以后，大爹所在的部队进了城，许多干部回乡退了亲事，一心要找个城里人。有人劝大爹也这样，大爹不屑一顾，老老实实遵循父母之命，不久就回家履行了婚约。

大爹对当年转业到地方一事耿耿于怀，晚年多次对我讲起这件事，怪自己年轻时说话太耿直，不懂得处事要圆滑。他回忆，在海军学校时，经常召开党内民主生活会，上级领导通常会要求下级提意见，他还是坚持战争年代的做法，毫不客气地指出上级的缺点；后来海军院校整合时，大爹等人被安排转业，而且有人特别交代要让大爹尽可能离家远一些。大爹开始对组织的安排毫不知情，等到命令下来，

盖志云，安里村人，1965年生，中国铝业集团干部，现居上海市。

已经没有任何回旋余地，只好打起背包，只身来到人生地不熟的淄博地区兵役局（当时地区专署驻地在博山区，距今市政府所在地张店区有百里之遥）。好在大爹工作扎实认真，军事能力突出，很快就在博山立定脚跟，并得到了上级的好评。后来，地区专署撤销设市并迁到张店，大爹的工作就转到了张店区人武部。“文革”结束后，大爹调入淄博军分区，重新穿上了军装。用他自己的话说，由于当年说话不小心，到地方上转了一大圈，不过万幸的是，50岁以后又跟上了大部队。

大爹离休后，仍然保持很强的党性观念。他晚年所在的部队干休所里定期组织开展政治理论学习，传达中央精神。他自己每天都坚持阅读《参考消息》《淄博日报》，每天早晚打开收音机听新闻广播，以确保思想不落伍。他在闲谈中，也常涉及时事政治话题，对社会上的一些不良现象发发感慨，但只要涉及政治信仰，他总是变得警惕起来，反复告诫我要坚持跟党走，坚持走社会主义道路，绝对不能动摇。

功高爷爷育有二子二女，最大的是大姑，抗战时期参加工作，解放战争中随大军南下，全国解放以后，定居在浙江杭州，后来与大姑父转业到政府部门工作。大姑父老家在高格庄镇的孙家鲍村，距安里约20里地。老两口离休后在杭州安度晚年。大姑比大爹早两三年辞世。大爹之后是二姑，解放后在青岛工作，“文革”时期病逝。二姑之后是小爹盖溢，终生在老家务农，后因哮喘病辞世。

大爹是孝子，孝心坚如磐石，孝行敦厚正实。1987年我到山东铝业公司（我国第一家大型氧化铝厂，位于淄博张店）工作，因为这层亲缘关系，经常在休息的时候到大爹家中拉家常，有时候晚上还与大爹睡在一张床上。那时候，功高爷爷早已过世，大爹把大奶奶接到张店亲自侍奉。我常听父亲说：“大哥是一名真正的孝子，家族内、同辈间无人能比。”我在张店耳闻目睹了他的孝行，实非一般人能比。当时大爹在干休所住着四间平房，他自己和大奶奶单独住一间。向阳的窗户下是大奶奶的床，背阴的窗户下是大爹的大木板床。我在大爹家过夜的时候，都是挤在大爹的大木板床上，睡不着的时候就三个人说些闲话，有滋有味。大奶奶身体很好，每天饭前摘菜切菜、饭后的餐具洗涮，一直劳作到去世。大爹侍奉老人非常周到细心，只要大奶奶有所交待的事，必定当作最重要的事立即操办，绝不拖延，甚至对大奶奶的眼神变化、声咳涕唾也都小心观察，如有头疼脑热的迹象，马上采取预防措施。他白天为大奶奶端茶端水，晚上为大奶奶捶背洗脚。在我的记忆里，大爹与大奶奶讲话时从来都是温声细语，一句粗声大气的话也没有，更别说忤逆红脸了。仔细想来，大爹的孝行与《弟子规》的相关内容皆相符合。

大爹的弟弟一直生活在安里老家，家境贫寒。大爹虽然生活在城里，但育有三子四女，再加上大妈是随军家属，没有正式工作，全家十口人的生活及所有开销全靠大爹一个人的工资，实际上比老家的生活也好不到哪里。大奶奶告诫大爹，要在经济上多支持弟弟。大爹把这一条当作最高指示，坚决照办，并一直坚持到改革开放以后农村生活条件大幅度改善为止。等到大爹的子女全部成家立业，家庭负担卸掉以后，大爹仍念念不忘家中多病的弟弟，包括五服之内所有健在的叔伯长幼都挂念在心，谁家里有困难就支援谁。改革开放后，虽然不需要支援金钱了，可他还是经常积攒一些药品捎回老家，帮助老少爷们减轻负担。

诚哉斯公，忠于国，孝于亲，友于后，信于事。既此生堪称伟大，惟来世厚德厥昌！

以社为家勇于奉献的盖成仁

——盖国平　盖丽娜

盖成仁，20世纪初生于安里村，1946年加入中国共产党，曾任安里村财粮委员。在斗地主、反恶霸、土地改革、大参军、物资筹备发放、支援前线等工作中，一马当先，做得有声有色。1951年在姜疃区党委支持下，他筹建了第一个农民集体商业合作组织——姜疃供销合作社，担任主要负责人20年，直到70岁退休。在大伙眼里，他是个“怪人”“强人”“永远不服输”，当时在供销系统无人不知。

身为供销社的“一把手”，他坚持深入一线，不但和干部职工打成一片，而且亲自带头干，装卸车跟小伙儿一样。他上莱阳城里开会，从不骑自行车，更不坐车，全是步行。开会前一天下午他就开始走，到石水头分销店住下，一并检查调研，第二天一早出发，经常第一个到县社会议室。

有一年腊月的一天，盖成仁带职工装好两车年货后已是深夜了，他回家睡了一会儿，凌晨4点就起来了，说是8点必须送到石水头分销店。当时天寒地冻，刮着西北风，下着大雪。他们顶风冒雪推车赶路，快到的时候，盖成仁突然摔倒在地不省人事，一起送货的职工吓坏了，还好他很快苏醒了，职工扶他起来，60多岁的盖成仁一瘸一拐忍着疼痛继续赶路。到了石水头分销店，经理让他去看看医生，他说：“就是崴了脚脖子，很快就好了，不要大惊小怪，赶快卸货赶集吧。”然后没事人似的和职工忙活了一上午。中午吃饭的时候，职工发现他的脚脖子肿得很厉害，想站也站不起来了；下午只得坐在胶轮车上，让职工把他推了回来。大家都劝他到医院看看，再回家休息几天。他一瞪眼说：“你光能寻思，年关这么忙，我能回去吗？我躺也要躺在这里。”他只躺了一天，吃了几粒止痛片，用酒精擦了擦，第二天就起来忙工作了，崴拉着脚，一直到过年也没好利索。家里人知道后都很焦急，女儿说：“俺爹崴了脚脖子还没好，这下不用值年班了，应该会来家歇歇过个团圆年了吧。”老伴说：“你不用寻思，对他来说这不算个病，（他）死也不会来家过个年。他是共产党的人，这哪是他的家？供销社才是他的家！”还真是这样，盖成仁自从负责供销社以后，一个年也没在家过过。每年除夕夜，都是家里煮好饺子送到供销

盖丽娜，女，安里村人，1980年生，中国冶金地质总局法律顾问，现居北京市。

社，给他值班时吃，其他节日就可想而知了。他平时与孩子们也不怎么见面，一见面总是嘱咐孩子要好好学习，增长知识，好好做人，将来为社会多做贡献。

盖成仁总是把群众利益放在首位，“走后门”的事从来不做。1960年，上级照顾受灾的病人，低价供给一批鲜鱼，由各村根据实际情况提供名单，供销社组织调配发放。当时盖成仁的母亲快80岁了，得了严重的浮肿病。盖成仁的大儿子盖天佐看到他正在组织员工一筐一筐地分发鲜鱼，便跟他说“奶奶也够条件”，盖成仁却从衣兜里掏出钱说：“需要照顾的人太多了，咱不能照顾自己，你马上到南河套（姜疃海货市）买几斤拿回去吧！”盖天佐高价买回了鲜鱼，回去跟奶奶谈起来，老人说：“孩子，人家都看着咱们，你爹不容易啊。咱不能得共产党的相赢（方言，好处），更不应该贪财，吃亏是福啊！”1968年，盖成仁的大女儿订婚了，想去学裁缝，恳求他帮着买一台缝纫机（当时很紧俏，需凭票供应），盖成仁一直以缺货为理由没给买。有一天，女儿到姜疃赶集，看到有人推着缝纫机从供销社出来，便去找盖成仁，没想到他到烟台开会去了。女儿便和母亲找供销社的黄叔叔买了一台。第二天盖成仁回来知道后，当即回家逼着女儿把这台缝纫机退了，并承诺等货多了，一定在女儿结婚前给买。但是，直到他退休也没兑现这个承诺。

盖成仁关心员工，不论是职工个人还是家庭，遇到困难他都及时帮助解决。职工张成忠患关节炎不能活动，60多岁的盖成仁不但为其安排了宿舍，还亲自为其拖圾盘炕。张成忠后来到城关镇当人大主任，常对人说："成仁主任对职工的关怀无微不至，好过亲兄弟，胜似亲爹娘。"亲是亲，爱归爱，他训起人来也很严厉，甚至"不近人情"。那时候买东西都要凭票，一票难求。有一次供销社进了几匹免票的人造棉布料，供销社办公室的三位管理人员到仓库悄悄地每人割（买）了一块。盖成仁知道后十分生气，把三人叫到办公室训了一番：不能走后门啊！让他们把布料退回门市部。其中一人说已经做了衣服了，他说："不要讲理由，这事没有商量的余地，做好了也不要紧，全姜疃公社两万多人，保证有穿着合身的，给你加工费。"三人很不情愿地把布料及服装退回了门市部。

盖成仁在姜疃供销社工作了20年，全身心扑在事业上。在他的带领下，姜疃供销社搞得红红火火，取得了社会效益、经济效益双丰收，成为全县供销社的一面旗帜。当时莱阳县供销社系统有个口号："学姜疃赶城厢，奋起直追照旺庄。"1965年，盖成仁代表莱阳财贸系统光荣出席全省学习毛主席著作积极分子大会并荣获嘉奖。

这份荣誉来之不易。退休前的20年，他一直在践行"一心为公，无私奉献"的誓言，很少休息过一个整天，很少在家连吃过两顿饭。1960年母亲病重，他没空陪护，老人去世那天，他傍晚回家守灵一夜，第二天一早又回单位忙工作去了。他每月工资64.5元，当时这是高工资。1970年他退休时，时兴的"几大件"家里一样也没有，银行里也没有存款，他把钱都资助了别人。临退休时，县计委王主任（原姜疃供销社文书）看到他家的房子年久失修，特批了钢材、水泥、木料等让他修房子，盖成仁谢绝了，说不能搞特殊，要自力更生。盖成仁负责期间，经他招录的供销社员工很多，但自己的三个孩子却全在家务农。

敬业律己的老会计盖冠鹏

盖连群 口述　尹世泉整理

盖冠鹏，1911年3月出生于安里村，听村里老人说，他小时候就聪明过人，记忆力超强。解放军南下时，有一支部队曾在安里村驻扎过几天，有一部分账目弄不清楚，部队有关人员急得团团转。听说盖冠鹏当过“财粮”（1949年之前村里的账目负责人），就找他去帮忙，问题很快得到解决。部队离开时，团长想让盖冠鹏随军南下。因其是家中独子，他母亲年事已高，就没有参军。这件事之后，盖冠鹏的名气也就大了起来。他能力强，办事利索，村里很多人愿意找他帮忙，他也乐于帮助街坊邻居解决困难。

全国解放后，百业待兴。当时的姜疃区委、区政府根据上级指示精神，于1951年筹建供销合作社，选址在姜疃村大街南头西边。上级将这项工作交由本村盖成仁负责，两位老干部为助手，通过农民集资入股的形式建了起来。盖成仁任理事会主任，盖冠鹏任主管会计，两人一直干到退休。

1964年姜疃发生洪灾，供销社被淹，部分重建了百货商店。后来，供销社扩迁至姜疃村北，由盖冠鹏负责基建。他找来能工巧匠，认真参与设计、预算、监理，在工地随时能看到他的身影。虽然离家只有一里地，但他很少回家。建成一处，验收一处，一点也不马虎，最终保质保量地完成了扩建工作。因为他把预算精确到了土石方用量的个位数，甚至用砖的个位数，所以节省了不少资金。

供销社新门市营业后，工作量逐渐增加，还要日清月结，但他从不叫苦喊累。他有一手绝活，就是左右手各打一个算盘，两个算盘的数目一样，才算过关。在职期间，他经手的账目从未出错，人称“铁算盘”，他的事迹至今传为美谈。

身为主管会计，盖冠鹏对公家的款物精打细算。1964年12月，张维正每天都赶着马车去莱阳拉货。有一天马槽被马踩变了形，盖成仁同意到杂品门市部换一个新的。盖冠鹏知道后，硬是让老张把坏马槽拿来看看，然后说“咱修修还能用”。二人把烂马槽修好，又用了一年，把新马槽退回了门市部。盖成仁得知此事后，在职

盖连群，安里村人，1941年生，原村党支部书记，2019年病逝。
尹世泉，鹤山口村人，1962年生，莱阳丰台中学教师，现居莱阳市。

工大会上大张旗鼓地表扬了他，号召大家都像盖冠鹏一样把公家的日子当成自家的日子过。类似的事情还有很多，所以那时在姜疃供销社员工中有个玩笑话，说“冠鹏会计真是成仁主任的好老婆”。

1951年，盖成仁50岁，盖冠鹏40岁；退休时前者70岁，后者64岁。几十年如一日，来自安里村的他俩，配合默契，供销社的工作一直走在行业前列。“学姜疃赶城厢，奋起直追照旺庄。”当年莱阳供销系统的这个口号就是真实的写照！

盖冠鹏在供销社虽然很忙，但是安里村里有事找他，只要能办到，他从不推辞。20世纪70年代，他回村亲自设计并指导完成了氨水库的建造，是当时姜疃公社容量最大的一座，为当时安里村的粮食增产立下大功。这个氨水库坐落在安里村东北角，是当年安里村最坚固的建筑工程之一。

盖冠鹏严于律己，公事公办，从来不徇私情。凡是违背原则的事他坚决不做，有时他也会耐心给人解释。理解的，人家也没意见；不理解的，他也不会再过多解释。

1975年退休后，他被留用。不久原主任调走，新来的主任的媳妇瞒着丈夫叫人去和盖冠鹏要砖垒鸡窝。盖冠鹏说：“公家的砖不能给你私人用。”来要砖的小伙子说：“大爷，你不给砖，主任会让你走人。”盖冠鹏知道自己与新主任还不熟悉，说：“让我走我就走，反正公家的东西不能给你。”后来主任知道了，不但没有让他走，反而让他管理整个供销社的基建物资。还有一次，他的大儿媳从娘家回来路过供销社，看见公公一个人在搬铁钉，就让孩子跟爷爷要几个钉子回家钉蚊帐。没想到盖冠鹏就是不给，儿媳亲自去要，说是准备买钉子的钱被孩子弄丢了，只要二三十个小钉子就行了。盖冠鹏说：“一个也不给。”说着掏出两块钱，让儿媳到五金门市部去买钉子。

张晓云——从伪保长到优秀共产党员

张玉翠

安里村张家街有个张晓云，解放前家境比较好，念了几年书，相当于现在小学毕业。民国时期当过一年伪保长，后来辞去保长，自学医术，进了姜疃镇“大众药房”。药房里除了张晓云外，还有宫登先、迟作会、盖中军。张晓云负责卖药，结识的人很多。

当时姜疃是解放区，姜疃区长刘维一发现张晓云思想进步，工作也很认真，就让他回安里村，和其他村干部一起动员村民给八路军捐钱捐粮。安里村在解放战争时期是支前拥军模范村，参军、支前、捐钱捐粮样样走在前面。捐钱捐粮都由张晓云做记录，留下的账本很多。“文革”期间，这些账本都被他妻子烧了，据说煮熟了一锅地瓜。

有一次，上级通知安里村安排救治30名伤员，一个伤员四个人抬，要准备120人的饭。可一下子来了93名伤员，将近400个抬担架的要吃饭。张晓云提议，由党员和家里条件相对较好的进步人士先把伤员照顾好，他接着组织村民上山刨自己地里的地瓜，煮给抬担架的人吃，得到了姜疃区长刘维一的表扬。后来刘维一介绍张晓云入了党。

解放后，张晓云当了一名小学教师，月工资33.5元。遇到交不起学费的学生，他都慷慨资助。1959年是个好年头，粮食吃不完。张晓云在小黄家村当老师，他对村干部说，地头地堰不要浪费，可以种些南瓜什么的，谁种的归谁，来年如果遇上灾荒还能顶用。村里人照办了。1960年发生自然灾害，小黄家村靠着那些南瓜扛过了饥荒。为此，这个村的百姓一直把张晓云当成恩人。

“文革”开始后，村里有人告发张晓云是“漏网地主”做了不少坏事。莱阳公安局派人到张家街调查，没有一个人说张晓云的坏话。张晓云在解放前就把家产处理了，也不是地主。有几个人不甘心，组织红卫兵到小黄家村抓张晓云回村批斗，小黄家村的百姓不答应，争来争去，最终把张晓云带回了安里村，但是小黄家村派了一帮人护送。

张玉翠，女，安里村人，1945年生，退休职工，现居青岛市。

村里召开批斗大会的时候，张晓云戴着高帽，态度诚恳，但决不认为自己是反革命。他理直气壮地说："我的入党介绍人刘维一现在是南京军区副司令，我是不是反革命，是不是混进党里的，他最清楚。"有几个人总想趁机动手打张晓云，小黄家村人一发现有人要动手，就跳上台子保护他，举着毛主席语录说："毛主席教导我们，要文斗不要武斗，政策和策略是党的生命，各级务必充分注意！千万不可粗心大意！"就这样，张晓云老师在"文革"中基本没遭多少罪。后来他回到安里村任教，为人师表，口碑很好。他退休后，教过的学生来看他，说的最多的就是："老师，谢谢你，当初因为你的资助，才使我们能有今天的成就。"

2000年，张晓云去世，享年90岁。

村副业发展的功臣张维纲

张维湘

1961年，党中央要求生产大队要以农业为主，搞多种经营为辅，发展集体经济。在城里工作的张维纲带头回村，向党支部建议兴办副业，发展集体经济，改善群众生活。

党支部根据他的建议，研究决定：第一，强壮劳力投入农业生产，保障群众基本生活，完成国家公粮任务；第二，由张维纲牵头，组织有技术的人员搞副业。

张维纲是个有能力有头脑的人。那年他和盖洪言去青岛买机器，盖洪言戴了顶庄稼帽，他一把给摘下来扔了，说谈生意要有好形象，别叫人瞧不起。

在当时的条件下，搞副业面临很多困难，没有资金、材料、技术，缺乏场地。张维纲带领大家集思广益、开阔思路，决定先易后难、少花钱多办事，主要建设“一队一场二坊四组（铺）”，逐步发展壮大集体经济。

一队是人力推车队，给姜疃供销社运送物资赚点钱。从姜疃到莱阳城50里路，非常辛苦。为了激励大家，村里每天每人补助三毛钱。有了收入以后，购买了一辆马车，由张维正负责赶车，收入高于人力车队。1962年，又添了一辆马车，由盖世先负责赶车，年收入7000多元。

一场是养猪场，1962年建成，由盖世行负责。为了节约饲料，秋后把猪赶到山上、沟边、河套放养。过年的时候全村人都吃上了猪肉。

二坊是机器磨坊和染坊。张维纲通过熟人到莱阳隆茂机器厂购进一台1140型12马力柴油机及配套的面粉机、粉碎机、碾米机，加工各种粮食、饲料，使妇女从推磨、压碾等繁重的体力劳动中解放出来，提高了生产效率，方便了群众生活。为了一机多用，张维纲请来机械师傅设计地杠、吊杠，两间正房安装粮食、饲料、碾米机械，东间安装弹花机，西间安装油碾，效果良好。这些统称磨坊，由伤残军人盖洪英负责。磨坊又分为油坊、粉坊两部分。

油坊由江守福负责。张维纲托关系到烟台购进了机器油碾、油桩，用“1140”柴油机带动榨花生米，淘汰了老式榨油法，提高了产油效率，既能及时完成国家的粮

张维湘，安里村人，1956年生，现居安里村。

油任务，又不耽误社员过年吃油，节省了大量劳动力。粉坊由张志云负责，他有加工粉条的技术经验。秋天收获地瓜后，留出社员冬春食用的分量后剩下的送到粉坊加工粉条。最初村里也是用骡拉石磨、人工剁碎的传统方法加工粉条，效率很低。后来购进一台195型柴油机，配备一台地瓜打浆粉碎机，提高了效率，节省了劳力，增加了收入。粉渣供给养猪场，提高了经济效益。

染坊的负责人是盖久群。张维纲通过熟人送盖久群到青岛印染厂学习染布技术，要求他“学技术，不懂要多请教，实践要勤奋，争取短时间内把技术学到手”。盖久群很快掌握了配色比例，水量、水温控制等技术。回来后，不但给本村社员染布，还给莱阳南乡八个公社的社员染布。

还有四个专业组（铺）。

编筐编篓组，由盖万福负责。利用山沟、河边长的条子编筐编篓。编的筐篓，部分卖给供销社，部分社员自己用，既增加了集体收入，又方便了群众生活。

修补组，负责人是盖香棣。村里派人到青岛学习橡胶火轧技术，然后购进材料，给社员轧补胶鞋底。当时，社员劳动强度大、收入少，过年买双胶鞋五元钱，穿破了舍不得扔，有了修补组，轧个鞋底花八毛钱，又能穿一年，深受好评。修补组十几个员工热情服务，从不抱怨，取得了很好的经济收益。张维全从青岛四方橡胶厂学到了轧轮胎技术，负责生产队的马车、拖拉机内外轮胎轧补，不顾腿有残疾，兢兢业业，经常深夜才回家，从没耽误过生产活动。盖友春负责修补布鞋、皮鞋钉跟，他也是残疾人，认真肯干，不怕脏不怕累。

铁匠铺，分小炉、大炉。小炉负责人是张维典。他有锻打铁掌、铁钉的技术，又能给骡、马、驴上掌。不管性情多么狂野的大牲畜，几分钟就能捆绑上桩。铲刀切蹄又平又快，切割铁掌、铁钉揳入，角度又准动作又快，从不伤畜蹄。他不怕苦不怕累，和颜悦色，服务周到，深受欢迎。大炉，1963年由张维纲组建，去济南章丘高薪请来马文德师傅，盖迎宾、兰保山跟着学习。马文德技术高超，锻打的各种工具质高价优，供不应求。张维纲和大队长盖洪言去青岛购进各种下脚料钢材，供小炉、大炉使用。为了鼓励生产，实行超产提成制度，日清月结，当场兑现，收到了很好的效果。

木匠铺，负责人是江同世、盖风平。江同世原来在青岛公私合营建筑公司工作，被张维纲拉回来办木匠铺。木匠铺承担了大队、生产小队及学校的办公桌椅、橱柜、学生课桌的制作，也承担私人盖房、家具制作等一些木工活，此外还帮助姜疃公社医院、供销社干木工活。既方便了群众，又增加了集体收入。

1964年，在张维纲提议下，村党支部决定规划建设副业大院，得到了全村社员的支持。大家有力出力，有物出物，在短时间内建起了占地五亩左右的副业大院，受到公社党委的关注和好评，随后组织各大队的党支部书记、副业主任前来参观。张维纲的讲座受到普遍好评，特别是濯村副业主任高锋，深受启发，反复向他请教。

兴办副业并非一帆风顺，也经历了不少波折。1962年，为方便工作，大队买了一辆大国防自行车，公社党委书记王新亭把盖仁先、盖洪言好一顿批评，说他们无组织无纪律。1964年，副业大院最红火的时候，社会上兴起“打倒走资本主义路线，割资本主义尾巴”的风浪；张维纲被公社党委书记点名批评，张维纲却说：“我们这是走社会主义道路！只有这样，才能发展生产，帮助社员解决生活困难；只有这样，才能给国家完成农业税、公粮、食用油任务；只有这样，才能建设好新中国新社会。这怎么成了搞资本主义了呢？真是不可理喻！”从公社回来，他很不服气。跟党支部研究，副业大院是全村社员用血汗建起来的，一旦停业就是劳民伤财；决定继续搞副业，决不能半途而废。张维纲表示，哪怕受政治处分，也不能成为全村百姓的罪人。

可惜的是，由于长期劳累，张维纲积劳成疾，于1966年农历三月不幸病逝。村党支部以及副业各部门负责人、村民代表为他举行了隆重的追悼大会。

1970年，村党支部改选，盖奎担任书记，更加坚定地走副业致富之路。副业队增加人员，扩大规模，新增了拖拉机运输组、缝纫组、挂面铺和草制品组。1973年至1975年，副业收入占全大队总收入的三成以上，社员基本实现了丰衣足食。

老韩敬

——韩新华　盖所先

“老韩敬”是安里村一位普通的老农民，姓韩，名敬。“老韩敬”是人们对他的一种特殊称呼，包含两重意思：一是他为人厚道，乐于助人，口碑好，受到普遍尊重；二是他确实年纪比较大，他1906年生，到20世纪70年代已是60多岁的人了。

韩姓在安里村只有两三户人家，韩敬兄弟三个，大哥去世得早，二哥韩钦只读过几年书，韩敬则一天书也没有读。但他聪明伶俐，无师自通，很小的时候就喜欢跟着二哥听故事，《三国演义》《红楼梦》是他最爱听的，两本经典中的许多故事他都能娓娓道来，慢慢地竟也能看个大概。“文革”中，这两本书都在禁书之列。韩敬视为宝贝，用棉布包裹得严严实实，私下阅读时必先净手，再恭恭敬敬捧读。从不借与他人，只偷偷给他最信得过的邻居也是他的徒弟盖所先看过一两次。生产队劳动时，大家常求他讲几段，他碍于面子，先是小声地说，讲着讲着就会进入故事“角色”，情不自禁地手舞足蹈起来，有时还会把邻近生产队的社员吸引过来。

韩敬年轻时给地主家扛活，练就了一手好农活，干活效率、质量超过一般人，特别是割麦子这样的重体力活儿，与常人蹲着割不同，他是弯腰提镰，只听“唰唰唰”声起声落，一片片麦子在其手下快速变成一个一个的麦捆子。70年代初的一天，生产队几个年轻人仗着身强体壮，要求与他比赛割麦子，看谁割得又快又好。已过花甲之年的韩敬，凭着他的技术老底子，不慌不忙，硬是把二三十岁的小伙子甩在了后面！韩敬打地瓜垄更是一绝，垄垄笔直，垄上的土地整得十分细腻，像面粉一样，过往的人们经常驻足观望，叹为观止。

韩敬是一名老共产党员，和善仁义。20世纪30年代，村里集资修“保安桥”（上疃大桥），他积极参加，至今那块集资碑上还有他的名字。邻居们有红白喜事，总有他忙碌的身影，他还培养了一个接班人——好青年盖奎云，邻里办丧事时做一些力气活。韩敬的二哥韩钦很早参加革命，解放初为特务所害，嫂子改嫁，侄子韩仁祥不足一岁，他义无反顾地担起了抚养侄子的义务。他与老伴儿膝下无子，视侄子

韩新华，原名韩仁祥，安里村人，1954年生，吉林省敦化市原大石头林业局职工，现居敦化市。
盖所先，安里村人，1954年生，现居安里村。

如同己出，在那个年代，省吃俭用，把侄子一直供到上高中。韩敬的老伴盖瑞英是本村人，很爱美，衣服从来都是干干净净的，性格柔顺，从不大声说话。虽是贫寒人家，但他们家中总是收拾得窗明炕净，墙上常贴些时兴的年画儿，如当时的样板戏剧照、革命题材的连环画等。家里的小院种有牡丹、月季等，每到春天，不少人来他家赏花。夫妻俩一辈子相敬如宾，从未红过一次脸、吵过一次架。

韩敬生性乐观，趣事很多。有一年元宵节，他的妻孙盖旭君买了几个“花蝴蝶”烟花去他家里燃放。点上烟花后，“花蝴蝶”一下飞了起来，这可吓坏了他，怕烧了院子里的柴草，他拿着大扫帚满院子追赶飞舞的“蝴蝶”。烟花放完了，他一个腚墩坐在地上，喘了大半天，老伴在一旁笑得前仰后合，他随后也哈哈大笑起来。

20世纪80年代中期，韩敬和老伴相继辞世，均享年79岁，无疾而终。

盖氏“双泰”

张正齐　盖彩云

安里上疃后街，有两个盖泰，两人同辈，同属北屋二支第二十世。住西边的盖泰1916年生人，他家几辈扛活，为求碗饭吃，9岁时就被送到北观庙放牛、打杂，只管饭，没工钱。十七八岁时力气大了，被本村地主张锴雇去扛长活。他干活舍得卖力气，样样农活都拿得起来。一圈粪，不用一上午就能出完。第二年就被选作了“把头”（带着伙计干活儿的小头头）。由于活计好，老实，会打算，在四邻的村庄都有了名声。离安里不远的凤头村，有位叫盖兰亭的财主，不仅有山岚土地数十顷，在金口港还开了大买卖，他的木材生意很红火，几天就从南方进一大船杉木。盖兰亭家大业大雇人多，需要有个可靠的人管理，就把盖泰雇了过去。农活打算（方言，安排），赶集采购，盖泰做得有条不紊，虽不识字，但笔笔记得清楚。采购质量好，还不多花钱，老板娘十分满意。外出办事，都是自己带饭，不管多晚，他从不在外花钱吃饭。

盖彩云，安里村人，1958年生，莱阳市退休教师，现居莱阳市。

盖泰还很会动脑子，一次老板让他赶骡子到金口取钱回来，为安全起见，他把洋钱藏在驮子大粪干里，天黑时走到分水岭，遇到一伙强盗拦路，他们画着花脸，手拿砍刀、土枪，围了上来，逼他交出钱来。“各位老总，”盖泰笑脸迎了上去，“我一个给菜园子扛长活的，上羊郡集驮大粪干，身上连兜都没有，钱不经我手，不信你们搜吧！”说着就扒开粪干，行前他防备了一手，在干粪下面特意装了半湿半干的大粪，打开后一股恶臭直冲几个强盗，强盗头儿摆摆手，“晦气！滚！滚！”就这样盖泰平安地把四袋大洋驮回了家，老板硬要奖他一块银元，他说啥也不要。

土改后，他家分到了土地，生活逐渐好了起来，盖泰感恩共产党，在为军属代耕、支援前线等方面都十分积极，是个典型的老实巴交的好社员。“文化大革命”时，有一派的红卫兵头目让他揭发张锴压迫剥削他的罪行。他说：“是不是压迫剥削别人我不知道，但对我没有。自从我去他家干活，东家从没扣过我工钱，年头瞎了（方言，粮食欠收的意思），我家里揭不开锅，张锴还送我一升谷子救命，能忘了吗？”“你这是严重丧失阶级立场！”那位头目训斥他。盖泰说：“什么是阶级立场我也不知道，可咱不能说瞎话。再说他儿子张晓云，老党员，为村里做了多少事。那年头，那是弄不好就要掉脑袋的事，老少爷们都知道！”

东面的盖泰，1917年生人，因家境困难，从小就被送到早年逃荒到关东的叔父盖功行家，在那里入伍进了第四野战军，参加过多次战役，光是获得纪念章的战役就有五次。抗美援朝时，（他所属的）部队赴朝参战，盖泰被挑选做汽车司机，他学驾驶还不到半个月，就上了前线，经常冒着敌人的炮火运送物资。一次他驾驶汽车送一个首长转移，途中一道壕沟横亘面前，后面不远处美国鬼子的坦克正轰鸣着追逼上来，一声“首长坐稳！”，盖泰咬紧牙，一脚油门到底，扬起一团尘土，在撕裂空气的啸叫声中，汽车拱出壕沟，飞驰而去，脱离了险境。首长表扬他说：“小伙子，临危不惧，沉着果断！技术过人！”知道他的名字后，首长还风趣地说：“险去泰来，你名不虚传呀！”

有一次向前线运送物资，盖泰被敌机炸伤，伤势严重，被朝鲜百姓抬到后方医院救治。战争结束后，盖泰复员回到东北。又过了三四年，他从东北返回了故乡安里村。回村后，两个盖泰的名字“打架”了。为了方便，人们便把西面的年龄大的盖泰称为盖大泰，东面的年龄小一岁的盖泰叫盖小泰（后来户口本上又改成了盖小太）。

盖大泰、盖小太两个普通的安里人，虽经历不同，但勤劳诚实、勇于担当的品质是一样的！

盖大泰1967年病故，盖小太1993年病故。

革命夫妻盖宝云、张国珍

盖孝先　盖炜祎

盖宝云，1928年生于安里村，16岁加入中国共产党，1949年之前曾任村、乡儿童团团长，青救会会长，团支部书记，区武装队通讯员、党支部委员等。

张国珍，1923年生于高格庄乡大泊子村，中共党员。1949年之前曾任大泊子村妇救会会长，是南下部队十分所成员，也做过乡被服厂工人。

安里与大泊子相隔八里地，二人分别是村里的青救会会长和妇救会会长，都是1945年前入党的党员，经人介绍于1951年冬天结为夫妻。

盖宝云是家中最小的孩子，上有三个姐姐、两个哥哥。虽然家境贫寒，但他生性活泼好动，爱好文艺、体育，是村里的孩子头。他十二三岁就参加了村里的儿童团，配合民兵在村口设卡放哨，维持治安。14岁调到姜疃乡公所，参加于万龙（“文革”后期任姜疃公社党委书记）负责的全乡青年和儿童团工作，到各村宣传党的抗日政策。有一次，他到即墨八路军办事处送信，从姜疃到即墨单程80多里地。盖宝云带着几个“火烧”（北方一种面食），路上饿了就啃一口，渴了就喝小河里的水，顺利完成了送信任务。这是他第一次独自出远门，锻炼了意志和毅力，受到了乡公所领导的表扬。16岁他被批准加入中国共产党，同年转任青救会会长，还加入了共青团，是一个先入党、后入团的特殊人才。

1945年，日本鬼子投降了，姜疃、安里解放了。共产党的部队南下打老蒋，盖宝云决心加入南下队伍。因为两个哥哥都在部队，家中只有他一个儿子，为了照顾家人，组织将他留了下来。

经过斗争历练，盖宝云认识到干革命没有文化不行，他立志学文化，将来当一名人民教师。由于年龄偏大，他在小学读了两年，便到了烟台的二姐家，在烟台二中读书。当时烟台二中只有校长和盖宝云两名党员，他顺理成章成了二中的学生会主席。其间，学校模仿苏联模式组织周末舞会，他只参加了两次就再也没去。此后，他又先后到文登师范、莱阳师范、山东专科师范学校、山东大学、山东省委党

盖孝先，安里村人，1965年生，威海市供电局干部，现居威海市。
盖炜祎，女，安里村人，1989年生，中国大唐员工，现居北京市。

校读书深造，在当时是双本科，相当于现在的硕士研究生。毕业时，他本可分到党政机关，但为了实现当教师的志向，他要求去学校工作，先后在掖县（今莱州）二中、十中担任政治老师。“文革”期间，到掖县县委组织部负责外调，去了国内不少地方。1970年调回莱阳，在灵湖二中教学；1974年调到莱阳县委组织部负责下乡做农村工作，靠一辆自行车跑全县，很少过节假日；1976年调到县落实政策办公室，为平反冤假错案做了大量工作；落实政策工作结束后，他又去市委党校任教，被评为高级讲师；1989年11月退休，2008年去世。

张国珍的家境比较富裕，她出生时家中有30亩地，雇有长工。她有两个姐姐、一个哥哥。哥哥张寰旭是八路军胶东军区十六团政委。3岁前，母亲给她裹了脚。哥哥回家发现后，耐心说服母亲给她放了脚，张国珍成为民国以来当地为数不多的大脚女人。受哥哥的影响，她也参加了革命，1945年加入中国共产党。先在大泊子村担任妇救会会长，发动村里妇女为八路军做衣服、军鞋等。有一次，哥哥张寰旭带回几斤毛线，让她找人帮忙给许世友司令员织一件毛衣。她找了几个手巧的妇女，现教现学，用三天时间织好了毛衣，许世友穿了非常满意。在做好后勤工作的同时，还和民兵一起到路口埋地雷。她亲手埋的地雷炸死了两个伪军，被民兵用篓子抬回村里。

有一次，张国珍到森埠庄大姐家走亲戚，忘了开路条，回家路过安里村被民兵拦下不许走。眼看天黑了，她要求见当时的村长盖福星。盖福星说，这是大泊子村张寰旭政委的妹妹，马上放人。并安排两个民兵护送她回到大泊子村。再说起这事，她风趣地说：“可能是我和安里村有缘分啊。”后来，她真嫁到了安里村。

大军南下时，张国珍开始也被编入南下部队，在部队医院十分所照料伤员。由于哥哥张寰旭牺牲、两个姐姐出嫁，家中老人缺乏照顾，组织让她留下，在乡里的被服厂工作。

1960年，她响应号召主动下放农村，回到老家。那时农村生活艰苦，灾荒年更是吃不饱，她尽其所能帮助乡邻，缝缝补补从不收费；有找她借粮的，她都笑脸相待，从不要求人家还。每年春节前的一个多月，为了让大家都能穿上新衣服高高兴兴过年，她忙着帮乡亲们做新衣，小年到除夕这几天更是经常忙通宵，这种情形一直到20世纪80年代。后来她身体不好，实在不能做了才停止。

1976年，上级为张国珍落实政策，给她在莱阳织布厂办理了退休手续。她常年奔波劳碌，罹患多种疾病，1991年10月不幸去世了。

盖宝云和张国珍，一辈子忠诚奉献、勤勉敬业、公而忘私、乐于助人，是当之无愧的革命夫妻。

自律从严的好局长盖洪所

盖晓梅

20世纪七八十年代，安里村有几名在莱阳县政府工作的干部，盖洪所是其中之一。因为常年在外，人们对他不像朝夕相处的乡亲那样熟悉，通过女儿盖菊芬的讲述，他的一些故事才逐渐被人们知道。

在女儿的记忆里，盖洪所很忙。盖菊芬上小学时，他担任莱阳县知识青年上山下乡办公室副主任，每天奔波于各个公社和村庄，召开一个又一个欢迎大会，和家人聚少离多，一年见不了几次面。即使在姜疃开会，他也只能抽空回家呆一会儿，便急匆匆地赶到另一个公社。

虽然忙于工作，但盖洪所很重视四个子女的教育。每次回家总要召开家庭会，教育孩子们本本分分做人，踏踏实实做事，无论是学习还是劳动，必须一丝不苟，脚踏实地，这是做人做事的根本。

作为一名政府干部，盖洪所对自己和家人要求十分严格。1979年，他在县卫生局当局长，盖菊芬高考落榜，一心指望他给安排一个理想的工作，不料却在织布厂当了一名合同制挡车工。盖菊芬对棉絮过敏，脸上又痒又红，几次央求他给换工作，他总是严肃地说:“别人能干的，你为啥就不行？”最终也没答应。大儿子在化工机械厂，因身体不好，恳求他给换一个单位，也被他拒绝。二儿子在濒临倒闭的集体企业，知道求他也没用，只好靠自己努力，复习功课继续考学。

1994年盖菊芬的丈夫失业，两个孩子还小，经济拮据。盖洪所看在眼里，心里很不是滋味。有一次，他拉着女儿的手说:“对不起，闺女，爸爸没有给你安排一个理想的正式工作。”说着说着，便潸然泪下。即便如此，他宁可自己补贴子女，也不允许沾公家的光。在朋友建议下，盖菊芬用盖洪所的名义开了一次药费单，当拿着三十六块钱的报销单找他签字时，他一脸凝重地说:“孩子，你经济有困难，可以找爸爸，但绝不可以这么做，你知道这意味着什么？！”他一边说着，一边从柜子里拿出两百块钱，女儿羞愧难当，夺门而逃。第二天，他把两百块钱送到女儿家里。此后，每当发工资之日，他必定亲自送两百块钱给盖菊芬补贴家用，一直到她丈夫

盖晓梅，女，安里村人，1963年生，莱阳建业建筑器材租赁处总经理，现居莱阳市。

找到工作为止。

盖洪所的子女后来凭自己的努力，工作越来越好。二儿子在广通达担任副总兼分公司经理，女儿在城厢街道办事处太平村分管经济工作。盖洪所一直叮嘱他们，要遵守职业道德，不该拿的千万不要伸手，要像老爸一样，无论什么时候都要坦坦荡荡，做到问心无愧。他的言传身教和严格要求，一直影响和激励着他们。盖菊芬1997年以来一直做基层农村工作，凭着全心全意为群众办好事、做实事，连任太平村“两委”成员，先后当选莱阳市第十六届、十七届人大代表，山东省妇女第十二次大会代表，荣获烟台“优秀女村官”、莱阳市“三八红旗手”等称号。

虽然对自己和家人要求严苛，但盖洪所对乡亲们却充满感情，对家乡有利的事情，他都乐意做。他每次回家，都有人来找他办事，像谁家想买自行车，谁家想买缝纫机，谁家父母生病需要照顾，想把在外工作的子女调回来，等等。在不违背原则的情况下，在自己的能力范围内，他都有求必应，尽力而为，不计得失，不求回报。

他担任县教育局副局长期间，安里村每年都有很多初中毕业生考不上高中，不得不回村种地。村党支部书记盖奎看在眼里，急在心里。当时县里鼓励有条件的村子申办村级高中，但还没有一个村申办成功，因为申办高中有很多要求。盖奎决心让安里村的孩子们都能接受高中教育，多次找盖洪所商议此事。盖洪所恰好分管这项工作，想方设法，终于帮村里办起了高中，后来又帮忙申领了一些教学及体育设施，使安里村成为莱阳南乡村办教育的典范。

1983年，盖洪所离休回到安里村。1993年老伴病逝，子女们请他搬回市里居住。1995年，因一氧化碳中毒不幸去世。

忠诚老兵盖忠明

——盖美喜 盖国涛

盖忠明生于1933年6月27日，在兄妹六人中排行老大。高小毕业后，1949年春季参军，1950年10月参加抗美援朝战争。

盖忠明所在部队负责向前线运送粮食。敌人的飞机天天在空中侦察、轰炸，刚修好的路桥瞬间就被炸毁。有一次他们又遇上敌军飞机轰炸，他对身旁的战友说："快，我们跑到前面桥下躲躲。"战友说："这里的麦子高，敌人不会发现的。"瞬间，敌机掠过头顶，密集的子弹像雨点一样向他们扫射过来。他有幸在桥下躲过，战友却在麦地里壮烈牺牲。他内心充满了悲愤和仇恨，战斗中更加勇猛顽强。回国时，盖忠明成长为一名排级干部。

1956年，盖忠明和战友们集体复员，转业到黑龙江建三江七星农场，开始了军垦生活。该农场以其南部的七星河得名。从1956年1月起，先后有1682名复员转业官兵来到这里开荒生活。

建场初期，条件非常艰苦，吃的粮食是定量的。没有汽车，就徒步行军；没有住处，就自己动手砍草杆、割草，搭起简陋的马架子、窝棚。官兵们掘土挖坑，垒锅起灶，淘井汲水，清荒拣柴，解决了一个个生活难题。劳动时要冒着零下三十多度的严寒，穿梭在深山密林之中，白天采伐，夜间装车。有一次他饿得浑身无力，30里路，返回时用了一整天的时间。

农场内的荒原是一条条荒山土岗，荆棘丛生，柞树、桦树、榆树错杂相间。开荒必先清理荒场，他们用手扒、绳拽的方法排除树桩、草墩等，双手全是血泡，仍坚持轮班苦战。许多新开垦的土地无法平整，农时又紧迫，播种主要靠人力。有用木棍捣窝下种的，有用镰刀、铁锹破土下种的，有用锄头开沟，一条条播种的。许多人摘下大沿军帽装种子，戏称"帽播机"；有人脱下军裤，扎住两个裤腿，装上种子，称为"裤播机"。

后来家属们也到了农场，大家搬进了条件稍好的大帐篷里。一个帐篷住两三家，用箱子或床单一挡，隔开就是另一家，夜深时连彼此的呼吸声都能听到。

盖美喜，女，安里村人，1951年生，退休职工，现居北京。
盖国涛，安里村人，1972年生，鲁花集团佛山分公司经理，现居莱阳。

1958年大女儿出生，他只在家照顾了八天，就进山伐木去了。妻子张焕英挑起了担水、劈柴、做饭、带孩子、洗衣服等所有家务。1960年、1962年，两个儿子相继出生，盖忠明给儿子起了有“草”字头的名字，连老三的名字也提前起好了：蓋荒若（后改名盖国鹏）、蓋荒菲（后改名盖国伟）、蓋荒苏（后改名盖国平）。大女儿（盖寅红）将来要嫁人，名字就不带“草”字头了。他还把父母和弟妹七人全都接到身边，一起生活劳动。其中，大妹和二弟至今仍生活在北大荒。

1964年，盖忠明响应国家支援大西北的号召，前往甘肃省正宁县。那里属于陇东黄土高原，干旱缺水，土地贫瘠，自然条件比北大荒更加艰苦。在大西北，他依然恪守本分，认真工作，先后当过农业银行正宁支行副行长、正宁县公路局副局长、县委知识青年办公室副主任、工商银行庆阳市环县支行副行长、工商银行正宁支行正科级调研员等。

当时他们全家九口人全靠他一个人的工资生活，非常拮据。第二年，他让母亲带着三弟、三妹又回到了东北。1969年，他响应上级号召，让爱人带着四个孩子回安里村务农，直到1973年才去正宁和他团聚。

盖忠明为人正直，工作认真，作风清廉。不论组织调派他到任何岗位，他从来不挑不拣；从不利用职务之便办私事，有时甚至到了不近人情的地步。他调任环县工行支行副行长的那一天，因路途遥远，有300多公里，单位派车送他上任。孩子们没有出过远门，想趁机搭车出去看看，他连这样的小便宜也不占，拒绝单位派车，自己坐长途车去了新单位报到。平时从不让家属子女到他单位，一是怕影响工作，二是担心有人给孩子小恩惠，影响不好，也不利于孩子成长。有一次，读初一的女儿去他单位拿钥匙，见他办公桌上有一支彩色铅笔，就顺手装进了自己的口袋。他知道后，不仅让女儿交还了铅笔，还把几个孩子叫在一起严肃教育了一番。

妻子张焕英是一位好家属，她教育孩子做人的原则是“人都吃饭了，你再吃饭；人都休息了，你再休息”。意思是有饭要让着吃，有活要抢着干，有好事要让别人一些。张焕英对人温和，一辈子没和婆婆、妯娌红过脸，也没和儿媳红过脸。回安里村务农期间，她经常早到晚归，有一股赶超男社员、不服输的精神，当时女社员的最高工分是7分，生产队集体讨论后，决定破格给她记7.5分。

盖忠明长期远离家乡，忠心耿耿为党工作，积劳成疾，1991年5月因脑溢血病逝，年仅59岁。他没给子女留下任何存款，家里连电视机、自行车也没有，唯一的电器是一台红灯牌收音机。

人们心目中的好支书盖奎同志

江吉高

20世纪80年代，我二叔江守民是莱阳县政法委书记兼公安局长。有一次我去县里开会，顺便去看望二叔。谈话中，二叔几次提到：咱村盖奎书记真是个好干部！

往事历历在目。1968年12月，我从招远县教育局调回莱阳。先在北黄联中干了一年负责人，然后调到了安里学校。那时正值“文革”，村里新成立了党支部，盖奎担任书记，我是宣传委员，分管学校工作。盖奎书记对教育相当重视，舍得投资，短短几年学校的基础设施、教学、管理等便取得了显著成绩，1974年被评为烟台地区教育系统先进集体。我去烟台参加表彰大会，领回了一个镶框的奖状、一本纪念册。同年，安里村摘掉了多年的“三类村”帽子。

1976年冬，公社党委宣传委员、分管教育的纪文成助理找我谈话，要把我从安里学校调到合并后的濯村联中或姜格庄联中。考虑到姜格庄联中几任校领导都没有搞好，公社党委研究认为，我去那里最合适。去了以后，要把盖奎书记关心教育、重视教育、舍得投资教育的经验做法介绍给那里的支部书记们，相信学校很快就能好起来。既然这样，我就到姜格庄联中去了。四个村的领导按照盖奎书记的经验去做，姜格庄联中果然很快变好了，受到县里的表扬。

据我所知，盖奎同志一直朴素俭约，清正廉洁，从不收受别人的礼物，从不以权谋私。有的群众到他家送水果点心什么的，他总是客气地谢绝。当面推不掉的，他便让孩子送回去，有的群众家里养狗，孩子不敢去，他就让治安员去送。老八路盖善云当过多年治安员，晚年经常说起这事。盖奎书记家的小屋很破旧，有人劝他趁着在位，赶紧把房子建起来，他表示“瓜田李下”的事坚决不做，全家继续挤在三间小屋里。他在担任书记的九年中，从没有用公款搞吃吃喝喝，没有到群众家中吃过一顿饭喝过一次酒。其间，上级也常有人到村里来，安里村为了减轻群众负担，不像有些村那样吃派饭，而是在村里找人专门给他们做，吃饭的人自己掏饭费。

当时村里有建设队负责给群众建房，盖书记要求建设队不准在建房人家中吃

江吉高，安里村人，1932年生，莱阳市退休教师，现居莱阳市。

饭。他说："乡亲之间要互帮互助。建房不容易，我们不能给建房的增加负担。"为解决村里的干旱问题，他带领群众打水井，砌坝，平整大寨田，使旱地不旱，贫瘠瘦土变成了肥美沃土，迅速解决了群众缺衣少食的贫困面貌。20世纪70年代，附近农村还没通电。他找人托关系，由大队出资买了一台发电机，在

五六百米长的街中心架起了电线杆，安上了电灯，方便了群众晚上出行，群众心里都亮堂堂的。

他考虑问题处理事情细致周全，换句话说，就是既讲原则也很灵活。有一年，"小东山"两个人打架，张三仗着年轻气盛打了李四，吃了亏的李四告到大队。盖奎书记对张三好一顿训，并说要进行处罚，罚50斤麦子，还交待治安员跟着张三到家里，称了50斤麦子交到大队部。这边又对李四进行了批评和安抚。李四见大队罚了张三，又听了书记的批评劝告，便回家去了。张三家的麦子收来后，盖奎书记又对治安员说："张三家一个老妈妈带着三个光棍儿子，过得挺困难，还是把麦子给他送回去吧。"

盖奎书记是尽职尽责、一心为百姓做事的好干部；是严于律己、以身作则，为他人想得多、为自己想得少的好公仆。

安里村的“老黄牛”——韩仁贵

——江守南 盖 升

几十年来，韩仁贵一直担任村干部，他为村里的各项建设事业费尽心血，做了许多大事好事。我们作为村民，耳闻目睹了这一切。

1934年4月5日，韩仁贵出生在一个靠租地、打短工为生的贫穷家庭里。1945年至1948年，他断断续续读了不到三年书，算是有了一定的文化基础。

1951年，参加抗美援朝的新兵走后，村里的青壮年就全部参加了民兵组织。韩仁贵参加了区政府组织的培训后，便被村委安排担任民兵排长，负责组织民兵每天的操训工作，一直到1953年。1952年民兵团安排他带领由12人组成的代表队参加区里组织的射击比赛，我村盖祥云获得大奖。

1953年，他组织上下疃的11家农户成立了一个互助组，搞统购统销，起到了示范引领作用。这一年，他还带领村里一个由青壮年组成的建设小组，到莱阳西关南面土围子墙外建的砖窑厂烧砖，烧好的砖用来建设西关大楼和县委门前路西的工人俱乐部。从莱阳城回来后，他主要参与村里的巩固互助合作工作。

1955年他带领由11人组成的建设小队，到海阳徐家店修建蓝烟铁路大桥。任务完成后，回到村里担任团支部书记兼俱乐部主任，直到1958年春。

1955年村里成立了高级农业生产合作社，他任青年武装委员兼民兵连长。1956年他获得了“全区青年积极分子”称号，奖状保存至今。他担任民兵连长到1960年8月1日为止。

1960年8月1日，他任村党支部财贸书记，负责全村的婚丧嫁娶和人口增减事宜，到1961年底为止。

1962年，他任大队青年委员兼队长，到1964年为止。

1964年，社会主义教育运动后，他又回到大队任民兵连长，抓青年工作，到1966年10月止。

1966年秋，村支部研究决定，让他带领由28人组建的工程队，去陶格庄打石头修

江守南，安里村人，1939年生，现居安里村。
盖升，安里村人，1947年生，现居安里村。

拦河坝、建水轮泵站。

1967年5月，村里成立由老干部、贫协会、红卫兵组成的“三结合”领导小组，负责改选村革命委员会。村革命委员会改选后，他任副主任直到1970年。

1970年，村里成立党的核心领导小组后，改选了党支部，他任副书记。那时，他曾经在姜疃市集上花21元钱买了上夼村盖立原的两条杏木杌子，献给了大队。

这段时间，他主持完成了以下工作：

组建了村里的副业队、建设队、技术队、林业队和卫生室；带领村建设队修建了村西第一条道路和第一座单孔石拱桥；规划了四个茔盘，分别是高儿山前坡、挂角山前坡、西山西坡和古家山东坡。

在玉岱河的东河岸到老茔水库共铺设230多米长的水泥管，挖渠道100多米，在东山后挖蓄水池，从河里打水到老茔水库用来养鱼。鱼塘由盖仁华负责管理。

1971年农业学大寨运动中，他主持大队坝头的统一规划设计，后由各生产队落实坝头的修建。因为政策对头、规划合理，社员们心里踏实，干劲十足。西夼沟6个小队修建了大小9节坝头；疃前两个小队把上夼疃后的河流截断，修建了6节坝头；在古家山后沟和东疃，两个小队修建了4节坝头；在出儿山东面，两个小队修建了4节坝头；在大岚后沟，三个小队修建了6节坝头。

1971年至1972年，他负责规划了14个生产队队部和饲养场，调整了14个生产队的场院；同时，还给公社征了用来修建砖瓦厂的63亩地。

1972年，他主持新建了前后两排共18间的知识青年住房，还改建了大队办公室。

1978年，他任民兵连长兼建设委员，带领32人到新庄村帮助移民搬迁。回来后，他又带领队员到濯村疃后整修姜疃通往莱阳城的公路路基。

1979年冬季，他主持新建了一个能盛180多吨氨水的大氨水库。

1981年、1982年和1986年，他负责规划了村里多个新房区。

1983年，他主持把学校前排的4个教室和中间3个教室进行了翻建，并在中间一排教室的西头新建了有7个房间的两层小楼，用红砖砌好了院墙，还在操场的北边新建了有56个蹲坑的学生厕所。

1987年，他率领我村青壮年劳力到南海滩涂修建养虾池，其间还帮助岚子乡坝体合龙时抢过险。

1988年，他主持在西夼沟的两个坝头嘴上挖了两个平塘（一个20米×15米×5米，另一个7米×5米×4米），并且当年砌好，现在依然完好，仍在使用，大大地方便了群众。

1991年，他设计施工，把1977年挖的位于疃西头的旧平塘重新改造翻新，让我们全村群众吃上了自来水。

1992年，他在村后窑厂西边主持开挖了一个长80米、宽80米、深8米的大平塘。

1995年，他带领村民整修大街。街的两边布上了排水沟，并且用石头砌好；把过道头布上了小桥；将私户门前的长台阶拆掉砌好；六片和七片（当时习惯把大队叫做“片”，六片由第11、12小队组成，七片由第13、14小队组成）把南大街加宽垫平。

1996年，他组织村民把位于办公室西头、南北大道南头的大石棚挖掉后，在路的东边砌上了沟，把水送到了南河沟，整成了现在的南北大街。

1997年，他设计施工，改造了村委大院、西厢房、南北大围墙、大门前台阶、斜坡和东西外墙、花墙、园门及大门顶上的看山等。

1990年、1991年他连续两年当选为姜疃镇人大代表。1991年还当选为莱阳市人大代表。

总之，韩仁贵脚踏实地，勤勉工作几十年，为我们村的建设与发展做出了非常大的贡献，赢得了全体村民的一致好评，村民称赞他是安里村的“老黄牛”。

韩仁贵于2021年9月去世，享年88岁。

老治保主任和老会计

张玉秋　盖永生

安里村村子大、人口多，村干部操心的事也多。有两位老村干部，说起来，过去的老人都知道。

一位是老治保主任盖仁花。他是一名参加过解放战争的伤残军人，退伍后回村当了30年的治安主任，担负着维护全村治安稳定的任务。他性子急，办事认真，对那些偷鸡摸狗、坑蒙拐骗、打架斗殴的人，从来都是真抓真管，一点也不留情面，所以有的人很怕他，甚至有的小孩不听话了，只要大人说一句“盖仁花来了”，小孩马上就不哭了。

他又是一个通情达理的人。有一次，一个年轻人偷生产队的粮食，被村里的治安人员抓住了，问他怎么处置。按规定，要交给姜疃的公安处理。盖仁花没有这么做，对治安人员说：“先关起来吧，等问问公社怎么处理再说。”他亲自对这名年轻人进行了说服教育，中午他假装睡觉，放年轻人溜走了。后来孙子问他：“这样做不违反规定吗？”盖仁花说：“规定是有，但人是活的，年轻人不懂事，偶尔犯个错误，如果交到公社，可能会毁了他一辈子。我教育后，年轻人知错了，改过了，也算是执行了规定嘛。”

另一位是老会计盖玉仁。他生于1930年，初中毕业于莱阳灵湖二中。当时灵湖是整个莱阳县仅有的两处中学之一，能从灵湖二中毕业的人很少，所以他是村里有名的文化人。1954年，他开始担任村会计，一干就是38年。先后参加了社会主义改造、入社、土地及生产资料归公、丈量土地等重要工作，在不同时期的各种运动中，积极履行了自己的职责。

安里村在外工作的人多，当兵、考学、招工、入党、搞外调的人也多，需要村里办手续的时候，他总是以认真的态度为大家提供方便，做好服务。村里的土地和周围的村庄相比，较为贫瘠。为了改变土地贫瘠的状况，提高产量，增加收入，几届村干部带领群众想办法，筹资金，持续不停地改良土壤，修坝头，整大寨田，修

张玉秋，安里村人，1957年生，莱阳市原教委干部，现居莱阳市。
盖永生，安里村人，1946年生，莱阳市退休教师，现居莱阳市。

水库，植果树，开展科学种田。其间还创办各种副业项目，扩大村办学校规模，划分村民宅基地等，在这些事关村子发展、村民福利的工作中，盖玉仁都积极献计献策，发挥了重要作用。

由于长期的操心劳累，盖玉仁透支了自己的健康，患了严重的哮喘病，有时候从家里走到村委会，中间都得歇息好几次。他多次请求辞去会计工作，村领导都舍不得他。他一直抱病坚持，直到去世前一年才交了班，去世时年仅65岁。

"牛倌"江振世

张玉秋

江振世，安里村人，1921年出生，1945年之前参加革命，一直从事医务工作，1981年离休，1992年因病去世。

他一生坎坷，因所谓的"历史问题"，1957年"反右"被划成"右派"（因工资高，当时人称全县五个大"老虎"之一），每逢政治运动都要受到牵连。他戏称自己是历次政治运动的"老运动员"。

1971 年，江振世因"一打三反"运动再次挨整，并被"清理出队伍"遣返回村，成了名副其实的农民，过上了面朝黄土背朝天的农耕生活。他没干过农活，可谓"肩不能挑，手不能提"，对庄稼地里的活计茫然不知所措。生产队里考虑到他的实际情况，给予了优待照顾，安排他当了"牛倌"。

"牛倌"就是专职负责放牛。那年江振世已经五十出头了，头发斑白稀疏，腰背微微佝偻，步履也有些蹒跚。外出放牛，他总是戴上斗笠，拿上雨衣，手里攥着一根木棍，与牛或者一前一后或者并行，迈出的步子与牛基本是同一频率。一个医生，背负着委屈，赶着牛，走在乡间的小路上，这种场景总能让人生出许多心酸和感慨。

江振世属于干一行爱一行的人。他对牛好是出了名的。哪头牛由他放养，算是有了福气。1957年"反右"，就因他说了一句"合作社的牛，脊梁骨瘦得像刀一样"，被打成了"右派"。这一句话，给他带来了一生的坎坷与不幸。因议论牛而惹祸，发配农村又当上牛倌，许是与牛有缘？对牛好，让牛吃好长胖，无病无灾，更像是向牛"赎罪"，让牛原谅他对它们的"侮辱"与"不敬"吧。

放牛一般是在夏季，牛已无农活可干。每到下午两点多钟，太阳依然毒辣，江振世便戴上斗笠，去饲养场牵上牛，向山里走去。那时山上的草稀少（村民烧火做饭都靠"拾草"），他牵着牛要走很远的路，尽量找草嫩草多的地方，让牛尽情地享受吃草的幸福和快乐。到了傍晚七八点钟，牵着牛回家，看看牛肚子没吃饱，就睁一只眼闭一只眼，纵容牛偷吃几棵地瓜秧、苞米苗，给牛开个"小灶"。有时遇到下大雨，他就把斗笠扣在牛头上，怕牛被雨浇了患上感冒。他还经常在衣兜里揣上一把土霉素药片，说牛生了病，吃上它就会增加抵抗力，好得快，也少生病。的确，经他放养的牛，每头都膘肥体壮，毛色油亮。他说“对牛弹琴”，其实如果真能对着牛弹琴肯定是件好事，牛尽管不解琴音，但听了一定高兴，心情好了就长得健壮。可能牛都是有灵性的吧，你对它好，它也知道“感恩”，江振世和他放过的牛一直很“和谐”，那些牛从没冲他发过“牛脾气”。

因为放牛不是重体力和技术活，江振世的报酬是一天7个工分，与妇女的报酬差不多。他对此很满足，不仅从无牢骚，反而觉得生产队照顾了他，给他的这份待遇委实不薄，所以他的脸上总是挂着微笑。

江振世一生从医，治病救人是他的本分。专职放牛之余，还兼职大夫，为不少社员和街坊邻居治过病、救过命，从来不收一分钱。有位社员双腿患严重的关节炎，他耐心地给他治疗，经长达两年多的针灸，终于完全治愈。

尽管当“运动员”的屈辱几乎伴随他一生，但江振世对党、对国家、对人民忠心耿耿，始终如一，从无怨恨，多次鼓励参加工作的儿子早日入党。如同俗语说的“吃一千个豆子不知豆腥气”，吃苦受难多了，也许就忘记了苦难。可贵的是他能把磨难当财富，视苦痛为快乐，活出了人生的哲学意义，多么敞亮的胸襟啊。

1973 年江振世得以平反，落实政策，离开他朝夕相伴的牛，又回到医院工作，直至离休。

奋斗不止的张维正

张全芝　盖国涛

张维正在安里村很有些名气。他对子女慈祥又严厉，待人处事友善又公正。通过自己的言传身教，潜移默化地影响着子女们。

张维正16岁时，父亲闯关东去了，山里的活、家里的事全靠他一个人打理。他不惜体力，硬是一个人挑起了这份重担。经过几年的锻炼，早早就成了庄稼地里的一把好手。他力气很大，在场院打麦子，能用双肩交叉扛着两口袋麦子，稳稳当当地往家走，全村人都称奇。那时候农村装粮食的口袋都很长，一袋粮食有160斤。自从村里有了党组织，张维正就积极要求进步，很快被发展入党。他和弟弟张维纲、张维斌都是解放前入的党。他还曾担任过村里的副村长，积极参加村里的土地改革、支援前线等工作，为革命尽了自己的一份力量。

合作化期间，张维正在村里赶大车，后来又调到姜疃供销社赶大车，负责运送货物。赶大车这活儿，表面看来挺光鲜，其实很累也很危险。从姜疃到县城，都是土路，路况比较差。有两个地方特别难走，一是过黄埠寨村外的大坡。那个大坡又陡又长，骑自行车的人路过那里都要下来走。每回赶着马车下坡的时候他都格外小心，因为稍有差池就可能出事。每次他都用力往后拽着车架子，好在马很听指挥，他用身体抵住车子缓缓行进，直到下了坡才能松口气。而上坡时，则要拼尽全力，用鞭子使劲拍打着马，马吃力地往前拉着，一鼓作气地拉上坡后，人已累得筋疲力尽，马也大汗淋漓，气喘吁吁。二是过五龙河。那时候五龙河还没建大桥，沙滩又宽，赶车时要快速通过，中间不能停留，一旦停下来，车轮子便会陷进沙里，越陷越深，那就麻烦了。到了冬天，河水结了一层薄冰，他便脱掉鞋子，挽起裤腿，蹚着河水赶车。河水冰冷刺骨，有时候冰块会扎破腿脚，可他全然不顾这些。赶车时，在外吃得很简单，只能带着饼子、地瓜之类的食物。冬天要用棉布把地瓜、饼子层层包起来，放在柳条编的篓子里，这样不能保暖，在零下一二十度的寒冬里，他只能吃带有冰渣子的饭食。1969年冬季的一天，张维正赶着马车往岚子送货，货装得又多又高，在崎岖不平的山路上，马车翻了，车上的货物重重地把他压在底下，幸亏路人相救，才捡回一条命。抬到医院一检查，肋骨断了好几根，有一根伤及了肺部，也不能做手术，只能忍着疼痛干挨，慢慢恢复，后来供销社提前为他办理了退休手续。

张维正因公负伤回到家里后，仍尽自己的力量，为家庭操劳，为儿女们操心。他干活已不像当年那么利索，但却常常早起晚归，到地里忙活，他说："慢工出细活，早干点，多干点就是了。"儿女们都劝他，年龄大了身体又有伤，也有退休金，就不要再干活了。可他不愿意闲着，也不能闲着，一闲着身体有些地方就疼痛，只有干活能分分神才好受些。子女们各自成家后，他仍然牵挂着，哪家日子过得顺当些，他会很开心；哪家遇到什么难事儿，虽然帮不上忙，但从他那布满皱纹的脸上，也能看出内心的焦虑。他对街上的邻里间的一些事也很热心，有些人过得不顺心，有些邻里之间闹得不愉快，都愿找他说道说道，他总是不辞辛劳，不嫌麻烦，诚心诚意调解劝慰。

张维正的一生虽然平凡，但他的作风却始终在儿女们的心中传承延续，村里许多老少爷们也都记着他。

一生坎坷的盖桂云

——盖向东　盖卫东

盖桂云弟兄三个，在他17岁那年，为躲避国民党兵役，和大哥盖福云去了东北，干瓦匠谋生。结果他父亲被以“抗兵役”的罪名抓进监狱，一年后出来，不久便去世了。

盖桂云的大哥盖福云，是一名抗战时期的老党员。1947年5月，参加孟良崮战役；1948年11月，参加淮海战役；1949年4月，参加渡江战役，同年7月退伍。回村后，他积极发挥党员模范作用，经常义务为村民写春联、说唱书，1980年当选莱阳县第九届人大代表。这是后话。

1939年，18岁的盖桂云和大哥为了不再让家人受牵连，返回老家，去国民党的十二师当了兵。当时十二师有一个姓毛的团长，和安里村有亲戚关系。有了这层关系，盖桂云便跟着毛团长干些杂活。

当时毛团长所部驻扎在留格庄，盖桂云主要在其家里挑水做饭，相对安全得多，伙食也不错。但时间长了不免对有些事看不惯，一年后他便跑回了家。

盖桂云回家的消息传到了八路军那里（那时，八路军对村里人当兵的情况是掌握的），就找他谈话，劝他参加八路军，他没同意。但没过多久他又被强征到了万第镇赵保原部队当兵，赵保原部被消灭后，盖桂云随国民党军败退到广东，后与几个好友扛了一挺机枪投诚，成了一名解放军战士，很快入了党，当了排长。

1951年盖桂云光荣退伍，起初被安排在青岛工作，因为家里有30多亩地，劳力不足，他便回家务农。1957年，盖桂云响应上级“大鸣大放”的号召，和几个谈得来的人商量着写了一张小字报。过后不久，他被开除党籍，成了“四类分子”。此后直到“文革”结束，他和村里其他“四类分子”一样，接受改造，冬天农闲时要扫大街，下雪了要到街上扫雪，下大雨了要到街上修填泥泞的道路。

据说那时候开大会批斗他，问他是不是国民党员，他把帽子摘下来，对众人说：“大家都知道，我的头生秃疮，不长头发。人家国民党党员入党要摘下帽子来向总

盖向东，安里村人，1955年生，莱阳市粮食局退休干部，现居烟台。
盖卫东，安里村人，1961年生，中国绿发投资集团顾问，现居北京。

统宣誓的，我这秃头就是想入人家也不要啊。”惹得大家一阵哄笑。

盖桂云的生活如此坎坷，他硬是咬着牙带着笑走过来了。他是一个闲不住的人。在生产队一年到头从不缺工，为了贴补家用，家里还养着老母猪、鹅、鸡、兔子等，饲养这么多家畜家禽，家里烧火做饭用的草总是不够。每到冬天，天不亮就到山上拾草，早饭前必定回来，不耽误上工。他是一个乐于助人的人，主动承担了给邻居一位独居的老奶奶挑水的任务，一直坚持了七八年。每年靠年根儿的时候，他都忙活着给村里人写春联，东家写了西家写。妻子说他赔上笔墨赚忙活，他却说，用人家的纸写对子，帮了人还练了字，何乐而不为。他能够苦中作乐，不知从哪里学了几段京剧，在劳动改造期间，每当有人经过身边，他总要哼哼呀呀唱上几句。因为他的问题，女儿上学受到很大影响。恢复高考后，他鼓励儿子说，只要你能念书，砸锅卖铁也供你念到底，就看你自己的本事。儿子没有辜负他的希望，考上了大学。

20世纪80年代，盖桂云的“四类分子”帽子摘掉了，恢复了党籍。此时他已60多岁了，尽管经历了30年苦难的日子，但临老总算有了个交代，他的精神轻松了很多，心里得到了极大的安慰。

姥爷盖世华和他的“右派”朋友

王文涛

我的姥爷名叫盖世华，是安里村的普通农民。虽没见过姥爷，但听姥姥说过一些故事，尤其是姥爷和“右派”交朋友的故事，至今记得很清楚。

20世纪60年代初，城镇有一些被打成“右派”的人，下放到农村“劳动改造”。

姥爷所在的生产队，也下放了一个来自青岛的“右派”分子，姓陈，中等个头，胖乎乎的身材，据说是个工程师。队里将饲养场旁边一间放杂物的屋子分配给他，简单拾掇了一下，老陈拿着他的小铺盖卷儿住了进去。

社员们之间传话说，老陈因为犯错误才被打成“右派”，下放农村就是对他劳动改造，上级要求多安排他干重活、苦活、累活。

姥爷回家告诉姥姥：老陈很谦虚，对社员有礼貌，劳动态度也挺好，还瞅空给那几个初中学生讲数学，是个好人，不是坏人。

每天，老陈都和社员们一起出工，下地劳动时各种活都抢着干。不久大家就看出来了，老陈积极劳动的热情很高，但对农活并不在行。他举着镢头刨地，总是刨得不深，只能刨下浅浅的一层土；他铲泥，铁锨总也铲不下去，还时常铲歪了。尤其是锄地，不是锄断了玉米苗，就是锄断了刚开始长的地瓜蔓。锄芋头时倒是很小心，但也难免锄断了一棵又一棵的芋头苗。

生产队的乡亲们，对老陈照顾有加，无论大人小孩，没有人嘲笑老陈，总是热心帮助他，可是一段时间过去了，老陈的劳动技术长进不大。

那就让他和半大孩子们一起赶驴送粪吧。赶驴上山送粪，驮河泥垫牲口棚，这都属于轻活。

老陈也信心满满，赶驴不需要多大技术。哪知道，老陈学赶驴送粪的过程也是一波三折。他对驴说“走”，驴不走；他对驴说“停”，驴不停。他指挥不了一头毛驴，因为驴根本不听他的“命令”。

那些半大孩子都是经验丰富的赶驴老手，每天教给老陈赶驴的口诀。老陈兜里装着钢笔，很认真地把口诀写在一个小本子上：命令驴左拐弯时，要喊“咦咦”；

王文涛，1989年生，城厢镇南关村人，现居莱阳市。

右拐弯时要喊“沃沃”；向前进是“驾—驾—”，后退是“梢—梢—”，停下是拖着长声喊“吁——”。

老陈经常拿出小本复习背诵这些口诀，直到背得滚瓜烂熟。没想到，真到了要指挥毛驴干活时，毛驴还是不听他的，因为毛驴“欺生”。有一头毛驴，绰号叫“愣头青”，二杆子脾气，动不动就踢人。半大小子知道底细的，干活都不喜欢和它搭档。老陈不明就里，过去牵它，这家伙不是“尥蹄子”，就是“打惫儿”。也许想一蹄子尥他老远，或是呲鼻涕、打惫儿赶走老陈，总之就是欺负他。于是几个男孩子，经常帮他制服这个“愣头青”，每每耽误了干活，这令老陈苦恼万分。好在除了毛驴欺负过他，乡亲们并没有歧视他，更没有欺负他。

老陈对姥爷说，毛驴太捣蛋了，一点儿也不听话，自己摆弄不了。

姥爷沉吟半晌说，知道了，大伙商议商议再定吧。

那时候，生产队有两个队长——政治队长和生产队长。一般来说，生产队长负责安排社员干活，政治队长晚上对社员讲话，进行思想教育。

身为政治队长的姥爷，把老陈反映的情况告诉了生产队长。生产队长说：“老陈是文化人，咱大老粗，别委屈人家。就交给你了，你带他吧。”

姥爷说：“老陈是见过大世面、有大学问的人，咱们能帮就帮帮他。”本家三舅舅盖洪棣是会计，负责记工分。洪棣舅舅说：“到了咱这儿，没有‘凤凰落地不如鸡’一说，凤凰永远是凤凰，落地的凤凰也比鸡强。”

后来，只要姥爷上山干活，老陈就跟在身边，几乎寸步不离。比如种花生，姥爷用小镢头捣个窝儿，老陈跟在后面捻种。要求一个窝儿只捻三四粒花生种。可老陈开始不熟练，经常一下就丢进七八粒。姥爷放下小镢头，抓起一把花生种，一遍遍示范，老陈一遍遍练习，终于掌握了捻种的技巧。比如锄地，怎么半弯下腰，怎么下锄，怎么避开庄稼苗，怎样不锄塌土垄。比如割麦，怎么半蹲步前进，怎么割麦、捆麦，还帮他磨镰刀。比如给玉米间苗，要领是留强去弱，怎么留苗，拔弱苗时怎么避免带出壮苗……不厌其烦，悉心指点。姥爷除了手把手教老陈捻种，还手把手教他搓绳、扬场，教他山里地里所有他能干的活计。几个月过去，老陈干起活来，开始有模有样，也得到了大家的一致认可。

姥爷与老陈，经常一起说说话。老陈嘴里说的，有"国家""社会""工人""农民"等大字眼儿；姥爷嘴里大多是"锄镰锨镢""耕种犁耙"等庄稼地里的活计，他们的交流，肯定不是心灵知音式的交流，但绝对是两颗真诚的心在交流。他们都有各自的人生轨迹，但时代因素却让他们走在了一条"轨道"上。

姥爷还关心老陈的身体健康。有一次，姥爷回家说老陈病了，让姥姥煮几个鸡蛋，他送给老陈。

大姨盖艾玲还记得，十来岁时，有一天傍晚，她正在自家门口的大杏树下玩，老陈从南面的小路走过来，手里拿着一包东西，看到我大姨就说："小妹妹，你快来家吧。"

原来，老陈手里拿的，是他家人从青岛寄来的点心和糖块。他舍不得吃，送到姥爷家，答谢姥爷对他的关照。姥爷姥姥坚持不收，让他留着补补身子。老陈说，这是给孩子的一点心意，不能拒绝。

大姨说，那是她长到十来岁第一次吃到精致糕点，真的是太好吃了，含在嘴里舍不得咽下，一点一点地细细品尝。大姨至今无法用学到的词汇来形容当时吃到嘴里的那种感觉，只能笼统地称其为"幸福"。

后来，老陈结束了"劳动改造"的日子，返回青岛。但是姥爷与老陈的友谊还在延续。姥爷去青岛时，带了点花生芋头等，去看望老陈一家。老陈回赠的，是一双买给大姨的棉鞋。那双棉鞋，大姨一直穿了很多年。

盲艺人张维仁

——张维令　张维涛

20世纪五六十年代，乡间经常见到这样的场景：一群视力不佳的人，行走在农村的山间小路上，穿梭于村庄的大街小巷中，手里拿着乐器，一般是二胡、坠子（坠琴）、板胡、锣鼓、竹板之类，拄着探路的拐棍，背着几件小铺盖——他们就是吃百家饭的“瞎先生”。

听盲艺人说书，曾经是农村一个颇为热闹的群众文化娱乐活动。每到一村，村里安排盲艺人住下。一般是住在队部的记工屋，打地铺，在地上铺上谷秸麦草，五六个盲艺人就睡在上面。队里还会安排人送饭，一般都是玉米饼子、地瓜或地瓜干，加点咸菜，比如蒸虾酱、炒疙瘩丝，有时候也有炖大白菜。

夏日的打麦场或者街头聚集地，都是盲艺人的舞台。盲艺人不需要化妆，几张小桌摆开，三四把椅子，舞台就备好了，吹拉弹唱各种乐器准备好。日落天黑，人们收工回家吃完饭，一般就七点多了，盲艺人先是开场小段，人称“拉洋片”。

“拉洋片”是在进入正戏之前、观众还没有到齐时，盲艺人说个小段消磨时间，实际是在等观众。洋片的内容丰富，有的劝人忠孝，有的诙谐幽默，有的讽刺官吏腐败……我记得一个小段是讲隋炀帝下扬州的故事——放着光明大道他不走，非要平地拉行舟，平地挖泥三尺厚，河里无水怎能走？文武大臣想了个计，在那船底就抹上香油……

盲艺人说书一般讲民间口口相传的故事，如：《说岳传》《打金枝》《秦香莲》《墙头记》《姊妹易嫁》《珍珠塔》《白蛇传》《劈山救母》《杨家将》《林冲夜奔》《借东风》……可以说，这些优秀的传统文化，以老百姓喜爱的方式带给那个时代的农民一些文化娱乐，同时，也把“忠孝节仁、礼义廉耻”等代代相传的价值观灌输给了他们。

那时候，我们安里村张家街就有这样一位盲艺人，他叫张维仁。七岁时因病双目失明，后来走上学艺之路。他记忆力强又有天赋，虽然眼睛看不见，但感知力和

张维令，安里村人，1947年生，莱阳市退休教师，现居莱阳市。
张维涛，安里村人，1955年生，莱阳市退休教师，现居莱阳市。

记忆力出奇地好。就说他从家里去水井挑水，一百四五十米远，且路面不平，还有好几处比较狭窄且“拐弯抹角”的地方，他肩挑一只木桶、一只泥罐，用一根棍子探路，脚不“打艮”（方言，停顿）就能走到井边；更令人惊奇的是，到了井台边（他停下的位置）既不前也不后，自己还用绳子扣勾住桶从井里打水，如同平常人一样。

在过去，盲人是无法上学的，也就没文化，但通常他们的记忆力超人，他们中有相当一部分是说书的艺人，他们演说的书目也不止一部两部，而是若干部，而且其中有些书的内容篇幅相当多，真不知他们是怎样学的记的。

哎——蛤蟆、蟹子、屎壳郎，各自都说各自强。蛤蟆说：我的身上挺光光；蟹子说：我走起路来挺正当；屎壳郎说：我感觉牛粪喷喷香。……当里个当……

哎——说的是一个大嫂本姓王，……当里个当……，邋邋遢遢还光尿炕，男人嫌她太窝囊，……当里个当……

这是张维仁说评书前拉的两个小片段，既逗笑又有寓意。张维仁说书，除了说唱、口技，还有三件乐器：钢板、小鼓和三弦。

每到夏天晚饭后，张家街上的一些人就鼓动着将张维仁请出来，在街上说唱几段，说唱时全村很多大人小孩都到我们这条街上听。他声情并茂地说着唱着，大人小孩个个听得入神。上夼村、姜疃村的人也来听，多时有几百人。多年后人们回忆起那些故事，只惋惜当年没有录音机，若能录下来该有多好，原汁原味。张维仁说的评书主要有《刘公案》《陆公案》《薛礼东征》《秦英西征》《呼延庆打擂》《金鞭记》等。

张维仁口技也很厉害。据说，他年轻时在海阳说书，学马叫，附近有匹马，挣脱缰绳跑到他说书的场子；也有人说他模仿战马嘶鸣，离我们村五里地的东宅村民都能听到，这可能有些夸张，但惟妙惟肖却是事实。总之，很多人认为张维仁说唱的水平不亚于刘兰芳、袁阔成。每晚近两个小时的说唱，内容从不重复，中间休息十分钟，有些村民自愿回家打几个荷包蛋、倒点水端给他，算是对他的慰劳。

张维仁的说唱水平十里八村都很有名，好多村都请他去表演。有一次董格庄村把他请去，一连表演了三个晚上，村民们直留他，不让他走，没办法他只好白天编、晚上唱，一连唱了七个晚上，还得了不少赏钱。

张维仁于20世纪60年代中期病逝，走的时候70多岁。

同窗挚友盖兴群

——盖天学　张维荣

盖兴群，个头不高，偏胖，圆脸，大眼睛。他人品好，心地善良，为人热忱，天资聪敏。

他的聪敏，在安里村和姜疃镇是出了名的。他在莱阳市教师进修学校工作时主管后勤，各类账目数据过眼不忘，人称“活电脑”。据说，他爷爷就是秀才，父亲也很聪明，不知是不是遗传。盖兴群从小学习极好，高中刚毕业就在安里学校给初中、高中的学生上课，很多学生跟他年岁差不多。他教书，尤其是数学，很有自己的风格，善于寓教于乐，看起来枯燥的数学，他能讲得妙趣横生，颇受学生欢迎。给市里的老师做培训时，也是风趣幽默，广受好评。那时，市里的老师几乎没有不知道盖兴群的。

他获得过很多荣誉，常常被评为优秀教师。家里的书架上，摆满了他编著的趣味教学书。在家里，他常给两个孩子编一些有趣的游戏，比如移动火柴棍摆等式，把一些复杂的公式编成顺口溜，讲故事解决数学问题，等等。他的数学游戏花样繁多，女儿和儿子玩得乐此不疲。

聪敏之外，盖兴群更勤奋执着。乡下的夏天，蚊子极多，如果没有蚊帐，晚上根本无法入睡。为了能多看会儿书，晚上睡觉时他常常将一条腿伸出蚊帐，被蚊子咬醒了，就接着看书。他口袋里永远揣着几个巴掌大的本子，上面写满了密密麻麻的数字和公式，田间地头干活的间隙，或路边歇脚的时候，掏出口袋里的小本子永远是他的第一个动作。他的孩子至今还记得这样的场景：寂静的山谷，层层梯田，盖兴群和爱人在烈日下挥着镰刀收割小麦，看到爱人远远地落在身后，他放下镰刀，从口袋里掏出小本子，蹲下身子聚精会神地看起来，等到爱人赶上来，他们又一起并肩前行。经常有村里的人打趣说：人家干活累了是掏烟袋，你是掏书袋，天天这样看，也不见有用啊！盖兴群也不理，总是笑呵呵地看他的本子。后来，他考上了师范学校，毕业后成了城里的公办老师，村里再也没人说他闲话了。

盖兴群虽然没有督促过孩子的学习，但两个孩子从小到大成绩一直不错。他们

张维荣，安里村人，1956年生，原空军某部上校，现居河南开封市。

同时考上大学，大学毕业后又考上研究生，儿子还到国外攻读博士。同事常夸他的孩子聪明，其实那都是盖兴群永不满足的进取心和无言的教诲所结出的“果”。

盖兴群与人为善，总是尽己所能地帮助别人，不求回报。他的“好人”作风，常让爱人抱怨。有一年，同事与人冲突被砍伤，怕人追来，连医院都不敢去，家也不敢回，所幸伤得不重。他把同事带回家，亲自给同事处理伤口。那时正赶上春节，来拜年的人很多，他把同事藏在里屋，反锁上门，嘱咐家人谁问都不要说。那个春节，家人过得提心吊胆，生怕里屋出点什么响动，惹来祸端。盖兴群不以为然，说没什么大不了的。后来，那个同事每逢春节都到他家拜年，说“来缅怀那段‘落难’的日子”。

盖兴群和张维荣感情甚笃。张维荣参军后，二人始终保持书信来往，后来打电话方便了，俩人经常电话交流思想。张维荣在部队当到正团职干部，每次回家探亲，两人差不多天天在一起，有时还睡一个被窝，总是有说不完的话，真的是亲如兄弟。

好友盖天学回忆，改革开放之初，掘钩井、应急灯刚刚在农村流行，他们二人商量在盖天学家打一口井，盖兴群积极参与，把朋友家的事当成自己的事。院里的土两米（深）以内还比较松软，再向下就越来越硬了，两人一个在下面挖土装篓，一个在上面往上拽篓子，镐头、钢钎、铁锤全都用上了。第一天挖到4米深，有30多方土，盖兴群身体强壮，累也不吭声，他在井下挖，盖天学在上边拽。挖到大约5米时出水了，没想到水渗得太快了，一会儿就得拽一次，很费力气，盖兴群在井底，身上都快湿透了。有一次水桶突然脱钩，“噗通”一声往井里砸了下去，盖天学吓得魂儿都快掉了，“啊”地一声尖叫起来，出了一身冷汗，心想这下可“梯登”（方言，坏事的意思）了！说时迟那时快，盖兴群“嗖”地一跳躲过了，还没事似的打趣：“怕啥？俺有神功，老天爷都会保佑咱俩的。”后来一直挖到6米深才算大功告成。第二天早上，盖兴群到盖天学家看了看水井，打了声招呼，直奔学校上课去了。盖天学的爱人念叨：“兴群二哥这几天为咱出了多少力，就这样饿着肚子走了，你说说咱能对得起人家？！”

盖天学说，他和盖兴群是从小“光着腚”长大的玩伴，从小学到初中都在安里村读书。盖兴群不但头脑灵活，品学兼优，次次考试都是第一，而且组织能力特强，一直都任班长，是老师的得力助手；他的体育也很优秀——掰手腕在同学中无敌手，跑、跳、扔样样都行，乒乓球也打得特别好；他笛子吹得悦耳动听，每到节假日，他们都一起参加演出，经常到田间地头宣传表演。读高中时，盖兴群是校团委书记，主持校团委工作有声有色，得到了校党委的表彰和师生的认可。1974年盖兴群高中毕业，先后在本村初中、高中任教，他不仅善于寓教于乐，而且热情耐心。

课间也经常为学生补课，晚上经常有不会做题的学生上门求教，他都一一讲解，认真对待。遇到节假日，别人都休息，他还要备课干农活，一年365天连轴转。邻居也好，同事也罢，对大家的要求他有求必应，特别是春种夏收，秋收秋种，他宁肯把自家的活儿放下，也先帮助别人。

盖兴群在离家几十公里的栖霞县师范学校学习期间，每个星期六骑自行车往返一次。每个星期六下午，是他两个孩子最开心的日子，他一回家，孩子就掏他的口袋，那里总有小家伙们爱吃的糖果，从不例外。那年冬天的一个星期六，下着大雪，又到了盖兴群回家的日子。从中午家人就开始满怀期盼了，一直到晚上7点多，雪已经停了，天也黑透了，他还没回来。爱人很担心，几次拉着女儿丽娜到村口张望。8点多的时候，终于在村口等到了，女儿急急伸手要掏他的口袋，却发现他的棉衣不见了，女儿意识到糖果没了，当即大哭起来。他顾不上理会，只跟爱人说："快把小爱送回去吧。"原来自行车后座还驮着一个人，正裹着他的棉衣。他在40公里外的路边，捡到了村里的傻子小爱。小爱是先天智障，那时已经20多岁，智力却像四五岁的孩子，常追着村里的孩子们跑，吓得他们惊慌失措。后来小爱走失了一年，没想到竟让盖兴群捡回来了，这件事很快传遍了村子。村里有人说他冰天雪地的，跑40多公里山路，捡回来一个傻子，你对他好，他也不知道感激，操那份闲心干嘛。他却淡淡地说："小爱快冻僵了，我又认出来是他，不带回来，良心不安。"

那个星期六，两个孩子没吃到糖果，虽然心里很别扭，可是从此以后，他们在街上碰到小爱，小爱不再追着他们跑了，有一次居然还拿了一把糖果分给他们。知道这事后，盖兴群说："谁说小爱傻，他比很多人都懂事啊。"

盖丽娜回忆，2005年一个寒冷的冬夜，她临近毕业，白天四处投简历找工作，身心疲惫，很早就入睡了。半夜，急促的手机铃声把她从睡梦中惊醒，迷迷糊糊地接了电话。电话是表哥打的，他呼吸急促，已经语无伦次，她只真切地听到一句话：你快回来吧，你爸出事了！

盖丽娜不知道自己是怎么挂的电话，又是怎么疯狂地给远在瑞典的弟弟拨电话的，只知道赶到火车站的时候，手已经抖得拿不住那张薄薄的车票。

那年冬天，胶东半岛下了十几年少见的暴雪，盖兴群傍晚回家在路边等着过马路，一辆三轮车违章行驶，迎面而来的半挂车躲避刹车不及，直接撞倒了他，还没送到医院，盖兴群就永远离开了人世。

盖兴群，操劳一生、永远乐观坚强、无私善良，还没等到他最为骄傲的子女回报他的养育之恩，就永远离开了。告别仪式那天，闻讯赶来的好友亲朋挤满了殡仪馆告别厅，说得最多的，是这样一句话：太可惜了，一个好人哪……

可以告慰他在天之灵的是，两个孩子都已有了自己的事业，成为国家的有用之才。女儿盖丽娜，中国政法大学研究生，现就职于北京君润律师事务所，为高级合伙人，执业律师；儿子盖鑫磊，现任南京信息工程大学环境科学与工程学院副院长，博导，并获得江苏省“优秀青年科学家”称号。

期颐寿星宫淑娥

尹世泉

宫淑娥老人。2021年摄于其二女儿家中，时年106岁。盖永巧摄

宫淑娥，1915年12月27日生于董格庄村，1931年12月与安里村的盖冠鹏结婚，育有两子两女。长子盖永生，次子盖永兴，长女盖永玲，次女盖永巧。现在是四世同堂，有三个孙子，两个孙女，两个外孙，一个外孙女，一个重孙，一个重孙女。

老人家现已过了期颐之年，仍精神矍铄，耳聪目明，目光有神，腰板硬朗。虽然牙齿全无，可是说话吐字清楚，声音也较大。还算浓密的头发多数已白，可也不乏黑发。与她交流，思路清晰，说起话来，头头是道，特别是她的记忆力，令人叹服。儿时的趣事，年轻时的奔波，婚后的生活，育子的艰辛，参加集体劳动的快乐……她都能娓娓道来。即使到现在，一些多年未见的远房亲戚来看她，她第一时间就能认出是谁，家长里短，交流愉快。每年正月初一，那么多晚辈族人来给她拜年，她都能一一说出这是谁，过后还能说出还有谁没来，竟然没有差错。2018年之前，她还能自己做简单的饭菜，洗自己的毛巾、内衣等，衣服有轻微的破损，还能自己穿针引线，缝缝连连。老人家生平讲究卫生，即使到了晚年，自己的房间也不用人整理，窗明几净，东西摆放井然有序。凡是自己能做的，就一定会自己做好。她做家务小心谨慎，从不马虎粗心。她很爱护自己的身体，如果觉得某件事做了有吃亏的可能（损伤身体），就一定不做。

宫淑娥一生辛劳，是一位极为普通的劳动妇女，她的日常起居作息，归纳起来，不外乎以下几个方面。

第一，生活有规律。一日三餐，按时吃饭，粮蔬搭配。早饭吃好点，午饭吃饱点，晚饭吃少点。生活条件允许后，早饭吃一个鸡蛋，一碗稀粥。平日爱吃地瓜、芋头、土豆、豆腐以及绿叶蔬菜。主食以素食为主，少油盐，多喝温开水。每天晨起后都要用木梳梳头，每次半小时以上，始终坚持，从未间断。一年四季，经常用温水洗脚。白天常晒太阳，经常捏捏耳朵，搓搓手。不恋床，也不长坐，经常活动。天气不好，就在院内或室内走走，直到现在，哪怕拄着手杖，也要走走。讲卫生，爱干净。自己力所能及的事，就绝不麻烦儿女媳妇。

第二，家庭和睦。在这个大家庭里，良好的家风代代相传，和谐的氛围处处可见。尊老爱幼，夫妻相敬，兄友弟恭，和睦相处。优良的传统，一辈儿讲给一辈儿听，一辈儿做给一辈儿看。老人宽人律己，要求晚辈做的事，自己一定带头做好。因此，晚辈们都很听话孝顺，他们也从不惹老人生气。现在晚辈都经常回家看望她，捶背揉肩，嘘寒问暖，家长里短，忆忆往事，谈谈现在，常常逗得老人开怀大笑，其乐融融。

第三，邻里关系融洽。老人很注重创造融洽友好的邻里关系。她经常说，远亲不如近邻，近邻不如对门。与邻里相处，她有她的原则，那就是尊重对方，和睦相处，互相关心，互相帮助，真诚相待，诚恳守信，对人宽宏大量。据邻居讲，宫淑娥从未和邻里闹过矛盾，街坊邻居如有相求，她一定会倾力相助，而邻里也会对她及家人鼎力相帮。老人常说，四个子女都很孝顺，两个儿媳两个女婿也都关心她、孝敬她。老人的处世原则对后辈影响很大，后辈的人际关系也都处理得非常好。

第四，适当参加劳动。宫淑娥老人讲，她从记事起就能帮家里做一些力所能及的活。婚后，她养儿育女的同时，除了做好家务外，也尽量参加劳动。但有一点，就是劳动从不超负荷。她劳动时觉得累了，就会休息一会儿，不出过头力。到了晚年，也不需要她参加劳动了，她就经常在户外走走，活动活动胳膊腰腿，揉揉腹，踮踮脚，等等。

总之，宫淑娥老人的良好习惯，也深深地影响着几代人。如今，在这个大家庭中，每个人都养成了良好的生活习惯，与人为善，力所能及地帮助他人，不图回报。各自的小家庭也都和和睦睦，孝亲敬老，热爱劳动，热爱工作，热爱生活，延续着严谨的家风，传承着中华民族的优良传统和作风。

母亲

张玉巧

1915年2月，我的母亲高桂花出生在濯村一个贫苦的农民家庭，在姊妹六人中排行第五。母亲13岁时，我的外婆去世了，家里虽然没有了往日的笑声，但她会主动做好自己力所能及的事情，锻炼了独立自强的性格。

爱美是女孩的天性。母亲也很爱美，听说女人的脚越小越美，越小越能找到好婆家，她每天除了干活外，都会认认真真地给自己裹脚，终于把自己的脚裹成了三寸金莲。20岁那年，母亲嫁给了我的非常帅气的父亲张维纲。由于母亲品行端正、尊老爱幼、不计得失，很快就融入了这个有着二十多人的大家庭。

1945年，父亲担任了村青救会会长，并加入了中国共产党。1947年安里村掀起了大参军运动，父亲带头报名，带动了一大批青壮年入伍，被五龙县政府授予“特等扩军模范”称号。那时我的大哥只有七岁，大姐五岁，二姐两岁，还有奶奶需要照顾，母亲小脚行动不便，家里的难处可想而知。父亲临走时，尽管舍不得，母亲还是低声对他说：“你这是为穷人去打仗，我不拦你，你放心走吧，家里有我。枪子儿不长眼，你自己可要多长眼啊。”父亲默默地点了点头，毅然地转身走了。后来父亲在一次战斗中光荣负伤，成为三等一级残废军人。

高桂花老人。2018年2月过生日期间摄于大女儿家中，时年103岁。张玉芬摄

回到村里，父亲担任村委会委员兼大队副业主任。家里其乐融融，日子过得也很幸福。但天有不测风云，在我11岁时，49岁的父亲突然病逝。

张玉巧，女，安里村人，1955年生，原河南开封某部队职工，现居河南开封市。

两年后，大姐二姐相继出嫁，三姐在城里念书；哥嫂有了两个孩子，忙得手忙脚乱；剩下母亲和我相依为命。我是母亲最小的女儿，她非常疼爱我。

为了让我按时上学，母亲总是早早起来为我做饭，冬天天不亮就做好了。一天吃过早饭我刚要去上学，母亲把我叫住，拿出一个布包，打开层层包裹，里面是一条烤好了的小干黄鱼，母亲把鱼递给我："拿着这个，晌午能多吃点饭。"我知道这是母亲舍不得吃特意给我留的，心里非常难受，眼里不知不觉含满了泪水。

母亲注重邻里关系，看到别人有难处，就觉得那是自己的事，能帮就帮。西过道的老奶奶，也是小脚。那些年我从河南回老家看母亲，会带小脚老人专用的尖尖鞋和一些老人穿的衣服，姐姐们及侄女外甥女们给母亲买的衣服也很多。母亲会把尖尖鞋分给老奶奶和裹了小脚的邻居，把衣服分给南边四奶奶等邻居，她们都非常高兴。邻居们不论年纪大小，一有时间就愿意和母亲一起说话，邻里关系非常融洽。

在对子女的培养教育及婚姻方面，母亲常说手心手背都是肉，哪个都不能不管。在母亲的关爱下，哥哥成长为安里学校的校长。四个女儿也都如花似玉、知书达理。大姐二姐到了谈婚论嫁的年龄，母亲的要求是：一定要找个好人家，不但家庭要好，人品更要好，要能正经过日子。由于父亲、三爹都当过兵，所以母亲对当兵的很有好感，她曾说："凡是当了兵的，家庭一定好，肯定不是地主恶霸；身体也好，有病的也验不上；部队教得也好，都有礼貌，连走道（走路）和没当过兵的都不一样。你们最好都能找个当兵的。"

后来母亲的愿望终于实现了。大姐嫁给了空军干部，二姐嫁给了陆军干部，三姐嫁给了海军干部。三个姐姐分别嫁给了"陆海空"三个军种的干部，在老家传为佳话。母亲非常自豪，幸福的笑容经常挂在脸上。转眼我的年龄也不小了，我是母亲最后的一个心事，她希望我也能找到一个好婆家。我听母亲的话，也嫁给了空军军官，1982年年底随军，1983年有了儿子，生活也很幸福。现在想想，母亲说得真对，当兵的还是很靠谱的。

我们兄妹五个成家以后，母亲也慢慢步入了老年，由我们五家轮流赡养。由于母亲性格和善，待人亲切，我们都争着往家里抢。尤其三位姐夫，把她当成自己的母亲一样对待，嘘寒问暖，无微不至。每天上班前都会给母亲准备好水、水果、点心等，二姐夫还经常给母亲梳头。他们一有时间就和母亲拉家常、开玩笑，经常逗得母亲哈哈大笑。每年母亲生日这天，全家三四十口人聚在一起为母亲祝寿，五世同堂，让她高兴得合不拢嘴。

母亲素来节俭，对我们也这样要求。她在大姐家住时，看到大姐的孙女吃完饭后，碗里还有没吃完的米粒，就耐心地对她说："晗晗，你看你碗里还有米粒没扒净，可不能这样，以后一定要吃干净，不能浪费。你知道米是怎么来的吗？是那些在村里的人种出来的，种上以后经过好几个月才能长好，长好后还要打出来晒干了，再运到城里来，可不容易，很辛苦的，明白吗？”筱晗听了，点了点头，从此筱晗的碗里再没有剩过一粒米，而且还成了家里的监督员。

母亲103岁那年，开始行动不便，每次换地方，都要由孙子和外甥背着上下楼。我们觉得再来回搬动，母亲会受不了，经她同意后，返回了安里村老家，我们轮流回老家照顾。如今大哥大姐也都是近80岁的老人了，照顾母亲很累，但这是儿女应尽的责任和义务，再苦再累他们也心甘情愿。兄妹五个，就我在外地，那年我和丈夫一起回家照顾母亲三个多月，整天和母亲待在一起，有说不完的话。孙子、孙女，外甥、外甥女也经常来看母亲，带来她喜欢的点心水果，陪她说说笑笑，非常开心。

母亲到了104岁，村里的亲朋好友还经常来看她。临近春节，莱阳市老年大学的老师、学员们专门来看望母亲并送了“福”字、“寿”字和春联，母亲连声道谢。有一天，我正好在老家伺候母亲，回老家探亲的盖龙云将军、姜疃镇党委书记、安里村党支部书记等领导同志也来探望我母亲。母亲非常感动，不知说什么好了，只是连声说着“谢谢”“谢谢”。领导们和母亲合影留念，并祝福母亲健康、快乐、长寿！

2019年底，母亲无疾而终，享年105岁。她的音容笑貌、优秀品质、养育之恩，永远铭记在我们心里。

百年人生，仁者高寿

江春昉

1917年农历二月初八，我的母亲王瑞花出生在胶东莱阳西玉泉庄村一个普通的农家。作为家里第一个孩子，她的出生给姥姥姥爷增添了无尽的欢乐。此后几年母亲又有了两个弟弟和两个妹妹。遗憾的是她的二弟，一个英俊潇洒的军校学生突发疾病去世，年仅19岁；其他弟妹均80岁以后离世，这是后话。一个多世纪的岁月沧桑，母亲见证了社会百年的风云起伏。

母亲年轻时心灵手巧，聪慧过人，过目不忘。她没上过一天学，却能认识很多字，能背诵《三字经》《百家姓》《朱子家训》，会说四书五经中的经典名句，《三国演义》等历史故事烂熟于心。那时候，我的舅舅放学回家就背课文（那时叫做唱书），母亲绣着花或做着家务听舅舅背书，居然就记住了那些文章。母亲经常教育我们：人不学，不知意；玉不琢，不成器；幼不学，老何为？还教育我们要有志气，她说：男儿无志，寸铁无钢；女儿无志，赛如麻秧。人不说不明，木不钻不透。人怕劝，车怕颠……言语非常丰富，都不知从哪里学来的，还用得挺恰当。

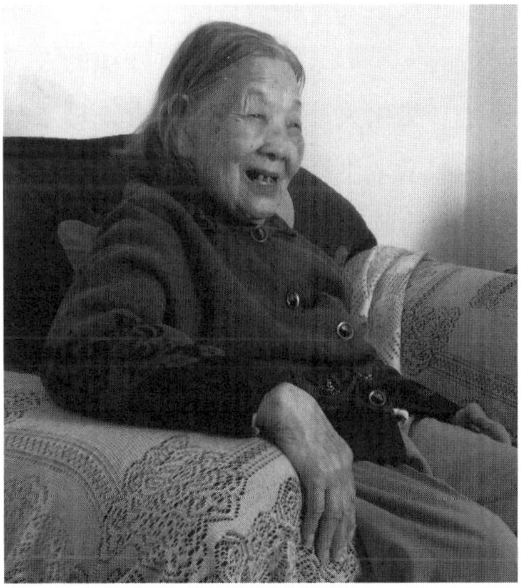
2014年，王瑞花老人重返自己的娘家——西玉泉庄，时年97岁。江桂斌摄

母亲也经常说："一辈没好妻，十辈没好子。"这从一个侧面说明一个好妻子、好母亲在一个家庭乃至家族与社会发展中的重要性。母亲20虚岁时嫁给18岁的父亲。父亲是家里独子，勤劳终生，忠厚老实。那个时候正值动荡年代，老江家已经家道中落，大家族已解体。爷爷嗜酒如命，把家里一切能用的东西都换了酒喝。年轻的母亲嫁过来时家徒四壁，一贫如洗。那个时代，婚姻还是父母之命、媒妁之言。如此家境，"辗转不能寐，长夜何

江春昉，女，安里村人，1953年生，退休教师，现居莱西市。

绵绵”。经历过无数痛苦之后，母亲和父亲一起顶起了那个风雨飘摇的家。两个人一起打拼，起五更，睡半夜，拼命劳作，精打细算，到解放时两人创下了一份足以养家糊口的家业。

母亲是个识大体明大义的人。在长达14年的抗战中，胶东妇女积极行动，用各种形式参加和支援抗战。作为一个普通的家庭妇女，她亲手做了无数双军鞋，比周围的人做得都多。一来她的针线活好，做得快，质量好；二来我堂姐是妇救会干部，她把安排不下的活都交给母亲做了。母亲给八路军缝子弹袋、手榴弹袋等，还捐出粮食和咸菜干。我曾经问她：“做那么多鞋，给钱吗？”母亲平静地说：“不给啊，打鬼子保国家人人有份，能上前线打仗的就上前线，不能上前线的就做支援的事儿。”母亲懂得国家兴亡、匹夫有责的道理。

母亲还会唱许多抗战歌曲：大盖枪，吧哽吧哽响，小鬼子才想来扫荡，八路军迎头就打枪……解放战争期间，我的父母和胶东千千万万人民群众一样，拥军支前；他们抬担架，送弹药，我父亲推着小车去支前。因为认得不少字，邻里关系好，解放后政府让她当妇女干部，母亲认为女人不好太过出头露面，就婉言谢绝了。多年后再提起当年的事，她还是有些感慨，觉得那时候自己太保守了，有些遗憾。

母亲是个仁德至善的人。胶东这方水土赋予她乐善好施的品格和对待亲戚朋友超乎寻常的热情。母亲健谈，每每家里有亲戚来访，从白天到晚上有着说不完的话。在长达几十年的贫困生活中，母亲把自己省下来的食物接济别人，哪怕是上门要饭的人。母亲特别敬重有知识的人，无论是“四清”运动下放的干部、大学生，还是“文化大革命”中的知青，母亲都拿出家里最好的饭菜招待他们，温暖周到，待客如亲。生产队派到我家吃饭的干部、老师等，都在此后若干年与我家保持着联系，有的成为一生的好友。

母亲最难过的，是在生产队时期，父亲因病卧床十余年，家里受到的歧视。1971年初，刚五十出头的父亲病故了，大姐结婚了，我和二姐、弟弟都在读书，家里没有一个在生产队里干活的。去队里领粮食时，常常遭人白眼，那种被歧视的滋味刻骨铭心——分的粮食缺斤短两，丈量土肥时被少算土方、降低等级，诸如此类。母亲心如刀绞，但她舍不得让我和二姐中的任何一个弃学。她知道，孩子一旦错过读书的机会以后没法补救。她牙一咬心一横，又让我们背起了书包。回忆起这一段，我们既感谢母亲的坚强，眼光长远，也要感谢当时上学读书的优惠政策。几十年过去了，那些年那些事还是经常浮现在脑海里。多年来每当想起父母所受的苦，我都觉得心很痛！母亲说，好儿女志在四方，不要拘泥于过去。

20世纪60年代，母亲用自己的双手养活了家中的儿女。母亲的能力在那个年代十里八乡几乎无人能比。她做得一手非常棒的针线活，我们的衣服鞋帽等穿戴都是母亲亲手做的，她还经常给人家赶做嫁衣。现在的人无法想象，那么多衣服都是母亲用小小的钢针缝制出来的。母亲93岁时还给她所有的孙辈做了布老虎，并给她孙辈的孩子用锦缎做了婴儿帽。母亲刺绣技术很高，绣出的小金鱼活灵活现；她在我二姐上学的书包上绣了“努力学习，天天向上”八个字，羡煞同学。母亲还有绘画技能，虽未拜过师，但她能在绣花鞋、鞋垫、帽子、枕头、天棚上描绘鸟、虫、鱼、兽等种种花样。母亲的剪纸技术也相当了得，街坊邻居找她裁衣服，剪鞋样、窗花、顶棚花等，她都有求必应。母亲在自家门洞里纺玉米绳时，总是边纺边听收音机，国家的大事小情她都略知一二，路过我家门洞的人经常驻足，听她说古道今。有人遇到烦心事，只要在她面前说起，她都会从不同的角度加以开导。母亲经常说，话是开心的钥匙，说服了别人，愉悦了自己。

母亲做的饭好吃极了。她做的手擀面人人称赞，特别是杂面汤，那是一绝！白面加豆面，擀好面后切成葱根粗细的面条，吃到嘴里满口清香，街坊四邻品尝后，汤都不剩。那种味道我至今也做不出来。母亲说，当年地主家的小老婆都经常到我们家蹭吃的，骂她家里的下人做的饭不好吃。母亲给人家做了半辈子的花大饽饽，这种饽饽是办喜事专用的；她做的千层饼像纸一样薄；母亲还炒得一手好菜，曾经给办喜事的人家掌厨。

母亲勤俭持家，精于理家，饥荒之年，她把有限的食物用得恰到好处。现在的人流行吃南瓜秧，觉得新奇。我家住胡同，院子里没有多余的地，只有一个小土坑，母亲用这个坑，每年都栽一棵拉瓜，嫩的时候吃拉瓜花，瓜熟了就吃瓜。

母亲是一个不甘贫穷、积极向上的人。她一生最大的追求就是让孩子们念书。她羡慕大学生，最喜欢读书的人！那时候父亲积劳成疾，病魔缠身。这个家全靠母亲一个小脚妇女顶天立地，为了能让孩子们读书，她倾其所有，竭尽全力。为此经常挨姥爷姥姥的责骂，说她穷不够，念书能当饭吃？母亲说她一辈子不羡慕人家有万贯家产，只羡慕人家有知识，有好孩子！母亲为了她的理想和信念不懈奋斗，日出而作，日落做家务，缝补浆洗，推磨做饭，连轴转。上天不负有心人，她成功了。

英国诗人乔治·赫伯特说过，一位好母亲抵得上一百个教师。母亲用她矢志不渝的信念和勤劳智慧成功地培养教育了我们姐弟四人。前几年过生日时，母亲说：“这辈子完成了心愿，知足了。”现在105岁高龄的母亲，真正地颐养天年了。母亲年轻时是个戏迷，会唱《妇女解放歌》、京剧《打金枝》《逼上梁山》《四郎探母》《铡美案》《穆桂英挂帅》剧中片段。80年代以后，喜欢听评书，听起来废寝忘食。现在她还天天看电视，经常自言自语地讲评书，背诵《三字经》、治家格言，唱几句戏，乐乐呵呵地安度晚年了。

母亲的一举一动、一言一行和对生活的乐观态度、百折不挠及与人为善的品质、聪明智慧和超乎寻常的记忆力给我们的影响是深远的。她把自己的孩子培育成国家的栋梁，为国家做出了贡献！ 而母亲的长寿，实属奇迹。直到现在，母亲的血液指标与生化指标都优于常人。这其中有家族的优秀遗传基因，也有母亲长期辛劳所打下的身体本钱；到了晚年，子女们的精心呵护更是母亲莫大的福气。古人云，仁者寿。这是因为仁爱之人的心和山一样平静，以善良谋事，以爱心待人，站得有高度，看得更长远，宽容仁厚，不喜不悲。

母亲的晚年是幸福的，春华秋实，风和日丽。母亲最高贵的品质就是在困境中坚守着自己的理念，母亲常说：有人有世界，无人无世界。她把全部希望寄托在孩子身上，无论千难万难，也要让子女念书！只有让子女受教育，才可能真正阻断贫困的代际传递。母亲50多年前的坚定选择，可以为当今中国千千万万的普通家庭提供重要的参照。

我的母亲——百岁老人宫翠英

盖文周

宫翠英老人。2021年摄于其四子家中，时年101岁。盖福洲摄

母亲宫翠英，生于1920年农历四月初六，娘家是董格庄村。姥爷姥姥膝下只有三个女儿，母亲是他们最小的女儿。

母亲18岁嫁到安里村，父亲是家中的独子。那时爷爷已去世三年了，家中只有常年多病的奶奶和三个姑姑及父亲，当时大姑虽已出嫁，但却常年住娘家，多病的奶奶带着四个孩子艰难度日。面对这个贫穷的家庭，母亲毫不犹豫地挑起了重担。

母亲与父亲结婚三年后，奶奶也去世了，二姑三姑在母亲的操持下相继出嫁。二十出头的一对小夫妻起早贪黑、披星戴月地努力奋斗，终于使家庭走上了正轨。

父亲与母亲同岁，他们共同生活了60多年。在母亲的照顾下，父亲生活得有滋有味。母亲一辈子心甘情愿地悉心侍候父亲，父亲则像一个永远长不大的男孩，家中的事情什么也不用管，专心享受着母亲的照顾。父亲是一个老实巴交、正直本分的庄户把式，他话语不多，一辈子只知干农活，他干起活来认真细致，非常投入，无论什么样的农活他都拿得起放得下。

母亲从不抱怨父亲，她常说："一个家庭中只有一个中心，这个中心就是你们的父亲。他是家中的顶梁柱，每个人都要围着这个中心，好好善待他，不能亏待他。"从记事起，生活无论怎么困难，母亲总会想尽办法单独为父亲做最可口的饭菜，给父亲做的饭菜别人是绝对不能动的。在生活特别困难的六七十年代，母亲给父亲蒸一碗鸡蛋虾酱，闻着那么香，馋得我们真想去挑一点吃，但没有父母同意，任何人都不会动一筷子的。我们都懂得，只有让父亲吃饱吃好才有力气干活，才能多挣工分，家里才能多分粮，全家人才能吃饱饭，我们才能有钱上学读书。

母亲心地善良，为人正直，意志坚强，勤俭持家。她用勤劳的双手、超人的毅

盖文周，安里村人，1951年生，莱阳市退休干部，现居莱阳市。

力和母爱，哺育了七个孩子。在那艰难困苦的日子里，她迈着一双小脚，养猪养鸡，卖过“火烧”，做过豆腐，像一只背负重担的蜗牛一样，默默付出自己的心血。她这种自我牺牲的精神，一直激励着我们积极进取。

母亲没上过学，却用中国妇女特有的朴素情感和母爱，用最基本的道德情操培养着儿女们。她家风严谨，从儿女小时候就教育他们在家要孝敬父母，关爱兄弟姐妹；在外要尊师爱友，团结同志；在社会上要遵纪守法，讲信用，要先做人再做事，要有感恩之心。她深知没文化的痛苦，很重视文化学习，宁愿砸锅卖铁也要供孩子上学。在那个困难的年代，她起早贪黑，养猪养鸡，鸡下的蛋、自留地产的花生芋头她都舍不得吃，拿到集上卖点钱，给儿女交学费、添置衣服。

母亲爱干净，家里虽穷，却把家收拾得特别干净，东西放置整齐有序，全家人的穿戴总是尽可能地整洁清爽。她把体面和尊严的种子悄然无声地播在了儿女们的心中，哥哥姐姐穿过的衣服，洗得干干净净，经母亲巧手改做，弟弟妹妹接着穿。母亲很要强，只要别家孩子有的，她总会想方设法地给儿女们置办上，却很少为自己添置新衣服。

母亲性格很温顺，但治家很严谨，她虽从来不体罚，但很有威严。母亲最不能容忍的是说谎和违犯村规校纪的行为。有一年，刚入学不久的四弟与小伙伴偷了大队的几个苹果，让母亲知道了，第一次罚了他的站，并对他进行了严厉的批评教育：偷盗是最可恶的坏习惯，小时偷针，大了就会偷牛；好习惯要从小养成，做人要厚道懂规矩；不是自己的东西决不能动，要通过自己的劳动去获得。在母亲的言传身教下，我们品行端正，为人正派，有着良好的社会评价，并先后走上了不同的工作岗位，成为各行各业的建设者。

母亲与街坊邻居相处融洽，她从不与别人争吵，也很乐于帮助别人，70多岁时还经常帮别人家操办红白喜事。她在街坊邻居中有很高的威信，邻居们有事都愿找她商量。母亲热爱集体，拥护共产党，积极参加互助组合作社和人民公社，是一个很有政治觉悟的好社员。

母亲在，家就在。现已超过百岁的老母亲，身体健康，思路清晰，满面红光，生活完全自理，至今仍能把自己的房间收拾得整整齐齐、干干净净。2007年父亲去世后，母亲一直在儿子家轮流居住。不管母亲在哪家住，逢年过节，家人都会从四面八方聚集在母亲身边，摆上几桌，为母亲送上祝福。母亲99岁生日时，全家特意为她举办了家庭庆典，参加庆典的有60多人。

母亲是一位平凡而伟大的女性，她像千千万万个中国母亲一样，勤劳敬业，敢于担当，忍辱负重，也不乏聪明和智慧，是晚辈的自豪和骄傲。

我的“外婆结”

——韩芸芸

浮云游子意，落日故人情。随着年龄的增长，在外漂泊多年的我似乎格外喜欢回忆童年与爸妈和外婆在一起的美好时光。相信每个人都有一个外婆情结，我也不例外。

我的外婆宫翠英是个地地道道的农村妇女，虽然没念过一天书，但她温柔善良，知书达理。她老人家一生最大的财富就是用勤劳善良的朴素品德、宽厚待人的处事情操、严爱有加的朴实家风、乐观向上的生活态度，教育出七个优秀的儿女。这一切伴随她经历了坎坷的岁月，更伴随她迎来了晚年的幸福生活。外婆思想开明，豁达大度，和睦邻里，勤劳善良，她用坚韧的品格、柔弱的肩膀陪外公在最艰难的岁月里赡养长辈、哺育儿女。小时候，我和外婆呆的时间最长，所以外婆的品格和处事态度也潜移默化地影响着我。

外婆很勤快，每天很早就起床，打扫卫生，洗衣做饭，把家收拾得干干净净、利利索索。从小她就教育我“小姑娘要勤快，要孝顺父母，早点学会做简单的家务事，你爸妈那么累要学着帮他们分担家务”，所以三年级的时候我就会做好几种简单的家常饭。每当得到爸妈的表扬时，我都会美滋滋地在心里感谢外婆，原来“老人言”真的有道理。

有一年，我跟三舅家的表妹过家家，三舅妈上山干活了，我提议“给三舅妈做顿晚饭吧”，我俩一拍即合，就做疙瘩汤吧。最后的画面可想而知，我们把三舅妈小半缸白面和白糖都给“霍霍”（方言，糟蹋）了，院子、厨房一片狼藉。看着哭笑不得的三舅妈，怕挨揍，我跟表妹赶紧跑到了外婆家躲避“暴风雨”。外婆问清原委，非但没有安慰我们，竟然也对我们一顿狠批，因为我们做了最不该做的事情——浪费了粮食，要知道她老人家过惯了勤俭节约的日子，哪里见得了我们这么“霍霍”粮食。从那以后我再也不敢带领弟弟妹妹们干这种事情了。

小学时，上学的路上会经过外婆家，每天放学后我跟哥哥都要先去外婆家报个到，这时外婆就会拿出早就准备好的美食，喂饱我跟哥哥两只小馋猫。到了寒暑

韩芸芸，女，1982年生，安里村人，上海市城利房地产开发公司市场部运营经理，现居上海。

假，我便是外婆家的常驻客。我家与外婆家离得很近，是名副其实的“一碗汤距离”。我从小爱吃鱼，我的记忆里外婆也爱做各种鱼，每到吃饭前我都会站在门口，看看西边老庙那里是否有外公或者外婆向我发信号。因为只要做了好吃的，他们就会站在老庙跟前冲我招手，我便会飞奔过去吃好吃的。这时外婆会让我先送点回家给爸妈，告诉我好东西要大家一起分享。晚上吃完饭，我们会在院子的石板上铺上凉席，与外婆一起纳凉，这时外婆便会一边帮我摇扇驱蚊，一边给我讲牛郎织女的故事，讲她小时候缠足裹脚的趣事。

小时候我身体不是很好，到了夏天就容易因低血糖晕倒。有一年暑假，外婆早早就起床去后屋小年舅母家干活去了。我睡到日上三竿才起床，为她和外公下了一碗面，本打算出去叫他们回家吃饭，这时天旋地转，我脑袋一晕直接栽倒在了地上……等我醒来的时候已经躺在了炕上。到现在我也不知道，裹着小脚的外婆是费了多大劲才把已经一米六几的我弄到炕上的，只是听说外婆的胳膊疼了好几天。所以每当到了夏天外婆便会格外关照我，每天烧好绿豆汤，而我的那份里总会比别人多一块冰糖，喝到嘴里也甜到了心里。

渐渐地我长大了，我们一个个选择飞出农村到大城市里打拼，随着结婚生子、成家立业，每年回家的次数越来越少，陪伴家人的时间也越来越短。2021年暑假，我们一家三口照例回家探亲，外婆格外开心，102岁的外婆拉着我的手嘘寒问暖，给我讲我儿时的趣事、她年轻时的故事，教我为人妻为人媳的人生道理，教导我一定要尊重丈夫、孝敬公婆……好像总有唠叨不完的话，叮嘱不完的事，我知道她老人家其实是不放心远嫁的外孙女，舍不得我在外受委屈。好久好久没能这样和外婆说话了，这种感觉真好。虽然我一天天长大，但童年的趣事像一颗颗明珠，快乐永远洋溢在我的心田。每次我上车前外婆都会塞给我一包她精心准备的小零食，叮嘱我照顾好身体，可不敢再晕倒了……每一次离别我都不忍心看外婆那失落的眼神，妈说每次我走后外婆都会站在路口张望很久，埋怨她把女儿嫁得太远……

何为乡愁，乡愁是饭时桌边遍插茱萸少一人的思念；乡愁是儿时在外婆家暖暖的土炕上“烙”着，香甜地睡着，外婆还怕你冷给你盖上暖暖的小棉被儿；乡愁对于少小离家的我来说就像几经钢筋水泥的城市，再迂回村庄的串串足印。每次远行，都写满了对故乡的回忆。

悠悠天宇旷，切切故乡情！我的心里充满了思念，因为我有一个美丽的故乡，那里有我温柔善良的外婆；我有一个美好的童年，承载着我儿时的快乐时光；我很快乐，因为我有清澈如秋水般的思念。

可敬的老人李秀奎

——张维学

李秀奎是张维正的妻子，张玉翠、张玉京的母亲。瘦瘦小小的身材，柔中带刚的眼神，三寸金莲，看着弱不禁风，但却扛起了一个大家族的兴旺之责。

她20岁嫁入张家时，丈夫的奶奶已经瘫痪，家中还有爱喝酒的公公和精神有些问题的婆婆。面对困境，她二话不说，扑下身子，细心照料侍候长辈。给奶奶换洗擦拭，省吃俭用攒下一点地瓜干给公公换酒喝，陪婆婆聊天，日夜忙活。她的淳朴、善良、贤惠、孝敬公婆长辈的品格，得到了街坊邻居的赞赏，也深深地影响和教育着自己的六个孩子，甚至传承到了孙辈身上。俗话说，娶妻贤能，兴旺三辈。这句话在张维正娶妻之后得到了很好的体现。李秀奎老人的一生波澜不惊，如潺潺溪流，缓缓流淌，温和而充满力量。

她文化水平不高，但爱学习，记忆力好。她常给孩子们说戏，利用各种机会学习。饭后她常常站在家里的喇叭广播下听单田芳的评书，孩子的嬉戏打闹，大人间的谈天闲聊，丝毫影响不了她。村里邀请戏剧团演出，她再忙也要抽空去听上一段，听的时间不长但都记住了，回来后再绘声绘色地讲给孩子们听。母子间的交流不仅仅是戏，更是情，也成为孩子们儿时最有趣的记忆。

李秀奎一生辛劳，带大了六个子女，随着孩子们一个个成家立业，工作和照顾子女遇到困难时，她又帮带儿孙，操持家务。等儿孙大了，能够独立后，孩子们都想接她进城照料，但她却总是小住几日，便急着回安里村。在城里虽仅住几日，她也总是闲不住，帮孩子们料理家务，洗衣做饭。这份隐忍与奉献，感动和影响着她的子女。

李秀奎动手能力很强，剪刀在纸上游走，随手就剪出生动的鸟啊兔啊；双手在面上揉搓，捏出长虫（蛇）、燕子形状的大饽饽，又好看，又好吃。她一直做到90多岁，每当孩子们过年回家，她就坐在炕上擀面条、做馒头，恨不得把全身的本事都使出来，让孩子们记住母亲做的面食的味道。

李秀奎性情温和，从不大声训斥孩子。家里妯娌三人，也从未红过脸，关系相处得非常融洽。因她的好性情，亲戚好友都愿意去她家玩。每逢节假日，四里八乡的亲人都会赶过来，坐在炕头上唠唠家常。而她早在来客前几天，就忙碌开来——

擀面条，刮芋头，切肉，蒸馒头，没有一刻松闲。当时人们的生活水平一般，她准备的饭菜都是高标准的。有时孩子看到客人吃白面、自己却吃地瓜面会有些不开心，她就温和地告诫他们：不要护食，要把最好的东西留给客人。这份教诲，如今已然成为张家的待客之道。

传奇大妈张秀花

盖常云　盖所云

1997年张秀花老人在家中留影，时年87岁。盖春莲摄

大妈张秀花生于1911年，9岁时被送到安里村一户贫穷人家做童养媳。在旧时代，女孩子从小就要裹脚，但她倔强地拒绝了，赤着一双大脚风里来雨里去，样样农活都干得又快又好。等到合适的年龄，她和这户人家的孩子结了婚，生育了两女一男，逐渐担起了一家人的生活重担。

20世纪60年代初期，大爹积劳成疾，加上挨饿，英年早逝。大妈拉扯三个孩子，顽强地扛起了这个家。那时候，男劳力一天最多挣10个工分，女劳力一天最多只能挣7个工分。性格开朗的她从不计较，为了多挣工分，同男人一样上山开荒、锄地、挑水，样样农活都能干，而且干在前头。每次评工分时，她都拿女劳力中的最高分。

大妈为人和善，任劳任怨，婆媳关系融洽，即使在最困难的时候，也没和婆婆红过脸。1964年，妯娌因病去世，扔下了四个孩子，她义无反顾，把给这些孩子缝补衣服的活儿揽了下来，春夏秋冬，从未间断。我们至今记得，多少个寒冷的晚上，大妈在昏暗的煤油灯下，埋头缝补着破棉袄。

70年代，农村医疗条件差，村里常有伤筋动骨的情况，小孩得湿疹、麻疹的也很多，严重影响了村民的健康。大妈就腾出时间钻研医学。她一个大字都不识，全凭悟性高、记性好，听说哪个偏方治好了病，就赶紧记下来，然后去尝试。比如，用适量的花椒、艾叶、桔子皮煎汤浸洗患处，再用这些药材残渣搓擦患处，可以治湿疹。为了采到好药材，她一年到头都在山里头忙活，即使夏天炎热，蜂蜇蛇咬，

盖常云，安里村人，1953年生，现居安里村。
盖所云，安里村人，1955年生，现居安里村。

也不间断。80年代，她终于成了小有名气的乡间医生，最擅长儿科。有个婴儿出生不久发高烧、咳嗽，送到姜疃医院住院治疗，效果不佳，又抱回家找她看。她去地堰上刨了几棵甜草根，捣烂后和上姜汁，在孩子的后背脖颈处搓拿了半小时；再把炕烧热，搂着孩子发汗。第二天孩子的病情明显好转，搓了三次后完全康复。

随着她的名气越来越大，找大妈治病的人越来越多（大部分是小孩）。不管酷暑寒冬，只要有人求她，她都笑脸相迎，不厌其烦，不图回报。她常说："救人一命胜造七级浮屠。"有的病人家属过年过节时给她送点礼物，她都婉言谢绝。

1999年12月20日，张秀花大妈与世长辞，享年89岁。

好老师赵树贞

盖菊芬

赵树贞老师，1965年到1992年在安里学校执教，从一名普通老师干到小学负责人、高级教师。她为人温和谦逊，总是面带笑容。大家都亲切地称呼她“赵老师”，不仅因为她是一个女老师，更因为她为人师表，教风严谨，学识渊博。

赵老师20世纪50年代毕业于掖县（今莱州）师范学校，一开始分配到掖县的一所小学任教。1964年，从掖县调往安里小学，历时一年多才调成，其间经历许多曲折艰难。35岁那年，她得了风湿性关节炎，常年腿疼，后来逐渐加重，引发风湿性心脏病。在人们的记忆中，赵老师一直病怏怏的，但她带病坚持上课，还曾在课堂上犯病，有过几次病危的情形。即使这样，她仍执教不辍，直到退休。

赵老师桃李满天下。许多学生成年后谈起她，感慨万千：赵老师，小时候您教导我们的话，当时没觉出啥，越大越觉得受益匪浅！

她对学生要求很严格，学生们都敬她怕她。遇到哪个学生不好好学习，她总是叫到办公室苦口婆心地说服教育，希望学生能够听进去，希望学生能够凭学习跳出农门。看到学生的成绩有提高，她比谁都高兴，眼神里闪烁着满意的光芒。她曾经感慨：农村家长普遍文化水平不高，有的不太重视孩子教育，上不上学无所谓，学得好不好无所谓，一些好苗子白瞎了，实在可惜。所以，每当有孩子辍学，她就上门家访，一次不行两次……在赵老师的努力下，一些想辍学的孩子不辍学了，有的后来考上了大学，事业发展得很好。每年春节，她的学生从天南海北赶回老家过年，都会来给赵老师拜年，这也是她最高兴和自豪的。

赵老师夫妇都有正式工作，每月领工资，在当时的农村是“富户”。那时农村人外出打工的少，大多数人都在家务农，或赶集做点小买卖。钱都投在农田或小买卖上，等秋天收庄稼了手头才宽裕点，平时谁家有大事都是互相借一下。赵老师夫妇每月都有工资，街坊邻居有事总爱找她借一点，有的三元两元，有的十元八元。赵老师总是有求必应，从来不嫌麻烦。有的人家很快就还了，有的要拖好长时间，甚至几年，还有的人家突遭变故还不起，她也从不上门催要。

盖菊芬，女，安里村人，1962年生，莱阳市某村干部，现居莱阳市。

赵老师对三个孩子要求更严格，特别重视品德教育。她不准孩子贪小便宜，不经允许决不拿别人一针一线。有一次她的孩子去拔了邻居几棵花生、摘了几个葱叶吃，几天后赵老师知道了，立刻去邻居家赔礼道歉。

赵老师教育孩子们要孝敬长辈，不只是嘴上说一说，更要体现在行动上。她对公婆很孝敬，平时改善生活，第一碗总是端给老人；公公在青岛住院，她一到休息日就去青岛伺候，老人病危时，更是日夜陪护在床前。公公临终时感激地拉着她的手，久久说不出话来。同病房的人都以为她是老人的女儿。

因为家教严格，赵老师的孩子也得到了村里人的信任。有一天下大雨，家里的鹅没草吃了，她吩咐两个孩子一起作伴去南山拔鹅草。他俩拔着拔着，不知不觉来到了果园边上。看护果园的人，下雨天都比较警惕。两个孩子刚靠近，就被发现了，看园人刚要撵他们离开，一问是赵老师的孩子，马上和蔼地说："噢，赵老师家的，没事，拔草吧。"

赵老师虽然身处农村，眼界却很开阔。她教育学生和孩子们眼光要放长远，要有开拓精神。大女儿在市建筑公司从事预决算，工作很出色。1997年，公司想培养她担任新设的租赁公司经理，但女儿并不想改行。赵老师知道后耐心劝说，鼓励女儿趁着年轻拼一把！女儿终于迈出了关键一步，20多年来，公司业务稳步发展。

2003年冬天的一个夜晚，赵老师因心梗去世，年仅63岁。她的教育理念，至今还在影响着安里村人：人，一定要读书！女孩子有没有知识，关系着一个家族的格局和命运！教育的目的不仅是学习知识，更要学会生活、学会做人！

能人张维金

江守涛

提起张维金，安里村年岁大一点的人都知道，是个“能人”。他个子不高，但心灵手巧，木工、裁缝、铁艺样样在行，还会拉二胡、打锣鼓家什，每年村里演剧都少不了他。

1935年张维金出生于烟台东郊上夼村。当时老辈人想从海路闯关东，走到烟台就在那里安家立业生下了他。后来因为战乱，全家人又回到了安里村老家。回来时他才11岁，在亲戚家当了几年学徒；20岁时，与同村的盖淑桂结了婚。婚后一直住在下疃老丈人家，全家九口人，生活比较拮据，经常捉襟见肘。

为了多挣点钱补贴家用，他开始学裁缝，家里买了台缝纫机，他裁好后做衣服卖。那时的农村，多数都是手工缝衣，他家的孩子都穿着制服上学，在当时是件很稀罕的事情。这个手艺一直到老他也没忘，有一年他到儿子家，看到孙子穿的塑料凉鞋断了袢。他找来一根颜色相同的塑料绳，一会儿就把凉鞋接上了，几乎看不出是缝的。儿媳妇本来要给孩子买双新的，一看缝得挺好，继续穿也没问题。

他干木工活也很在行。那时候，农村做饭烧草得用风箱。他家里穷买不起，就自己做了一个风箱，全是榫卯结构，里插外接，结构复杂，严丝合缝，和买的比一点也不差。他家里的小饭桌、小板凳都是他做的。

提起他的铁匠活，更令人称奇。那个年代物资匮乏，普通老百姓很难买到自行车。他儿子上高中离家六七里路，为了让儿子有辆车子骑，他买来钢管焊车架子，买来配件组装，竟然自己做成了一辆自行车！虽然看着有点粗糙，但作为代步工具，一点也不含糊，这辆自行车一直陪伴他儿子到高中毕业。为了赶集方便，他还曾经用嘉陵摩托车改装了一辆能拉货的三轮摩托车，一下子把赶集半径扩大了好几倍，最远的一次骑到了莱西！

他的艺术才华也很出众。每逢春节，村里排戏演剧，都由他司鼓。一场戏从头到尾，锣鼓家什这一套，他一个人能全部打下来。1969年春节的一场戏，他带着儿子负责全套打击乐。儿子负责打锣，他除了司鼓，还要手脚并用负责其他三件乐器，父子俩配合演出取得了圆满成功。

他也很有经商头脑。刚一改革开放，他就开始做针织品小买卖，起早贪黑，来回奔波。1981、1982这两年，每年都能挣上万元，成了让人羡慕的万元户，他用这笔钱帮助孩子们在城里盖了房安了家。后来，他还干了几年铁器活，一直没闲着，多数时间都是凭手艺挣钱吃饭，和中国大多数农民一样，用双手讨生活，务实、勤奋。他的家族后代有的在石家庄当中医大夫，有的在德国从事汽车研发，迈向了更广阔的天地。

热心助人的兰维广

盖群堂

兰维广，1946年9月11日生。年轻时英俊帅气，在五兄妹中排行老大。1963年，高小毕业后在村里当了一名门市部售货员。他吃苦耐劳，热心为乡亲们服务，悄悄地做了许多温暖人心的好事，如照顾小东山的摇卦（方言，算卦）老汉，资助下疃的贫困户，帮助上疃的张姓烈属，等等。兰维广逐渐成为全村老幼妇孺皆知的“名人”“好人”。据家人说，逢年过节，要找他几乎得走遍全村的五保户家，一大家子十几口人都等他回来吃团圆饭，这个时候他可能正在某个五保户家的炕头上问寒问暖。

兰维广在村里门市部干了十年，他热心助人，无怨无悔，从不计较个人得失，没和别人红过脸、闹过不愉快。街坊邻居多年赊欠的款项又多又杂，他也从不上门催要，凡事总是多想着别人的难处。

后来兰维广调到姜疃公社供销社，孩子在公社上学期间，许多老师得知是兰维广的儿子时，都会特别给予关心爱护。这份关爱是兰维广用自己的实际行动赢得的。

1989年10月，兰维广义务修车时发生意外，被烧成重伤导致毁容。他决定自掏腰包，到上海做整容手术，几乎花光了家里所有的积蓄。1991年8月，为了不给单位增加负担，他办理了停薪留职，自愿

盖群堂，安里村人，1958年生，莱阳市退休教师，现居莱阳市。

下岗分流，借款购买了一辆二手的“东风141”，靠赚一点辛苦钱来养活一大家子。没想到五年后他遭遇车祸，车报废了，还欠下了巨额的债务。

后来他养过猪、晒过鱼、卖过各种农副产品、承包过果园，65岁的时候又承包土地。经过十几年的艰辛劳动，最终偿还了欠款。空闲时间，左邻右舍常请他帮忙，修理机械、耕地，他在家还照顾着年迈的父亲和三个外甥。兰维广多次被村委会评为优秀共产党员，是村里孝老爱亲的模范。

由于几十年的劳作，兰维广身体越来越差，但他总是十分乐观，遇人遇事总是充满热情。2016年12月8日，他被查出患了肺癌，家人竭尽全力为他治疗，但最终还是于2019年被病魔夺去了生命，享年74岁。

盖之正生死之谜

盖元修

在盖氏家谱名人录中，有这样一段记载："盖政修，字之正，南五第十九世人。其父盖振玉，娶吕氏为妻，生三子六女，长子盖合修，次子盖世修，三子盖政修。"

盖政修在安里村早就没有了直系后人，他的生平已难以考证，但作为村里的一个"名人"，过去一些老人常议论他，我断断续续听到过一些，现在整理出来，权作一段演义故事吧。

盖政修，字之正，以字行于世。家境富裕，有良田百亩，骡马成群，雇有长工多人，是我们村最大的地主。其姊妹九人，都受过良好的教育，其中盖政修及其六妹学历最高。其六妹在学校就加入了共产党，后参加八路军，曾任八路军掖县独立营教导员，据说抗战最艰苦的时期犯过错误，受到处分，新中国成立后被安排到青岛市国棉厂工作。

盖之正天资聪颖，因脑袋大，排行第三，村里人给他起了个不雅的外号——"三大头"，至今人们说起他的故事，仍叫他"三大头"，大名反而没几个人知道了。那时盖之正先在朝阳大学读书，后保送到保定军官学校深造，毕业后被派到山东省临朐县警察总队任少校总队长。

1925年孙中山先生逝世，但他倡导的"联俄联共、扶助农工"的政策未变。在国共两党共同努力下，国民政府发动了声势浩大的北伐战争，最终统一了大半个中国。临朐县警察总队也归顺国民政府，被编入国民政府革命军第四军，军长李济深。

1927年4月12日，国民政府在蒋介石的指挥下，发动反革命政变，疯狂屠杀共产党人，盖之正的部队也参与了。盖之正后来还参加了对中央苏区的围剿，反革命围剿采取"房屋过火，石头过刀，人人过筛"的"焦土政策"。盖之正想，难道我投笔从戎就是为了兄弟相残吗？他对自己当初的选择动摇了，下定决心不干了，就把自己的想法告诉了李济深。李济深支持他退出军界，通过关系安排他到山东省政府工作。那时村里人传言他是"省议员"，是个不小的官。因对内战不满，他干得比较消极，办事能拖就拖，能压就压，周围的人包括上峰对他多有不满。他自我解嘲："少做事，少有错；多做事，多有错；不做事，没有错。"他说的事，就是所谓的"剿匪"。1929年，李济深被蒋介石软禁。得到消息后，盖之正立马联络达官显贵、社会名流，上下用钱，奔走呼吁。最后蒋介石迫于各方压力，释放了李济深。

1937年“七七事变”后，日本人占了平津，一路南下，军阀韩复榘不放一枪，带着十多万部队跑了，把山东让给了日本人。盖之正等人逃跑不及落入日本人之手，日本人强迫他们参与伪政权，盖之正等人屡屡推诿，日本人恶狠狠地对他们讲：“如若不从，将派飞机轰炸你们家乡。”盖之正以为日本人只是说说而已，没想到鬼子真动手了。有一天日军飞机飞到姜疃上空扔下一颗炸弹，据说本来要炸安里盖之正家，结果炸弹投早了，在离盖之正家不远的姜疃村南边落下，炸了一个深坑。

盖之正等人最终没有扛住日本人的引诱威胁，做了日本人的鹰犬。那时他年年都回村里看望父母，全家人围坐一堂，叙旧拉家常。当听到家人讲，今年又买了多少地、盖了多少间大瓦房时，盖之正很不高兴：“你们这不是在买地，而是在买刀！是买杀自己的刀！”把家人搞得都挺不愉快的，他二哥盖世修背后嘀咕：“咱老三这是怎么了，脑袋进水了，咱们置地他还不高兴，真不知为什么！”1947年，胶东解放，开展了轰轰烈烈的打地主、斗恶霸、分房子、分田地运动。盖世修、盖世钦等受到批斗，这才明白过来，“老三那年说得对，买那么多地干什么？！”可是为时已晚，一声枪响，两人送了性命。

大约是1946年，盖之正最后一次回家，那时国共两党的斗争已经明朗化了，但农村人还不太清楚。村里的乡绅大户听说盖之正回来了，都争相探望。对每一位探望者，盖之正都讲了一样的话，“对现政府你们要多做了解，多研究，往后要多做好事、善事，多做对老百姓有利的工作”，“勿以恶小而为之，勿以善小而不为”。对那些口风紧、信得过的人，就悄悄对他们说：“国民党气数尽了，天下很快就是共产党的了，要为共产党做点事，以后会有好处的。”村里有些聪明人，像盖聚成、盖成仁等人听了，都早早加入了共产党，为共产党做了很多工作，新中国成立后，都成了国家干部。特别是村里的保长盖乐宾，和盖之正一样都是文化人，说话投机，俩人无话不谈。盖之正对他说：“用不了几年，共产党就会坐天下，现在，你明里为国民党服务，暗里要多为共产党做事。”盖乐宾从此暗地里为地下党八路军做了很多事。为给八路军筹粮筹款，他把自家的地都卖了，可算是倾其所有。新中国成立后，盖乐宾得到了人民政府的表扬，在历次运动中，从来没有人拿他当过保长来说事，也没受到冲击和批斗。1968年其长子盖元东参军，政治审查也是顺利通过。后来盖乐宾对人说：“之正神人也，说的事都灵验了。”

盖之正虽然在伪政府里做事，但他支持儿子盖世大参加共产党、解放军。以盖之正当时的地位，盖世大如果加入国民党军队，提拔会很快，可他反其道而行之，看似不合常理，其实显示了他的见识不凡。因为他对形势研究得很透，国民党失民心必失天下，共产党得民心必得天下，他从人心向背中看出了胜负已定，要为儿子谋一条光明的路。新中国成立后，盖世大被安排到青岛市市北区银行当行长。盖之正落魄后，曾住在儿子家，一心一意想安度晚年，远离争斗，远离政治。

1949年，盖之正在青岛落入法网。随着一声枪响，他被埋于荒野之中。

盖振群其人其事

兰维国　盖中正

盖振群（字治民）是一个“复杂人物”。1946年他被人民政府镇压，远近闻名。他的父亲盖鸿钧20世纪初在村里兴办私塾，专门请先生为族中子弟传道授业。盖振群与妹妹在其父熏陶教育下，先在自家私塾读书学艺，后到位于济南的山东武术传习所求学，以官费生身份毕业。毕业后，盖振群先在海阳县警察局工作，做到海阳县警察局局长。据说，他在任上整治当地治安，断过不少案件，官声颇佳，后来又被提拔到诸城县做官。

民国初期，政府倡导废庙宇、兴学校。盖鸿钧着手筹办安里学校，写信将盖振群叫回家中商议，提议将家族私塾改办为学校，让全村及周围子弟都来读书，盖振群很是赞同。盖振群将校址选定在安里村西面的尼姑庵旧址，并捐出自家房产、土地；他还利用省亲时间，日夜到工地督办建校事宜，办学的钱除了乡人凑一点儿，大部分由他个人捐赠。用了一年多的时间，安里学校建成，政府命名为莱阳第三区区立第五小学，聘请从山东省立第一师范学校毕业的葛子明担任校长（葛后任民国莱阳县长，1949年逃往台湾）。盖鸿钧去世后，盖振群根据村人的提议到青岛请书法名家王垿为其父书写墓志铭和功德碑。当时王垿已病重，闭门谢客，但听说是盖振群来求字，欣然命笔。功德碑正面上书“高山仰止”四个字，背面是盖鸿钧生平事迹，碑立于安里村后杏山大道旁。墓志铭现留存。

盖振群告老还乡后，被民国莱阳县政府聘为总教育长。当时在姜疃瑶头村设了“乡师部”，负责各村办学等事务。盖振群主要在瑶头办公，每天早出晚归。据见过盖振群的人说，这个人大高个儿，白净脸，留分头，穿青布长衫大褂，仪表堂堂。他对人也挺和气，来来去去经常和村里人打招呼，没什么架子。见到路边的乞丐或饥肠辘辘的孩童，他总会掏钱买几个烧饼给他们。他在诸城做官期间，纳一小妾杨莲卿，生有一子盖中原。起先盖振群的家人并不知情，因为他在老家已有妻室并生儿育女。后来被盖振群的母亲知道，就对儿子说：“咱家里缺人手，你既然已

兰维国，安里村人，1953年生，现居安里村。
盖中正，安里村人，1966年生，莱阳市姜疃鲁花小学教师，现居莱阳市。

经娶了她做二房，就领回安里吧，叫她帮家里干活。”1947年安里村解放，盖振群一方面拒绝在人民政府里任职，另一方面又将自己的两个儿子盖中南和盖中原送去参加解放军，还在大儿子的高中毕业证上题写了“忍一时风平浪静，退一步海阔天空”的赠语，鼓励其投身新政府的教育事业。盖中原在解放济南的战役中牺牲。盖中南是部队卫生员，复员后在村里经常为群众看病。

盖振群所娶的杨氏成为革命烈属，受到村人的尊敬。她所在的生产一队，社员们都喊她“老杨”。“文革”期间，村里常叫一些成分不好的人出义务工，参加扫街、清理会场等劳动。村里开群众大会时，家庭成分不好的人一般都不准坐，只能站在一旁，但是村里人从来不把杨氏划进这些人当中，而是给予她烈士家属的一切待遇，对她很尊重。那时老杨大约六十来岁，仍能看出当年是一个漂亮女子。村里组织宣传活动，她都积极参加，扭秧歌时，她腰里扎着彩绸，两只耳朵一边拴一个大红辣椒，和一群妇女一起，在大街上从村东扭到村西。

杨氏性格开朗，生产队出工劳动时，大家就喊她讲故事，妇女们特别爱逗她：“老杨，说说你男人怎么疼你吧。”她就大大方方地说：“俺男人待俺真好，俺婆婆大冬天清早就喊俺起来赶驴推磨，男人心疼俺，就起来帮俺。”她常说自己是“劳动人民”，是穷人。大家就问：“你说你是穷人，怎么进了地主家，还当了姨太太？”她笑笑解释：“俺本也是出身普通人家，因为盖振群曾经救过俺父亲一命。救命之恩无以回报，俺便遵父命，嫁给了盖振群，答应父亲伺候恩人一辈子。”

哪知道，自从来到安里村的婆家，没过一天好日子，用她自己的话说，“要说地主剥削穷人，我就是第一个被地主剥削的”。她说自从来到婆家，就被当成丫头一样使唤，洗衣做饭，照顾大房正妻的孩子，寒冬腊月看着驴推磨磨面，一推就是大半夜，天不亮婆婆又早早喊起来继续推。

杨氏为人善良和气，与左邻右舍关系融洽，人又干净利索，家里家外收拾得干干净净，衣服穿在身上端庄周正，还做得一手好女红，深得邻居们喜欢。她活到九十多岁去世。

轶闻传说

北洼“和尚庙”

韩仁贵

传说明朝时，安里疃后北洼北边有个庙叫红门寺，是个和尚庙，庙里的和尚很霸道，周围村的男女老少常被他们抓去庙里，有的去干农活，有的去打杂，还有的被当猴子一样耍弄。后来，老百姓忍无可忍告到官府，皇上派人下来查访。

来的大人（官员）听说这些和尚不好惹，将兵马驻扎在大泊子疃后，自己一个人到安里私访，结果被和尚抓进庙里，扣在一口大钟里。大钟破了一个洞儿，大人透过这个洞儿见到院里有个十来岁的男孩在走动。大人将男孩偷偷叫过来，让他别害怕，问他是怎么来到庙里的。男孩说自己送姐姐回婆家，结果连人带牲口都被这帮和尚捉来了。大人说，“我能救你们”，说着就让小孩把手伸进去，在小孩的手掌上盖个印；交代小孩，攥着手，趁没人的时候往村南走，如果碰上当兵骑马的，把手摊开就说“接大人”，他们就跟着你来了。男孩按大人教的，走到上夼的时候碰上几个当兵骑马的，他立即上前把手摊开说：“赶快接大人。”就这样，男孩带路，把大人救了出来，把和尚抓起来看着。大人进京禀告皇上，皇上说，他们已是出家之人，罢了，罢了。大人回来后，立马就把这些和尚埋进地里，只露着头，用大耕畜倒拉着耙犁给耙了，庙也给拉倒了。其实皇帝说的是这些人都已经出家了，就不再追究他们的恶行了——罢了罢了；没想到这位大人听成耙了耙了。

过了些年，安里疃村后又建了个初村院，也是个和尚庙。庙前有一眼井（现在盖松群大棚东北面）、一块菜园。庙内有个三师傅，医术高明，为周边村民治病。当时安里村有个老中医叫盖绍芝，他就是跟三师傅学的医术，在姜疃永盛堂为民众治病。三师傅有两个徒弟三个徒孙。人们答谢三师傅或者给他拜寿时，都会带一些饽饽来。三师傅一看就知道，饽饽是自己做的还是花钱买的——如果是（村民）自己亲手做的，他就对徒弟说这个人是真心实意的；要是花钱买的，他会说这人只是有钱而已，算不上真心。

有一年过年，半夜吃饺子的时候，三师傅的碗不小心掉到地上摔烂了，三师傅对徒弟徒孙说，这庙完了，到此为止，再没香火了。不久，村里管事的就把寺庙的木料和石头全部拆掉，搬到疃西尼姑庵盖起学校来了。据说，拆庙的时候三师傅在西厢房住了一段时间，以后到哪里去了无人知道，只听说有个徒弟去了南面的鲍村，其他几个人的去向村里人都不清楚。

朱道士

周翠英

过去有人说，安里村两头翘，前后左右三座庙——北洼有和尚庙，疃中间有道士庙（道观），疃西头有尼姑庙（尼姑庵）。

疃中间这座道士庙，庙内有四个殿：三官殿在正中，西侧是佛爷殿，东侧是南海观音菩萨殿，菩萨殿前有个罗汉殿。三官殿前面有个钟楼，楼内吊了一口大铁钟，村里谁家有急事都到庙里去敲钟，听见钟响就知道谁家又有急事了，不是失火就是被盗。

1947年胶东解放后，这口大钟先是被搬到了姜疃村南头，后来上交了。庙里的塑像全部拉倒了。解放军医院三分所、二分所先后在庙里养过奶牛、开过伙房。二分所搬走后，就再没有动过，现在是村委会。

听盖天云老人说，庙里曾经有个朱道士，名字叫朱永和。朱道士为人严肃，不苟言笑，对村民有求必应，深受村民的爱戴。庙里香火旺盛，粮钱不缺。传说朱道士是个“半仙”附体的能人，精通四大法术。

一是定身法。有一天，朱道士去赶姜疃集，有人见他赶集走了，就到他那里去偷豆子，装了整整一口袋，150斤左右，扛起来就走，刚走到院子里就走不动了。原来朱道士在集上一算——家里失盗了，就用定身法把小偷给定住了。朱道士赶紧往回跑，有人问:“你跑什么？”朱道士说:“俺主扛了一袋豆子站在院子里，别压坏了，我得赶快回家看看。”

二是分身法。有一年夏天，下了一场好雨，有三个大户人家请朱道士帮忙去捻豆种，他都答应了，也都去干了。活还没干完，天又下雨了，大伙赶紧往家跑，其他人都淋透了，朱道士一点也没淋着。三户人家，这个说朱道士在他那干活来，那个说在他那干活来，还有一个说朱道士和他同时回来的，真是个怪事呢。

三是轻功法。有一天，村里来了一帮耍把戏的。腿脚利落，蹿上跳下，获得了观众的阵阵喝彩，收铜钱的锣敲得“当当”响。就在大家聚精会神看把戏的时候，朱道士突然觉得有点不对劲，紧了紧绑腿就站了起来。他看见耍把戏的人把一根大粗绳子抛上天，绳子很高，笔直地立在半空中。一个瘦小的年轻人，像猴子一样“嗖嗖”爬上了绳子顶端，在上面打着眼罩四下观看，然后向下面的人说:“东南方有鱼，西北方有鱼。”说完“哧溜”一声溜了下来。看到这里，朱道士转身回庙，拿了一根绑腿带子，把软带子变成扁担挑上两个“坎”（方言，泥土烧制的一种容器。两边分别有一个耳朵，系上绳子可以用来挑水）。一个旱地拔葱，朱道士跃上庙的第二个平台，紧接着又一个旱地拔葱，上了庙前的山门楼子，转过身瞪了一眼耍把戏的人，稳稳当当落到地面。不过几分钟的光景，在场的人都吓得傻了。直到朱道士消失后，耍把戏的班主才回过神来，知道碰上高人了，

慌忙带领一班人面向庙宇齐刷刷地跪下，磕头如捣蒜，念叨着“小的瞎眼了，多有得罪，再也不敢了”，便慌忙逃窜了。有眼尖的村民看见，从庙西边的院墙上飞下来一个人影，尾随戏班子而去。原来是朱道士，他回来对大家说：“这是一帮大贼，借着耍把戏的幌子，侦察好谁家是富裕户，就下手偷盗。他们走后我跟在后边看了一阵儿，确实走远了，想必不会回来了。有我在，你们放心过日子吧。”朱道士吓退大贼的消息不胫而走，周围十里八村都知道安里村有高人。人们争先恐后到庙里拜见他，特别是一些大户人家，更把朱道士当成了保护神。

四是叠道（路）法。传说朱道士临终时，对最好的三个朋友说：“我要去崂山巡修了，有可能再也不回来了，如果想我就到崂山去找我耍。”

不久后，朋友们真有些想念他，就结伴去崂山找他。朱道士见仨人都来了，就为他们泡茶喝、做饭吃。他抓了一把米放在锅里煮饭，朋友们觉得可能不够吃，结果每人都吃了三四碗也没有吃完，剩下一碗朱道士自己吃了。吃完饭已是半夜，得睡觉了。仨人一看就一间小屋，墙根有一块小木板，这可怎么睡觉呢？朱道士看出他们的疑虑，就说：“来，我给你们找个睡觉的地方，”他用手一指：“你们看那里有间小屋，里边还点着灯，去吧。这里天黑，地面不平，不用回头，往前走，很快就到了。”时间不长，三个人走到了安里村南油坊。油坊伙计说：“半宿拉夜的，你们

来干什么？”他们把经过一说，就各自回家了。

62岁那年朱道士因病去世，全村人都十分悲痛。村里的周家人协助庙里将他安葬在村后山坡上，还树了石碑，碑的向口朝着凤山山顶。周家人每年清明节、农历十月初一都去给朱道士上坟，直到“文革”坟子被扒掉为止。

"石门口"有个桃花源

盖巧玲

出了安里村后向东大约三四里地，有个远近闻名的地方，叫"石门口"，周遭大部分是安里人祖祖辈辈耕种的土地。

相传很久以前，距此处几十里外的一个村，有一对相爱的男女青年，因不满父母包办婚姻，决心一起逃婚远走他乡。他们本计划到大海边寻找一处相亲相爱过日子的地方，也就是"桃花源"，但不知怎的，走着走着到了石门口一带。

那时候，石门口乱石林立，危岩高耸。眼看天色将晚，二人饥渴难耐，又迷了路，正在困窘之际，对面山坡上走下一个白发老翁。老人干完活正要归家，二人便上前问路。老人家是安里村人，看到他们又饥又渴，就把一个没舍得吃的大玉米饼子递给他们，说："这个饼子我一点没动，如果不嫌弃就吃了吧。" 说着，又递过一棵从自己地里拔来的大葱。二人狼吞虎咽吃下去，道谢后，便拉着手向山顶走去。

那时节，山上树高林密，时有野兽出没。好心的老人怕二人遭遇不测，就力邀他们到安里村安家。二人婉拒，老翁极力规劝。

此时，一个手持拂尘的神仙翩然而落，对他们说："年轻人，寻找幸福家园不一定要去遥远的海边，此地便有桃花源。本仙顷刻便可以成全你们的良辰美景、花好月圆，且看这里便是。"说罢轻甩拂尘，烟雾腾起，高耸的危崖下面，两扇石门訇然而开。

三人抬眼望去，只见沃野千顷，一望无际；芳草鲜美，落英缤纷；红墙绿瓦，茂林修竹；狗吠深巷中，鸡鸣桑树颠——真乃桃花源也。两人喜出望外，表示要跟随神仙在此落脚生根，并邀老人一起到石门里安居。老人犹豫一番说道："我已九旬有三，身板硬朗，尚可做得地里活计，暂不要人服侍。家里上有百二高龄老母，下有五代同堂儿孙，舍不得扔下他们独自享福。年轻人，祝福你们。去吧。"

二人同神仙一道跨入石门之内、桃花源中，只听见石门在身后訇然一声又隆隆合并。不久，安里村人发现，汩汩清泉从高崖下面流出，清澈甘甜，一年四季无论寒暑都不干涸。人们传说，这是那对年轻人从石门里引来桃花源中的九曲之水，答

盖巧玲，女，安里村人，1962年生，现居莱阳。

谢安里村那位老人家的好心。

几百年过去了，石门口的泉水潺潺流淌。泉水流出的地方，有一个不大的水湾，鲜活的小虾在水中清晰可见。炎热的夏日，喝一口山泉水顿觉神清气爽。这股山泉的神奇之处在于，无论天气多么干旱，无论干旱时间多久，数百年来从不间断。安里村人无论男女老少，都喝过石门口的清冽泉水，无论离家千里万里，都会将这个地方铭记在心。

箍儿山里有财宝

盖向荣

安里村东南方向两三里的地方，有一个小山头，半山腰一圈白石为栏，像是一道箍儿把山头箍了起来，所以村人把此山称做“箍儿山”。这其中还有一段佳话。

上疃张家街曾住着一户人家，父亲去世后，剩下母子两人相依为命。话说这个张家小伙儿，长得一表人才，为人善良勤劳，深得乡亲们喜爱。只因家贫，而立之年仍未婚配。一日劳作归来，在村南的老树林子里，发现一只大鸟。大鸟的翅膀受了伤，飞不起来。小伙子心生怜悯，于是便将大鸟带回家，让老母亲喂养。

老母亲一看这只大鸟，忙说：“儿啊，这可不是一般的鸟。你看，它浑身洁白，头上戴有红冠，这是一只仙鹤。”儿子没想那么多：“娘，不管是什么鸟，你看它伤得这么重，飞不起来。咱们给它把伤养好，让它重新能飞，多好啊。”母亲答应了：“儿子放心，为娘一定把它养好。”于是每天给它喂食喂水，悉心照料，大鸟的伤情一天天见好，有时候还在院子里放开喉咙，开心地大叫两声。

半月有余，大鸟振翅试了几下，眼看着它一飞冲天，没入云霄，不见踪影。老母亲心里很有些不舍。正在惆怅之际，一位老翁从门外走进来，上前施礼道：“老人家，您可是张生的母亲？”张母应道：“正是。”老翁说：“我受仙鹤王子之托，前来送您一粒葫芦籽，您让儿子把籽种到地里，待到秋后我来摘取。我不来，您不要摘。”说罢转眼不见了。

张家小伙把葫芦籽种在门口地里，浇水施肥，葫芦藤沿着墙往上爬，结了一个大大的葫芦，甚是喜人。左邻右舍羡慕不已。转眼秋天到了，老翁没来；眼看小雪快到了，葫芦藤也早已枯萎多日，老翁仍然不见踪影。焦急之余，小伙就把葫芦摘了下来。

这时忽听半空中一声叹息：“唉——，还是晚了半步。”说话间老翁飘然而下。原来，老翁因有要务在身，晚来一步。张家小伙拿着葫芦，跟随老翁来到安里村东南方向的一座山前。只见老翁高高举起葫芦，朝着山头使劲扔过去，只听“轰隆隆”一声巨响，葫芦砸在山半腰，山头裂了开来，万道金光射出，晃得人睁不开

盖向荣，女，安里村人，1965年生，退休职工，2020年病故。

眼。老翁叮嘱小伙："快快快，下去拿！能拿多少拿多少！"张家小伙跳进了山谷，一看，满地的金银财宝，一时愣在那里。老翁催促他："快拿走！不可延误！"

张家小伙只好拣了几个金元宝、银锭子，这时间葫芦发出"克啦克啦"的响声，同时两边的山体慢慢往中间合拢。老翁大叫一声"走——！"一把拽着张家小伙跳将出来。只见葫芦一下子被挤扁了，山体随即合上了。

原来，葫芦早摘了小半个时辰，因此受不住挤压。老翁说，"我把这山用石头箍上，里面的金银财宝，还归安里村人所有。几十上百年之后，还会有人用善心开启。只是不知道在哪朝哪代，哪个人会来打开。"

这就是"箍儿山"名字的来历。

南山口子腾巨龙

盖向荣

安里村正南有座山，村人叫它“南山”。南山的中间有个大口子，也叫“山裂”，或者叫“裂谷”。凡是上南山干活的人，一般必走此路。小时候我听奶奶讲，这个山口子还有一个传说故事呢。

龙王有个三太子，特别好动，没事就在天庭乱转悠。有一天他转悠到一个地方，见无人看守，进去一看大喜：有鼓，有锤，有扇，有伞，尽是好玩的。他拿起鼓来，用鼓槌一顿乱擂；拾起扇来，一阵狂扇；拿起伞来，胡摇乱晃。他不知道，这鼓不是普通的鼓，是雷公打雷用的；这扇也不是普通的扇，是风神用来刮风的；那伞，是雨婆下雨用的。

三太子这一通快活，在他就是个恶作剧而已，但落到人间却电闪雷鸣，大雨瓢泼。雨正好就下到了安里村南山这一带，黎民百姓无辜遭了殃。庄稼倒伏，土地被淹，房倒屋倾，人们无家可归。此事传到龙王那里，龙王马上派神仙下界调查。听了汇报，龙王气得七窍生烟，这还了得?！这小子竟给我惹这么大祸!

龙王先是处分了擅离职守的雷公雨婆，又把三太子贬到人间——就在安里村南山底下，压在山下一百年，算是对他的处罚。一百年后，某夜，月色朦胧，有村人看到，南山坡上鼓起一条长长的土埂，慢慢地越鼓越高，越鼓越大，“轰隆”一声，南山裂成两半，一条巨龙腾空而起，在南山顶上盘旋三圈，驾云而去。那段时间正遇天气干旱，庄稼地里缺水严重，巨龙临走之时，天空下起蒙蒙细雨，不大不小，下了一夜。

事后有人说，那是龙王三太子对安里村的愧报。

一只老龟在村后

盖艾玲

安里村后面有一座小山，面积不大，人们称为“小后山”，或者“小北山”。山的形状略呈椭圆形，远看像是一只俯卧在那里的老龟。

传说小后山是一只老龟变的，老龟的前世是一个货郎，死后变成一只老龟。它卧在那里是为了挡住玉岱河泛滥的洪水，守护自己的心上人，守护安里村一方平安。

很久很久以前，莱阳南乡有一个年轻的货郎，挑着担子走村串巷，经常来往于安里一带的村庄。那时女人们生活中不可或缺的针头线脑、手帕香粉、搽脸油、饽饽粉等物什，都靠货郎的担子供应。货郎进了村里，免不了和女人打交道。这货郎长得精神，嘴又甜，自然得到了村里女人们的喜爱。

话说下疃后街上有个盖姓人家的女子，年方二八，尚未婚配，一见货郎便暗暗爱慕上了。恰巧一日天降大雨，货郎淋雨发烧不止，姑娘的父母都是乐善好施之人，眼看货郎有性命之忧，便收留货郎在家，给他烧红糖姜汤祛寒，又找间闲着的屋子留他在家里住了几天。一来二去，货郎便与姑娘相爱了，两人偷偷交换了信物，私定了终身。货郎答应回家后马上托媒人来提亲，哪知道他父母已应允了另一门亲事。货郎性格懦弱，不敢告诉父母，不久就和邻村一个自己并不喜欢的女子入了洞房。

而盖姓女子天天都在盼着货郎来提亲，从春等到夏，从夏等到秋，望穿秋水，不见媒人上门。女子一下子就害了病，这病如一把蚀骨钢刀，姑娘黯淡了杏仁眼，耷拉了柳叶眉，最终一病不起，香消玉殒。临终前姑娘留下遗言：一是要求父母，自己死后不结“阴魂亲”（民间旧俗。尚未成婚的年轻人去世后，父母为其找个同样未婚即去世的年轻人结婚做伴）；二是自己已有心上人，就是经常来村里的那个货郎。父母如梦初醒，但说啥都晚了。从此他们严守女儿的秘密，给女儿盛妆入殓，安葬在村后的茔地里。

那时候，村子北面还没有小后山，是一片平整而肥沃的土地，但是苦于水灾。每年一到汛期，玉岱河由北向南，从瑶头村疃前如同一匹脱缰的野马，浩荡奔腾，扑向安里村，安里大片的田地被淹，村庄房屋被毁。村子北面的茔地，也经常遭水灾侵蚀。

话说货郎自打成婚后，也心情不佳，大病一场，直到来年春天，才挑着担子开始走村卖货。他先来到安里村恩人家，得知心上人已于半年前害病而逝，便一路打听，直奔村后茔地。只见姑娘坟头芳草萋萋，桃花人面，哪里去寻？只有孤坟一座，好不凄凉。货郎放声痛哭，后悔自己懦弱，害了心上人，也害了自己。他为姑娘坟头添了新土，许久才离去。回家后，他饭不思茶不想，卧床不起，一年后竟也命归黄泉，追随心上人而去。

死后，货郎来到阴曹地府，把自己的经历告诉阎王，请求阎王让他下世托生为一只老龟。他要为因情而死的爱人守护茔地，为救护自己的安里村人阻挡洪水。阎王为货郎所言打动，破例应允，让他来世真的托生成了一只老龟。

老龟选择村子北边位置留了下来，扼住村口，挡住了袭来的洪水，为安里村人带来一方平安。它日日夜夜俯偎在爱人的坟头，为她守护坟冢。随着时间流逝，老龟的耳朵里长出了茅草，鼻子里填满了泥沙，身上覆盖着杂草树木，慢慢死去，最后化成了一座圆形的小山。

夫妻化身石羊岭

盖艾玲

安里村下疃后街，有个盖姓后生，早年父母双亡，他跟着哥嫂长大，每天早出晚归，给富户放羊。

长到20多岁，哥嫂考虑，也该给弟弟成个家了。可是哥嫂的日子也不宽裕，哪里有钱给弟弟娶媳妇。后生说："哥哥嫂嫂，谢谢你们这些年照顾我。我现在可以自立门户，慢慢过吧，我不信辛苦勤劳还能穷一辈子。"哥嫂同意了。年轻后生搬出哥嫂家，找个邻居的场院小屋，还是每天早出晚归，继续做放羊的营生。

每天早晨出门前，他都会数一遍羊，到晚上羊回圈了，再点一遍。可是后来发现事情不对头，怎么每天羊的只数都不一样，有时候多一只，有时候少一只。他很是纳闷，怕东家知道，就暂时没吭声。

这一天，小伙决心把事情弄个明白，在出门之前，他把羊群连数三遍。到了山坡上，羊儿四散跑开，撒欢吃草。小伙不敢懈怠，到了下午，太阳快要落山准备收工之际，他眼睛不眨地盯着归拢到一起的羊群，赶着往家走。突然发现，其中一只羊偷偷地往回溜，眨眼的工夫，变成一块形状似羊的石头，等他扑过去想一把抓住的时候，已经晚了。小伙大哭："羊啊羊，我每天辛苦放牧你，你却来害我！"

正哭着呢，只听见背后传来年轻女子的笑声。小伙想，这荒山野洼的，渺无人踪，哪来的女子？定是妖魔鬼怪出来害人。他吓得不敢转身。只听那女子说："放羊的小哥哥，你别怕，我不害人，你转过来吧。"

小伙转身一看，一个漂亮女子站在面前。他长这么大，从没和姑娘挨得这么近，顿时慌得手足无措，不知道说什么好。原来，姑娘是这里的山林女神。姑娘告诉小伙："我变成羊儿，偷偷混在羊群中跟你回家。你朴实勤劳，家里虽穷却收拾得干干净净；你心地善良，乐于助人，有空就帮邻居孤寡老奶奶干活，挑水浇园。我认定你是好人，想与你结成夫妻，相伴一生。"

小伙破涕为笑，想起"天上掉馅饼"这句话，这真是天上的馅饼掉下来，把自己砸昏了——不，是乐昏了。他拉起姑娘的手，兴冲冲回到家，隐去了"羊变石头"的事儿。告诉哥嫂，路遇一个逃荒的姑娘，姑娘愿意与他成婚。哥嫂高兴不已，尽全力帮弟弟成了家。

夫妻二人暂时借住在场院小屋里，结婚当日，做丈夫的很是发愁，不知日子怎么过下去。媳妇宽慰他：“不用愁，你也不用放羊了，每天去集市卖羊毛就行。”小伙很诧异：“咱们家连一只羊都没有，羊毛在哪里？”

没想到，第二天早晨一起来，就看见炕边上放着一大捆雪白的羊毛，媳妇让他去集市上卖。到了集市，顾客一看，这是上等的羊毛，立马围上来，价格高高的，很快卖掉了。

临出门时，媳妇嘱咐他，卖了羊毛就买羊，一次买回一只羊来。就这样，每回赶集小伙就去卖羊毛，卖了羊毛就买羊。不久，家里羊儿成群，日子越过越好。二人生儿育女，一辈子互敬互爱，其乐融融。

光阴似箭，几十年一晃而过。有一天，媳妇对他说：“羊倌哥哥，我要走了，不能再陪伴你了。三天后，你去我们第一次见面的山坡上找我。”说罢便不见了。做丈夫的虽知媳妇不是凡人，但是几十年过日子与凡人无异，怎么能说走就走？儿女也不在眼前，怎么办？

三天后，他去了俩人第一次见面的山坡。只见山坡上，一块羊形石头横在半山腰。老羊倌伏在石头上，忍不住放声大哭，半天没缓过来。等人们发现时，他也化成了一块羊形的大石头。

后来，安里村的人知道了这个故事，就给这个山坡起名“石羊岭”，叫来叫去，就叫成了“社儿岭”。

“刘罗锅”父亲的字画与王埒的匾

张维浩

张洪云是我本家六爹。他家里有几幅刘统勋的字画，大门上还挂着王埒写的匾，匾上写的什么字，我记不清了。20世纪八九十年代，我在姜疃教委工作，刘宗仁同志开玩笑讲：“你六爹家房子和大门修得不错，你们家当初是地主还是乡绅？”我说：“我们家不是地主也不是乡绅，门匾是1909年盖好房子后，我老爷爷张玉修请王埒到家里写的，挂在大门上，是楸木做的。‘文革’时‘破四旧’，就摘了下来，放在厢房棚子上。1980年，把匾做了饭柜。”

刘统勋的三幅字画，六爹给我看过。年代太久，纸有点发黄，过年杀鸡时，不小心上面还沾上了鸡血。他就放在磨台下面，卷起来用麻绳捆好，在那个年代，也不大当回事儿。

据传，康熙年间，刘统勋在京做官，为修黄河水利杀了不少贪官，得罪了不少人。父亲去世后，刘统勋回山东诸城给父亲守孝。这时候，有些官员告他的状，康熙安排人调查。刘统勋在京的好友给他送信，接信后，怕有不测，他急忙从诸城用担子挑着两个儿子（其中一个是刘墉）往东走。逃到西富山五龙河畔时，水深流急过不去，危难之际，西富山一个孙姓老人把他安排在河边场院小屋住下。刘统勋骗老人，说自己是要饭的。这个姓孙的老人就是我六爹张洪云岳父的祖上。住了一个多月，刘统勋的家人找到了他，说告状的那些事查清了，是诬告，皇帝下旨让他回京继续做官。刘统勋非常感激老人的照顾，对他讲了真话：“我是刘统勋，写了几个字留给你们，可以挂在家庙里。这是我的一点心意。”一直到“文革”，我六爹的岳父还负责管理他们的家庙和字画，红卫兵要烧掉。他晚上摘下来，在家中烧了几张报纸，红卫兵找，他说已经烧掉了。这样就把字画保留了下来，后来给了我六爹。

改革开放后，六爹在姜疃联中教书。收字画的听说他手里有字画，就找到他，要用400元买下，没谈成；过了几个月，开价600元，又没谈成；1981年第三次找他，

张维浩，安里村人，1957年生，莱阳市退休教师，现居莱阳市。

我六爹要盖房子，缺钱，就以800元钱卖掉了，给张维利盖了四间房子。后来关于刘统勋、刘墉的电视剧热播，刘统勋的字画在香港、台湾卖得非常贵，但自己手里的已经卖了，我六爹很后悔。

据说，当时姜疃联中很多老师都见过这几幅字画。

徐家故事（三则）

徐景芳

（一）

我十六世老爷爷徐世民，小时候非常聪明，读书也很用功。念完书后去考功名，没考上，一气之下得了脑子病（精神病），老远望着傻乎乎的，有时候还疯疯癫癫的。

有一回姜疃大集，他扛着一杆大旗，在姜疃集南头吆喝着要招兵买马，杀富济贫，干一番大事业。从此以后，他天天满街吆喝，时间久了，就有人向县官举报，说他要造反。县官一听，这还了得，马上派人下来抓他。衙役来了，先找到本村会首，让会首领着人去抓他。会首一听，不好，就偷偷让人去告诉他家里人，说县里派衙役来抓人，让他装疯卖傻。报信人走后，会首就跟衙役说："你们抓他干什么？他就是个傻子，整天疯疯癫癫的。"衙役不信，会首便领着衙役到他家里去，一看，果然是个傻子。衙役在会首家吃完饭就走了，回去禀报了县太爷。从此以后，再也没来抓他。

旧社会，儿女婚姻都是父母包办。父母给他定了亲，和表妹结婚，说"亲上加亲"。结婚后，他老不和表妹同床，说："咱是表兄妹，像亲兄妹一样，怎么能成夫妻呢？这简直就是胡闹！"

他严格遵守"男女授受不亲"，平日里看见妇女都是用手遮挡着脸，等人家过去了他才走；有时借别人的东西，用完后归还人家，如果是妇女出来接东西，他就把脸转到一边，也不看人家，离开时也用手挡着脸。

婚后不到一年，妻子找到公婆说："您另给您儿子说个媳妇吧，他和我成夫妻是根本不可能的了。"媳妇把话说清楚，自己回了娘家，另嫁他人了。

就这样，他又重新娶了个媳妇，生了两个儿子，即我大爷爷徐学仁、二爷爷徐学义。大爷爷在外念书时就参加了革命，后随大军南下，1954年转业到地方，在浙江

徐景芳，女，安里村人，1953年生，现居莱阳市。

工作。二爷爷1958年支边去东北，后在东北安家落户。

老爷爷家里有三间正房，三间倒房。时间久了，那三间正房便倒塌了，他就住在三间倒房的东头。既没有锅，也没有炕，他就用玉米秸子搭一搭，躺在玉米秸底下，在平地上睡觉。有人看见怕他受冻，让他搬到别的地方去住，他不去，说："这房子是祖上传下来的，我必须在这儿守着，如果走了就不合情理了。"最后没办法，只能由他的侄子（我的亲爷爷）和我大姑轮流送饭给他吃。到了晚年，把饭送去，不管怎么叫，他就是不开门出来接饭，让他们把饭放在一个固定的地方，等他们走后，他再出来拿饭吃，吃完饭再把碗筷送出来，这样过了很长的时间——可能他认为自己老了，不成样子了，为保自己的尊严，不和大家见面。他一辈子没干过农活，脑子清醒时就在家看书。1958年成立人民公社，生产队叫他出来干活，可他只能牵着毛驴送粪、搬泥，其他什么活也不会干。送粪时，驴躺下了，他就在一边坐下，有人问他："你怎么不把驴打起来？"他说："驴累了，躺下休息，不能动它；等它休息好了，自己就起来了。"

在生产队期间，接触的人多了，有时候脑子清醒了，后辈们有人问他："爷爷，你说将来这个社会能发展到什么样？"他说："将来社会发展到一定的时候，就不用毛驴送粪了，灯头以后就朝下了。"看看现在，他还真说对了。

（二）

我爷爷徐学文，小时候忠厚老实，非常单纯。年老了以后，有一次在院子里晒太阳，我就过去让他给我讲故事。他说，他小时候曾闹出一个笑话。

在旧社会，农历二月初二这天是土地爷爷过生日，为了能获得好收成，家家户户都非常重视这个日子。每到这天早晨，各家各户都会派人拿着香、纸到土地庙给土地爷爷烧纸、上香，也有拿着鞭炮到土地庙院墙上放的，祈祷老天爷风调雨顺，庄稼有个好收成。

爷爷12岁那年，二月二早上，老爷爷叫他拿一摞纸和几支香去送给土地爷爷。由于爷爷小，不懂事，拿着纸和香就直接送到了盖思温家去了——盖思温的外号叫"土地爷爷"，因为长得黑。爷爷一进门，就说："土地爷爷，俺爹爹叫我给你送两张纸，还有香。"盖思温正在烧火，准备下饺子，一听这话，气得骂道："他妈的，你这个小东西是不是想挨揍了？！"爷爷一听，吓得把纸、香放到他家磨台上，撒腿就跑回了家。刚进家门，老爷爷就问他："你一刻送去了？"爷爷说："送去了，他在家烧火。他不要，还想打我，吓得我把东西放到他家磨台上就跑回来了。"老爷爷一听，知道弄错了，坏事了，就叫他赶快回去，悄悄地把纸、香拿出来，送到东面土地庙那儿。烧了纸和香，爷爷又给土地爷爷磕个头，都弄完了，然后才回家吃的饺子。真是闹了个大笑话。

听完爷爷讲的故事，我笑得眼泪都流出来了。爷爷长大以后，念完了书，还学了点医术，经常给村里人看病、治病，街坊邻居对他的评价很不错，也经常讲他小时候闹的这个笑话。

（三）

小时候听老人讲，清朝中期我们家族有个老爷爷，名叫徐安基，人称徐贡生。据说，他曾在刘墉（刘罗锅）府上教过书，还当过讼师，在我们当地很有威望。

一次，他在外地接了个案子，两户人家因土地纠纷闹出了人命，一方找到了他，他帮着打赢了官司，将对方关进了大牢。等待发落的时候，因对方权势很大又把案子给翻了过来，并把我老爷爷告到了官府，官府便派衙役下来抓他。衙役到地方上抓人，要先找乡官，让他们领着去抓人。这天，我老爷爷吃完早饭出来溜达，走到西小河边，在小桥边上洗手。乡官正领着衙役往村里走，正好望见我老爷爷，当快走到跟前时，就有意递话给他，说："今日抓徐贡生，明日抓徐贡生，我估计徐贡生早跑了，你们上哪儿去抓他。"乡官一边说一边领着衙役从我老爷爷身边走了过去。老爷爷知道情况不妙，家也不能回了，见他们走远了，马上往外走，还找了个人给家里带话，说他走了，不要挂念。

他大白天不敢走，赶路只在一早一晚，十多天才走到了诸城刘墉府上。见了刘墉，说明了情况。刘墉看在多年交情的份上，便让他住了下来，继续在府上教书。在刘墉府住了半年多，又有人举报，说他在刘府，官府又安排人去抓他。刘墉跟我老爷爷说："在我府上，你不用害怕，我会保护你。"于是让我老爷爷一手领着一个小孩出来，衙役想要抓他，刘墉就不轻不重地发了话："今天，如果谁吓着了孩子，我可饶不了他，非把他的头给拧去不可！"

衙役一看，这事如果闹大了可不好办，就没敢动手。事情随后不了了之，再也没了动静。

官大一级压死人

盖永泉

清朝中后期，官场腐败，国库亏空严重。为了填补亏空，清政府便采用卖官这一损招：让有钱人花钱买官。买的官有大有小，花的钱多少也大不一样：买大官花大钱，买小官花小钱。买的官实际上是有职无权，也不安排实际官位。

安里村东房（也就是现在的“四片”）有一盖姓人氏，因为做生意发了财，就花钱买了个官。他的曾孙辈有人娶了乔头店女子为妻，并在乔头店安家落户。他在村里是外姓，独门独户，日子过得很是艰难。可尽管这样，只要上面有人来村里办事，村长就会安排他家管饭，因为他是外来户，比较好说话。

一次，城里有一官员要到乔头店办事。头天傍晚，村长便到他家，叫他准备第二天中午管饭。他有苦难言，害怕村长给小鞋穿，只能硬着头皮答应下来。送走村长后，他愁得一晚上睡不着觉：村长只管安排管饭，从来没给过一分钱！家里实在拿不出像样的东西招待官员了。没有办法，他只好连夜回安里老家，找父亲借点东西，好回来管饭。

夜里12点多，他从乔头店深一脚浅一脚赶回了安里。半夜叫门，把他父亲吓得不轻。进屋后，他一五一十跟父亲说明了情况。父亲听后，沉思了一会儿，随即起身把他老爷爷的画像摘了下来，卷好后递给他，嘱咐他：“明天午饭前，把你老爷爷的画像挂到明间正北墙上，前面安上张桌子，放两条凳子就行了。”当晚，他又从安里赶回乔头店。按照老父亲说的，他把一切安排妥当，就等那官员到来了。

快吃午饭的时候，村长领着官员来到他家，那官员一进正门，抬头一看，扑通一声跪下来，连磕了三个头，起身就往外走。村长一看这阵势，糊涂了。出门后，官员厉声训斥村长：“你哪家不能安排，非安排这家，他祖辈的官职比我还大，你不知道吗？！”村长点头哈腰连声说：“老爷，对不起，我还真不知道。”最后，村长毕恭毕敬，把官员领到了自己家里吃饭。

从此，这户人家就再也没管过饭，村长还高看他一眼。这就是过去的礼仪制度——官大一级压死人。

聪明的“扛活”人

张玉京

中华人民共和国成立前，安里村下疃街北有一户蓝姓人家，雇了梁子口村一个姓李的扛活。由于蓝家家境不是很富裕，过日子特别节俭，多数时候吃粗粮，喝高粱稀饭，很少改善生活，姓李的很不满，时常装病不干活。年底回家，他弟弟李志秋问起扛活的情况，他不谈自己的问题，却添油加醋，抹黑东家，把东家说得一无是处。李志秋听了很气愤：“你明年不要去了，我去！”

李志秋个子不高，聪明滑头，但干农活却是一把好手，舍得出力也会打算，人称“大把头”。第二年，李志秋接替哥哥来到了蓝家。

蓝家大门南有一个外姓的小坑（厕所），平时李志秋都到这个小坑方便。因那时没有化肥，人粪尿是好肥料，东家便嘱咐李志秋，以后到后院自己家的小坑方便。

有一天，下了点小雨，地皮刚湿，凑合能种豆子。按照东家的吩咐，李志秋起个大早吃了点饭，带着农具上了山。山比较远，到山上后，李志秋抽了几口烟，感到有点内急，便回头往家走。东家正在家门口坐着，见了问他：“你忘拿什么了吗？”“没忘拿什么！”“没忘拿什么，那你回来干什么？”李志秋理直气壮地回答：“你不是说大小便要到咱家后院小坑去吗？我回来方便一下！”把东家气得说不出话来。李志秋方便完，再回山上种豆子已是半晌午了，用犁一翻，风一吹，地就有些干，结果种的豆子出苗不太好。

有一次，东家的一头老母猪产了十几头小猪仔。春天干旱，猪圈土坑里特别干燥。东家让李志秋闲的时候往坑里泼几担水，李志秋随口答应了。过了几天，下雨了，李志秋把院子里的流水孔堵住，积了一院子水，然后用水桶往坑里一个劲地泼水，把小猪灌得满坑跑，老母猪也乱叫唤。东家闻声过来，责备李志秋。李志秋头也不抬，回话道：“你不是让我闲着没事往坑里泼点水吗？这不，今天下雨，也不能上山，我就干了，多省事！”东家知道李志秋故意气自己，可也无可奈何。

有一天，东家没烟抽了，对李志秋说：“今天家里没烟了，我去高格庄集买，你上山看哪里人多，就去找袋烟抽吧。”李志秋说：“好吧！”上山后，放下工具直接

张玉京，安里村人，1950年生，莱阳市退休教师，现居莱阳市。

也去了高格庄集，与东家碰到了一起。东家问道：“你怎么也来了？”李志秋说：“你不是叫我看哪里人多，就到哪里找烟抽？我到山上，来烟瘾了，上山顶一看，高格庄集上人最多，我就跑来找烟抽了。”东家气得脸红一块白一块的。

夏天午休，天热，李志秋在街门洞一边搭个床睡。他摘下一扇门，一头放在门槛上，另一头垫个小凳子，光着上身，穿条大裤衩，躺在上面。家里女人进出看不惯，东家叫他以后午休找个人看不见的地方睡。李志秋二话没说，起身回到自己屋里。第二天中午，天阴了上来，眼看就要下雨了，东家赶紧找李志秋到场院去收拾麦子，结果到处都找不到他，只好带着家人去收拾。等麦子快垛好了，李志秋来了，东家很生气：“你到哪里去了？到处找不到你，你不看天要下雨了吗？”李志秋说：“你不是让我找个人看不到的地方睡觉吗？我在棚子上睡觉哪能看见天？这不，我听见打雷就赶快跑来了。”东家被弄得哭笑不得。其实，李志秋知道来得及，淋不了麦子，特地气气东家。

这一年来，李志秋做了不少对付东家的事情；不过，他也看出来了，东家也不像哥哥说的那样，尤其是自己做了那么多荒唐事，东家都忍了。可他也知道，东家对他一定很不满，估计来年不会雇他了。想到这里，李志秋多少有点后悔，觉得对不起东家。

一年结束，小年晚上留伙计。饭前，李志秋对东家说：“这一年让你上火生气了，不管怎么说，出门后守着街坊邻居，你给我点面子，说句客气话。”东家答应了：“行！”吃完饭，出了街门，走到大街上，天色还早，街上人不少。李志秋说：“东家，回去吧，不用送了！”东家说：“不送了，你慢走，明年早早回来。”结果，来年正月初三，李志秋就回来了。东家一看，便问：“你怎么回来了？”李志秋说：“年前你守着满大街的人叫我早早回来，这不，过完年我就回来了。”东家一听，扭头就走。

这一年，东家本来打算雇俩人干活，李志秋对东家说：“你别雇人了，我一个人干就行了。”这一年，李志秋打算周到，干活卖力，山里的庄稼管理得像模像样，家里的零碎活全包了；东家收入多了，生活比以前好了，就经常改善伙食，李志秋和东家关系处得很融洽。李志秋的一举一动，东家看在眼里，喜在心里。年底，东家真心留他，可李志秋说什么也不回来了。

“活神仙”盖天云

盖元修　周翠英

过去安里村流传着一段顺口溜——安里村两头宽，中间有个牛腿弯，弯中有座三官殿，一段分成上下疃：上疃叫做小北山，下疃就叫小东山；殿东有座馍馍岭，岭上住着盖天云，人送外号“活神仙”。

盖天云29岁时妻子病故，30岁时患眼病。那时医学不发达，得了病都用偏方治，结果越治越重。他明白，用不了几年，自己就会双目失明。他从弟弟盖雨云家借来《易经》，学起了占卦算命。40岁时他的眼睛彻底失明，之后几十年一直给人算卦。他的一些故事至今还在村里流传。

盖元修的岳父婚后十二年喜添男丁，全家老少一片欢欣，街坊四邻都来祝贺。谁知好景不长，满月后的第三天，孩子无缘无故夭折了。几年里，又生了两个小孩，也都没活下来。这对一个从地里刨食的普通村民来说，简直像天塌了一样。听人说安里村盖天云算卦特别灵，盖元修的岳父就抱着试试看的心态，买了两包桃酥、两瓶酒，来到盖天云家。盖天云听他说完，右手掐指一算，嘴里念念有词，眼皮向上翻了几下，思考一番，说道：“你的家门朝东开，门里南墙根儿有一堆烂石头，多年没动过。你回去后，清理干净就好了，都是这堆石头闹的。”盖元修的岳父当时就愣了，他家确实有一堆石头，多年没有动过，家人也没注意过，盖天云怎么知道的？回家后，他就把石头清理干净了。说也奇怪，之后十多年，媳妇生下一儿四女，个个活泼健康，无

盖天云小屋

病无灾。

1942年，是胶东抗日战争最艰难的阶段。日伪相互勾结，狼狈为奸，抓民工、拉壮丁，经常有人失踪。有一天，城南泉水村一个村民走了五六十里路来到盖天云家，说儿子失踪两年多了，至今一点音信也没有。盖天云让来人拿起卦筒摇了一卦，又掐指念叨了好一会儿，说："这个人还健在，而且生活得很好。"来人欣喜若狂，连声说道："老人家你快说，俺儿他人在哪？"盖天云说："从卦上推断，此人在东方，离此不很远，应当是海阳县的小纪镇。"那时候，海阳是八路军的根据地，小纪镇是县政府驻地。那人回家后，第二天就去了小纪镇，果然找到了儿子。原来他儿子被赵保原部队抓了壮丁，后来被我军俘虏，当了八路。

1964年前后，憩格庄有个王姓村民结婚八年，儿女双全，可从结婚第二年开始，夫妻俩隔三差五就要打一架，甚至还闹过离婚。有一天赶姜疃集，盖天云家有不少人在等着算卦，老王也在其中。听了他的情况后，盖天云翻了翻眼说："摇一卦吧，你举起卦筒，心里默念所求之事，不要有杂念。"卦筒是一节粗竹子做的，里边装有六枚康乾年间的铜钱。老王摇了六次，每次的正反面都不一样。盖天云说："你们夫妻吵架是风水'管'（方言，造成）的，你的住房明间的北窗下，石头下面有一把刀，回去挖出来就好了。"老王答谢了两元卦金，急急忙忙赶回家去北窗下挖石头，当挖到第三块石头时，果然挖出了一把锈迹斑斑的瓦刀。从那之后，他们夫妻恩爱，再没闹过大矛盾，更没闹过离婚。

盖天云家是一处小厢房，坐东朝西，十分狭窄，他几乎整天不出门，坐在炕头，叼着长杆烟袋，一咳嗽，有时掀起炕席就吐。来他家算卦的、酬谢的，成天车水马龙。有本村的，外乡的，还有外县的，海阳的最多，"活神仙"在那里也传得最厉害。“文革”中“破四旧”，他被批斗，说他骗人。在批斗现场，他低着头小声嘀咕：“都有卦书，不是我编的，我不骗人。”批斗会结束后，他的小屋里还是来人不断，于是大队便派民兵轮流在他家看着，不许他算卦。后来又让他孙子用小推车把他送到公社礼堂，关了半个多月，每天有民兵看守。回家后，邻居问：“受过罪没有？”他说：“我一个八辈要饭出身的人，最典型的老贫农，我又不害人，怎么会整我呢？反倒是看守我的人，常在三更半夜找我，有时我就悄悄地给他们算算。”

从公社礼堂回家后，他算卦的方孔铜钱被没收了，但还是有人来找他。他就改变了方法，让人先说说所求的事，然后从一到五，从五个数字中选三个数，他给慢条斯理地批讲。他一般当时不收钱，找他算卦的事后觉得灵验了再上门酬谢。一般也就三五毛钱，很少有一块的，更多的是送几包饼干、桃酥什么的。那时，街坊邻居有事用点心的，大都去他家买，钱不多收，还不用粮票。

据莱阳市一位领导说，他爱人婚前谈的第一个对象是个大队拖拉机手，自己拿不准主意，便到安里村找盖天云，请他算一下，合不合适。盖天云告诉她，你将来的对象（职务）不止是一个开拖拉机的。这位女士回家后便“吹”了那对象，后来找了这位领导。

1977年，周翠英参加高考。考完后，感觉发挥不理想，心里很难过，一时间茶饭不思，情绪不好。她妈很心疼，就去找盖天云算了一卦，回家后对女儿说：“你不用拿出那个样儿来，吃吧，愁什么愁，你天云大爷说了，你考上了，他还叫我给你准备铺盖呢。”没过几天，周翠英还真接到了初选通知书，几天后又接到了莱阳师范的正式录取通知书。她高兴极了，赶紧到姜疃供销社买了当时最好的点心——“蜜三刀”和“猫屎橛”（一种油炸糕）。她妈用红花毛巾把点心仔细包好，送给了盖天云。

盖天云一生艰难坎坷，三个儿子有两个死在了他前头，儿媳孙媳也有几个走在了他前边。他1992年去世，享年103岁。

苦孩子盖世云

——盖元仁　盖志云

2019年8月，盖世云悄然离世，享年57岁。20世纪70年代，他的父母分别因惊吓和溺水而亡。他们兄妹三人都有残疾，18岁以前全靠叔叔教养，成人后，妹妹出嫁，盖世云和弟弟盖建云搬回曾祖辈留下的百年老宅里。

盖世云这样的特殊情况能够活到接近60岁，实属不易。20世纪六七十年代，政府下大力气抓农村教育，目标是要让所有的适龄儿童接受教育。安里村积极响应号召，在全公社范围内率先将村办学校的规模扩大到高中，孩子们不出村就能读到高中毕业，而且是义务教育，一个也不落下。盖世云兄妹尽管身体残疾，但同样得到了受教育的机会。在他母亲辞世后，他的父亲被安排到大队的果园，这样每天除了协助管理果树，还能有闲暇时间照顾家庭。有一天，盖世云的父亲想方设法买到了几尺厚布，求邻居大嫂帮忙做书包。几天后，盖世云高高兴兴背着书包上学去了。后来，他的妹妹、弟弟到了上学年龄，也都背着书包进了学校。

盖世云不仅赶上了一个好时代，也遇上了一帮好乡亲。他的小爹盖强，全靠种地维持生活，日子也挺艰难，自觉负起了抚养盖世云兄妹的责任。

后来盖世云和他弟弟被政府纳入低保，每年按时领取低保金；镇、村两级政府还筹集资金翻建了他的住宅。他的妹妹嫁在20里之外的山村，据说结婚不久就与婆婆分家单过，还生了儿子，依靠丈夫修修补补的手艺，日子过得有滋有味。盖世云的外甥长大后加入了部队，并幸运地成为一名士官。

20世纪80年代末，四里八乡突然传开盖世云会算命的消息。据说是一件偶然的事情引起的。那时，农民都是自己打石头盖房子。盖世云的邻居也打石头。有一天盖世云对他说："你们家里最近要出事，要躲避一下。"邻居也没往心里去。事隔几天之后，男主人在山上引爆炸药开采石头时，由于躲闪不及被炸伤，家里人后悔莫及，逢人就说："盖世云有特殊本领，未卜先知，真是个活神仙。"

事发之后，周围十里八村的村民有事都找盖世云算上一卦，有很多事情也真叫他说对了。就这样，一传十，十传百，越传越神，说盖世云是神仙下凡，成了奇

盖元仁，安里村人，1950年生，莱阳市退休干部，现居莱阳市。

闻。之后，村民遇到急难之事，都找“小神仙”算命，有看风水的，有消除灾难的，还有些大姑娘对婚姻问题犹豫不定，也找他出主意，问上一问。盖世云心生一计：本村还有不少男青年没娶媳妇，何不趁此机会为他们做点好事。于是，遇到大姑娘请他算命找对象，问他哪个方向时，他就都说成是安里村方向。就这样，他为安里村不少男青年找着了对象，有人私下问他，他笑着说：“只有这样，咱们村的青年才会早早娶上媳妇。”

其实，乡亲们大多也都心知肚明，与其说遇上烦心事需要找盖世云，不如说他们关心弱势群体。毕竟他家的生活困境都看在眼里，不管怎么说，人总要活下去的，不帮衬着肯定良心过不去。至于盖世云说的到底有没有道理，可能就不那么重要了。

而盖世云为村里人暗中提供的“帮助”，至今大家也还念叨着。

凡人奇事三则

——邢一夫　盖中臣

神秘的老姑姥姥

20世纪40年代，在安里村后街上，有时会见到一位中年妇女走来走去，精神状态时好时坏，好的时候说起话来彬彬有礼，低落时便会喃喃自语，烦躁时又语无伦次大声吆喝。有时街上有的调皮孩子会朝她说一些玩笑话，她会很生气，就从地上捡块石头吓唬他们，孩子们见状便急忙跑到远处躲起来。其实她心里还是有分寸的，她只把石块扔到眼前不远处，她是不想伤及孩子们的。小时候她和我母亲一起上过几年学，俩人是最好的朋友。按辈分，我母亲叫她姑奶奶，我称呼她老姑姥姥。

有一天，我站在街上玩耍，老姑姥姥从街东面走过来，叫着我的小名问我："咱到南山摘苹果吃好不好？""好。"我心里很高兴。那时候，农村的孩子能吃上个苹果，那可是天大的享受。老姑姥姥便蹲下来，让我用双手搂着她的脖子，起身背着我往南山走。一路上，老姑姥姥又自言自语说一些我听不懂的话，但我一点也不害怕，感觉就像自己的母亲背着我似的。

不一会儿工夫，便到了南山脚下。路边的梯田依次向上，直到山顶，山上种着苹果、花红等果木。老姑姥姥的家人多年辛勤劳作，才有了这样的规模。正是秋天收获的季节——苹果树上，挂满了红红的果实。山脚下还有个小水湾，水清清的，流向旁边的水沟。优美的自然风光，也给了老姑姥姥些许慰藉，心情也愉悦起来，脸上也有了笑容。

老姑姥姥先领着我到小水湾边给我洗了洗脸，用她的衣襟儿给我擦了擦，便领着我向半山腰的小屋走去。小屋挺整洁，家里人正忙着秋收秋种，就由老姑姥姥的父母临时住着打理一下。偌大的果园也不用专人守护，那时候民风淳朴，很少有人偷摘。太姥爷、太姥姥见我们来到山上，都很高兴，问我们"你俩到山上来有啥事？"老姑姥姥指着我说："带孩子来摘苹果吃。"太姥姥说："不用摘，筐里有的

盖中臣，安里村人，1941年生，莱阳市退休教师，现居莱阳市。

是。”屋里有几筐苹果，有人来买就卖给他们。老姑姥姥从筐里挑了个大的，用手擦了擦递给我：“快吃吧。”我一边津津有味地啃苹果，一边看屋里墙上挂着的一些条幅，那是太姥爷写的。我那时还没上学，不识字，但看到条幅上的字和我家里的几本书上的字一模一样。听村里人说，太姥爷是村里的书法大家，是文化名人。老人的儿子，也是我后来的老师盖廷武先生，他的书法在村里和学校也是有名的，我上学时他曾给我很多指教。

吃完了苹果，老姑姥姥又带我到苹果园里转悠玩耍，园中那特有的香味沁人肺腑。也不知过了多长时间，只听太姥姥对老姑姥姥说：“时候不早了，该回去了。”老姑姥姥便牵着我的小手往村里走，刚到村口的街上，就见我姥姥急得在到处找我，见老姑姥姥领着我回来，才放下心来。听我说起吃苹果的事，姥姥说了一些客气话，老姑姥姥笑了笑，向街东自己家走去。（邢一夫）

江湖郎中“歪打正着”

早些年，安里上疃盖氏东家庙胡同里，住着一位50多岁的妇女。她眼睛整天红肿流泪，人称“烂眼皮”。为了治疗眼疾，她可没少费心思，也没少费钱，但是始终不见好转。

时间久了，又多次用江湖郎中的“神药”也没治好，她彻底失望了。此后，她只要听到街上郎中“卖眼药来，祖传秘方，没有治不好的眼病，一抹就好”的叫卖声，就会气呼呼地从家里跑出来，跟大家说：“你们都不要相信他说的，他的眼药不好使，尽是骗人的。你们看看我的眼，我用了他好多的眼药，每次他都说保证见效，可哪次也不见效，钱倒是花了不少。”大家听了她的话，觉得有道理，就都不买这个郎中的药了。就这样，整个上疃郎中的买卖都让她给砸了，这可把郎中气坏了，心想：哼，我非想法治治你不可，看你还敢砸我的饭碗不！

郎中悻悻地回到家，一不做二不休，马上动手重新给她调配了一付新药：首先加大了药量，而后又添加了一点辣椒面，把药水用专门的瓶子装起来，单等给那妇女一个下马威。

这一天，郎中挑着担子来到了村里，又大声吆喝了起来。她又马上从家里出来了，还没有等她开口，郎中就拿出那瓶“特制药”，和颜悦色地对她说：“大嫂，这次我用秘方重新研制了一种药，保证管用，治不好我不要钱。”她一听这次不要钱，就马上动心了：“那就再试试吧。”郎中双手把药递给她，叮嘱道：“记得晚上睡觉前使用。”郎中见妇女拿着药走远了，便恶狠狠地骂道：“坏我好事的臭婆娘，我让你不是全瞎也是半瞎。”

到了晚上，那妇女把眼药仔仔细细地抹上。过了一会儿，她眼痛得厉害，在炕上翻来覆去直打滚，一个多小时后她累了，也不那么痛了，便睡着了。第二天早晨醒来后，发现枕头上面有些发白的东西，仔细一看，原来是些很小很小的死虫子。从此以后她的眼睛慢慢好了起来，半年后完全康复了。她眼睛好了，就满大街宣传这个郎中的眼药管用，同时还到处打听这个郎中的下落，要给郎中眼药钱。

再说这个郎中，只是想整治一下她，又担心把她的眼真给治瞎了，就再也没敢进这个村。三年后，郎中经过下疃，试探性地打听她的情况。有人告诉郎中，她几年来一直到处打听他，郎中一听这话，吓得脸都白了，马上挑起担子，抬腿就要走。那人接着说：“听说是你把她的眼治好了，她到处找你，要给你药钱呢!”郎中半信半疑。后来，郎中又打听了一些人，都说妇女的眼好了。郎中确定无疑后，有一天，特意来到妇女住的胡同大声吆喝起来，这妇女听到后，高高兴兴地从家里出来，兴奋地说：“我整天到处打听你，这次终于见到了。你怎么这几年一直没来啊？”郎中编了一篇话说：“我治好了你的眼，把名声给传出去了，整天忙得很，哪里顾得上过来呢。”妇女把郎中好一顿夸，并一定要付眼药钱，郎中说什么也不要。从此，上疃让郎中看病的人又多了起来。（盖中臣）

盖洪议戒赌

盖洪议，弟兄五人，排行老五，从没上过学，却有一身耕地的好本事，扶耧点种样样精通。早年，他染上了赌博的恶习，父亲没少训他，也没少打他。

他多次发誓，今后绝不再赌，但路过赌场时，心里却总是痒痒。有一次，他在家门口捡到了一些钱，鬼使神差地又想到了赌博：今天运气真好，去赌两把肯定能赢；他还自我安慰，反正这钱也是捡的，就算输了也不亏。就这样，盖洪议没忍住，冲进了赌场。

几把小赢后，开始大输，一沓钱很快输光了。他不认输，又赌了一把大的，还想赢回来；可能是好运气用光了，他又输了。没有钱，赢钱的人不干了，叫了几个人拎着他去了他家。父亲开门一看，便明白了，回屋拿了钱给人家，那人接过一数，说：“不够！”又牵了一只母羊，这才离开了。

那帮人走后，盖洪议跪在父亲面前等着挨打，却迟迟不见棍子落下。父亲沉默许久，叹了口气：“你走吧，我再也没有你这个儿子。”他不敢说什么，乖乖走出了家门，打算找个地方住几天，等父亲气消了再回来。不知不觉走了很远，看到路边地里有人在打垄，打的垄往西北偏了。他俏皮地说："东南风把垄吹歪歪喽！"地主说："你会干你来干啊！"干就干！他接过家把式干了起来，不一会工夫，一片地便犁完了，打的垄也笔直。

地主在一旁看了很满意，留他给自己干了五天活，然后亲自把他送回家，并付了工钱。

此后，盖洪议再没有碰赌。（盖中臣）

锦囊妙计

宫元凤

很多年以前，村里有个青年，因家里穷，兄弟多，生活困难，42岁才娶了亲，媳妇30多岁，患有气管炎。结婚后，两人生了个胖小子，高兴得不得了。他省吃俭用，没日没夜地拼命干活，生病也舍不得花钱治。儿子十七八岁的时候，盖起了四间瓦房。过了几年，又给儿子娶了个漂亮媳妇。

儿子结婚后，好吃懒做，儿媳也不愿做家务。老两口觉得这样下去不行，决定分家，让他们尝尝苦头，知道怎样过日子。分家时，老人把家里的细粮全给了儿子，又借了点钱给他们，希望他们辛勤干活，把日子过好。

分家后，老两口辛辛苦苦干了三年才把饥荒还清。因过于劳累，营养跟不上，老伴的哮喘病加重，三年后不幸去世。70多岁的老人元气大伤，渐渐失去了劳动能力。

儿子儿媳不长时间就把分的粮食和钱吃光花尽了，这才知道过日子的不易，但是他们始终没认识到自己的问题，在心里对父母一直怀有怨恨。老人每天饥一顿饱一顿，生病了，儿子也不舍得花钱给他看病买药，老人穿得又脏又破，看上去像个要饭的。

有一天，老人走累了，便在村外路边躺着歇息。村里的一位教书先生看到他，把他扶起来，老人把儿子不孝的事跟先生说了。先生听后，说道："不要紧，我给你出一招，但你必须听我的。"老人点头答应。先生说："我找人传话，就说你在村头路上捡了不少钱，估计这辈子花不完，下辈子也够了。如果儿子儿媳问你，你就说有这事，一直瞒到死。"

教书先生走回村，正好碰上个"长舌妇"在街头做针线活，便到她跟前，前后望望没别人，很神秘地跟她说："咱村某某某（指老头）在村外捡了一大笔钱，发大财了，你千万别跟别人说，免得失主找上门来。我看他太可怜了，咱就装作不知道这事吧。"

这长舌妇哪能按捺得住，还不到天黑就偷偷跟人说了。就这样，一传十、十传百，很快传到了老人的儿子儿媳耳朵里。

宫元凤，安里村人，1952年生，莱阳市退休教师，现居莱阳市。

一天，俩人炖了只老母鸡，端着送给老人，老人心中暗喜，心想果然有效。儿子送了几天好饭好菜后，问父亲："近来街上都传你发了一笔外财，是真的吗？"老人点头道："有这码事，但现在还不能露实（方言，让人知道的意思），等风声过了再说。"从此以后，儿子儿媳对老人越来越好，吃的穿的用的就不用说了，老人身体有点不舒服，儿子用小车推着到处看病，最远的一次跑到了50里外的地方。时间长了，儿子儿媳看不到钱，心里焦急，又问老人："你快把那些钱拿出来，给我们见识见识吧！"老人立马拉长脸说："外财不能轻易露实，你们放心，我就你这么一个儿子，这些钱早晚还不是你们的？！"俩人听后觉得也对，就把心放下了，一心一意照顾老人。

一晃几年过去了，老人也80岁了，身体状况越来越差。一天，儿子又对父亲说："你快告诉我，捡来的钱放在什么地方吧！"老人知道来日无多，便对儿子儿媳说了实情："我哪里捡到什么钱？这都是骗你们的，还不是为了让你们孝顺一点。"没几天，老人就去世了。

儿子儿媳把老人丧事办完后，到处打听，当初是谁传的谣言，但没有一个人承认。

智说“五老二”

韩仁贵

以前，农民把说“快板书”的称做“五老二”。安里村有个人叫盖合成，是个能说唱“五老二”的老艺人。他天资聪明，脑瓜转得快，自编自演的笑话很多。

1945年，我们村获得了解放。早春，天气乍暖乍寒，在上级政府指导以及部队医院三分所的帮助下，村里成立了一个俱乐部，排演了一出教育题材的剧目。演的是地主“五铁耙”欺压老百姓、老百姓在党的领导下翻身解放的故事。开演前，舞台布景和演员化妆的时间有些长，台下观众等不及，开始起哄，负责人就让盖合成先出去，说一段“五老二”暖暖场。可盖合成也没提前做什么准备，他就不愿意出去。这时，盖梁让张月把皮袄脱下来，反过来给盖合成穿在身上，又找了个狗皮帽子，帽耳朵放下来耷拉着，给他戴在头上，把竹板往他手里一塞，就把他推到大幕前边去了。

这么一弄，盖合成没办法，不说不行了，于是他在台子上来回走着想词儿。他脑瓜子转了几转，头一抬，便随口说起来：“哎！哎！奇怪、奇怪真奇怪，反穿皮袄毛朝外。”台下观众就笑起来，大喊：“好啊！”盖合成接着又说：“奇怪不奇怪，土地庙做戏台。”于是，观众前俯后仰地笑着听他说“五老二”。在戏台西南角的台下，盖亭老婆就跟盖合成老婆说：“二嫂子，你听听俺二哥说的，真是实话，还挺随韵（押韵）的来！”盖合成老婆说：“你可别听他胡掏乱拉的!”盖合成听见了，马上随口说：“说我掏我就掏，屋檐里头抱老雕，我问老雕你怎么抱，它耷拉翅膀躬着腰。”观众听了更开心了，盖亭老婆又说：“二嫂子你听听，多好听！”盖合成的老婆就回说：“你可别听他胡诌八扯的，屋檐里头能抱老雕吗？不是胡诌八扯是什么？”盖合成听见，又接着给编上了：“你说我诌我就诌，大年午夜就立了秋。正月十五发河水，从上冲了个驴笼头，我捞了一糊秫就打了六担六。有人问我这么多的笼头糊秫你怎么弄，我一下送到姜山的东泽口，把它一下都给了六十六楼，有啥用？好烧酒……”就这样，他给俱乐部救了场。

时隔不久，俱乐部又排演了新剧《金不换》，布景和化妆又是没有及时完成。领导让盖合成再去救救场，把张月的皮袄翻过来又给他穿上，找一顶破帽子扣他头上，还把他的裤腿给往上挽了挽。临上台时，他随手抓了一把白粉把脸和腿抹了抹，然后拿着竹板，晃悠着走到幕前，台下的观众高兴了，盖合成随口就说唱起来:“打起那个竹板，我跟你们开始唠嗑。有人说这天真冷，你还挽着那裤脚赤着脚。”他接着说:“我这条腿是飞毛腿！大家都叫我赤脚仙！我走起道来一溜烟，我说话你们可别不信，我两头见日头就一天。有人说，你能比火车跑得快？我比火车还快一站；有人说，你还能比飞机飞得快？我比飞机还快袋烟。我此说你们不大信，你们可跟我出去转一转来看一看，说到这里算一段，我得回去歇歇喘喘吃袋烟，你们也好准备接着把剧看。”这么着，又及时地给救了场。

张立仁打舅舅——公事公办

张维良

抗战时期，安里村的张立仁在万第赵保原手下当副官，负责监督修建工事、征收军粮。有一次，在监督民工建围墙时，看到有个人干活不够卖力，便上前抽了一鞭子，吼道："给我使劲干！"此人一回头，张立仁一看，是他姥姥家的人，按辈分该叫舅舅。张立仁有些不好意思，但那么多民工在场，只好红着脸悄悄说："对不起啊，舅舅，公事公办。"从此以后，"张立仁打舅舅——公事公办"便成了村民口中的一句歇后语。

据说，张立仁也是个"多面人"，任副官期间，对安里村的人还比较和气，私下也都以辈分相称，从不打骂。有一次，村里有个姓江的青年被抓去当壮丁，上午被抓下午就去工地干活，这天正好是张立仁监工，他便把家里老母亲有病的情况说了，希望能早点回去照顾老人，张立仁马上同意让他回了。旁边一个外村人说："他上午刚来，下午就回去。我都来了好几天了，我什么时候回去？"张立仁抬手抽了他一鞭子："干不完活你不用想回去，给我好好干！"

张立仁还负责征收军粮，他把在安里村和周边村征收的粮食，都运到自家开的磨坊加工，由他父亲负责，雇了几个妇女干活，磨

张维良，安里村人，1956年生，现居安里村。

好的面由岚子村一个姓黄的士兵赶着牲口送往万第。这个士兵发现，面送到万第从不过秤，报多少记多少。便想趁机捞点好处，就让自己的父亲提前隐蔽在半路上，他偷偷从袋子里挖出一些面给父亲。此事被张立仁的父亲发现了，张立仁听说后，没有声张，只以调换工作为名，给这个兵换了岗位。

张立仁看上了万第附近村一个年轻漂亮的大闺女，要娶做小老婆，遭到女子及其家人的反对，张立仁倚仗权势硬是把人娶回家。他每次回安里村都带着小老婆，据村里人说，那个小老婆还挺娇气，只走到胡同附近的坡下就不愿走了，要张立仁把她抱上去。有一次在大老婆家，小老婆生的孩子拉屎了，便叫大老婆赶紧找尿布，大老婆心情不好，找得慢了一点，两人便打了起来。在邻居盖玉、盖欣等人的劝说下，张立仁立马带着小老婆回万第了。

据说，张立仁在安里村的家产不多，主要有四间老房子、两间磨坊，地也不多，解放后都分给了贫雇农。1945年刚开春，赵保原的十二师被八路军歼灭，张立仁被人民政府枪毙于村西头小桥北面。

据说，张立仁小老婆的三个哥哥都秘密参加了革命，当了八路。解放万第前几个月，八路军方面曾派人私下找到他小老婆，让她做张立仁的策反工作，但张立仁听不进去，决心一条道走到黑。

张家街几件旧事

张维令　张玉芬

三巨石

张家街东面有个不高的小山——望吉山。山顶有三个石座平台，像是从地里长出来的。每个平台上都有一块一人多高的巨石，四五个人牵手才能合围，每块重量足有十几吨，带着一种自然的美。

传说很久很久以前，一次地震，三块巨石滚到坡下百米远的地方，人们感到很惋惜，便对着石头烧香、磕头。半夜里，人们听到锣鼓响了好一阵，但谁也没敢出门看。第二天早晨，发现巨石又回到了原来的底座上。

解放初期，望吉山西坡距石头四五十米处，有棵一抱粗、十几米高的迎客松，从张家街望去，很是壮观，是安里村的一大景点。不时有村里人上山在树下玩耍，小孩子们常在松树周围捉蚂蚱，追逐疯闹。

望吉山北侧有一条路，是村里人到斜儿岭、憩子岗种地的必经之路。因多年雨水冲刷，路很不好走。1956年前后，张家街群众重新修了这条路，用的是望吉山上的碎石。有人建议把三块巨石也用上，张行云、张松云哥俩坚决阻拦，方才保住了。可惜在20世纪70年代，巨石还是被人毁坏了。

两颗手榴弹

1950年前后，张维令的父亲张行云，经常把一个用布包着的东西接回家，过几天又送出去，再过几天又接回家。张维令很好奇，一天，他向父亲提出想看看那是个什么东西。可看了之后不认识，更不知它的用处；长大后才明白，那是两颗手榴弹。

那时，全国刚解放不久，安里村和全国各地一样，社会仍然动荡不安，政府组织起民兵队伍并配发了两颗手榴弹。当时张行云40多岁，正值壮年，作为可靠人

张玉芬，女，安里村人，1943年生，退休职工，现居莱阳市。

员，参与保管接送手榴弹，一旦遇到敌情，手榴弹在谁手里，就由谁带弹迎敌。

弹棉花

新中国刚成立不久，张维纲和张维汉去青岛买了一台弹花机，把张家街的姑娘们组织起来弹棉花，参加的有张兰英、张淑英、张爱英、张女英、张竹花、张翠花、张桂花、张爱花、张淑花、盖喜英、张玉娟、张玉芳、张翠荣、张翠莲等。

别小看这点副业，因为天天有活干，干完活就分钱，姑娘们天天乐呵呵的，有说有笑。她们挣钱了，可以多买几块好看的布料，还能攒点嫁妆。过去没有现在这么多样式的布，最多的是花棉布，颜色有白的、蓝的、灰的、黑的。姑娘们心灵手巧，买了布就一针一线地做衣服，不等过年过节就穿上了，越发显得漂亮神气。人靠衣服马靠鞍，打扮打扮赛天仙。张家街的姑娘们有时都买一样的布料，穿一样的新衣服，成了村里的一道风景。老人们都夸“真俊”，本村和周边村的许多人都很羡慕。

求雨

以前张家街有个关帝庙，在碾屋东山墙井道上，是个保护神。谁家有个七灾八难的，都去烧香磕头，求关帝爷爷保佑。遇到旱灾，张家街的姑娘们就组织“查渣”（做小豆腐）祭奠关帝爷爷，求关帝爷爷赶紧下雨保丰收，保老百姓活命。

这事姑娘们最喜欢做。一般是头一天上山挖野菜，第二天每家收一把豆子，做成小豆腐，先拜关帝爷爷，然后姑娘们头上顶着笸子、簸箕，手拿抓子、小镢头去各个胡同扒拉阳沟（门口的小沟）。一边扒拉，一边唱着“扒阳沟，扒洪沟，扒出洪沟淌大流”。到了谁家，谁家就拿出一瓢水倒在姑娘们顶着的簸箕上，水滴滴答答流到沟里就表示下雨了。表演完了，姑娘们就分小豆腐吃。

许多小孩子都喜欢跟在后面看，走到哪儿看到哪儿，可热闹了。

烈属母亲和一个疯女人

张正齐

盖孟贵的哥哥盖孟章抗美援朝时牺牲了，母亲拉着他们四个孩子过日子。女孩子出嫁后，剩下母子俩一起生活。母亲个子虽小，但为人敞亮，精明强干。盖孟贵相貌平平，人不懒，体格也算魁梧，就是反应迟钝，说话没什么逻辑，街面上人们取笑他是个“两根弦”。政府照顾烈属，在人民公社化时期，孤儿寡母的生活还过得去。母亲最操心的是，儿子三十好几了还没有上门说媒的，见到门口他婶子大娘就托付帮忙，几次上小北山找“活神仙”盖天云摇卦算命也都没戏。

1971年前后，莱阳南乡羊郡公社有个姑娘，名叫王金英。长相挺好的，因婚姻不顺心，姑娘得了严重的精神分裂症，家里根本关不住，常赤身裸体跑出去，一会唱一会骂，有时还追着人打。日子长了，头发被灰尘雨水拧成了几条“牛尾巴”，爬满虱子，从头到脚看不出个人模样。有好心人给她一件旧衣服穿上，不一会就被她扯烂扔掉。园里的瓜果蔬菜，山里的地瓜玉米，饿了啥都吃；晚上，门楼碾屋，牛棚草垛，哪儿都能睡，把整个南半县的村子都跑遍了。

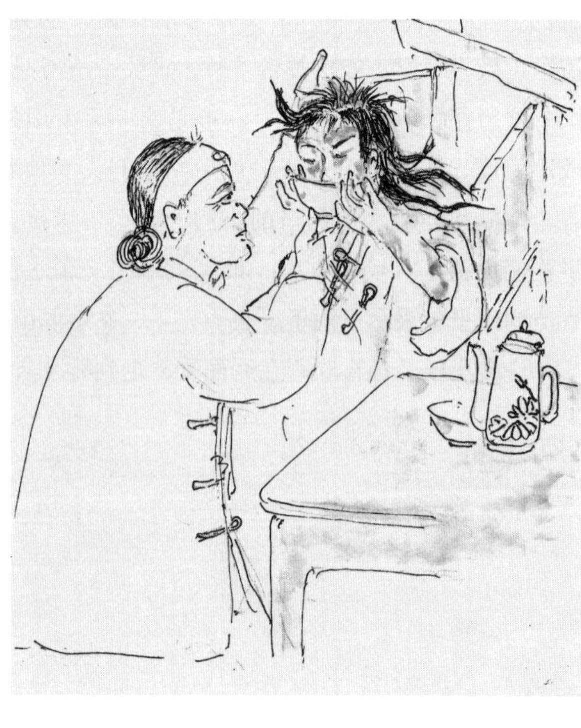

1971年5月，王金英流浪到了安里上疃，家家都吓得关上门，盖孟贵的老母亲不怕，也善良，给她端了一碗荷包蛋糖水：“嫚儿，饥困了，快吃点吧！”王金英接过来，恨不得连碗都吞下去。老太太又将她接进门，给她盛饭，给她洗脸擦身梳头，找了件衣服穿上（那时用布票，谁家衣服也不多）。好一番调理，姑娘还真受看。王金英吃饱喝足了，刚安静了一会儿，疯劲又上来了，脱下衣服扔到坑上，又喊又叫，骂了起来。任凭老太太怎么安抚也不行，闹腾了有一个多小时，累极了，趴在地上呼呼就睡。

老太太和盖孟贵把王金英搬上炕，盖上被。老太太守在一边心想，热乎长了，没有化不了的冰。等把这闺女的病伺候好了，给儿子做个媳妇，也算了了一件大事。老太太心里正美着呢，却不料王金英睡到半夜，忽地爬了起来，搬起石头就砸房门，又喊又叫，惹得满街的狗一片吠叫。老太太急忙安抚，“嫚嫚，好闺女，你好好住下吧，我热汤热饭伺候你，病好了咱再说。”可王金英一个疯子，哪管这些，硬是打开门跑了出去，再也不回头。老太太竹篮打水一场空，心里很难受，好好的一个大闺女，怎么能痴成这样？！

没过几年，老太太就带着万般无奈和对光棍儿子的牵挂离世了。后来，农村实行联产承包责任制，分的责任田盖孟贵也不大会种，只好以拾荒为生，有时也帮别人干点零活，虽然饿不着，但也比乞丐强不到哪里去，没几年也随母亲去了。

狼之殇和叔叔之死

盖柏先

20世纪70年代，胶东半岛的山野里还有野狼的踪迹。当时大人们常常会用大灰狼来吓唬不听话的孩子，尤其是到了晚上，各家各户都关门闭户，以保证人和牲畜的安全。

小时候听盖国云叔叔说，他们这些年轻人负责给生产队放牛。夏天的晚上，会到山里青草长得高长得密的沟沟坎坎去放牛。有一天夜里，他们在离村庄很远的一个叫“老鼠沟”的地方遇到了狼。牛比人更早觉察到了狼的存在——停止吃草，尾巴翘得老高，喘着粗气，昂着头盯着前方；而人也有反应，身上起鸡皮疙瘩，头皮发麻，毛发直竖。盖国云叔叔还说，牛是大牲畜，成年牛是不怕狼的，但它见了野兽也会有明显的反应，而通常放牛人手里都有长木棍、皮鞭等工具，所以狼一般是不敢攻击人和牛的。

还记得盖青云叔叔家的大婶说过，她娘家的山里也有狼。大婶的娘家是羊郡镇车家疃，那里山更大，林子更密。她说，她在娘家生产队干活的时候，经常能听到山里面狼的嗥叫声。那时候生产队干活不分白天黑天，经常晚上也要随大人一起在山里干活，她们这些女孩子听到狼叫，吓得钻到大人堆里躲着。

我们小的时候也经常参加生产队的劳动，有时候结伴上山拾草，挖野菜，捡蘑菇，不时在山上看到一些白色的动物粪便。听大人说，这就是狼粪，说狼“吃红肉，拉白屎”。所以，我们知道村周围的山上是有野狼出没的。大人们也叮嘱，中午头或晚上不要一个人上山或下地干活。

安里村曾经发生过野狼进家的事。大约1970年春末夏初的一天夜里，一头狼沿着河套从村南的山上到村里觅食，来到张家街西头路南的胡同。盖隆爷爷家的院门磨损严重，两扇门关上后，门角的空隙较大，狼从门缝里钻进了院子，找吃的。正在睡觉的盖隆奶奶先听到了响动，急忙推醒盖隆爷爷。盖隆爷爷被叫醒后也听到了，赶忙叫醒儿子盖太云，让他到院子里看看情况。盖太云起身下炕，打开房门，到院子里查看。野狼见屋里有人出来，就朝着盖太云扑了上来。盖太云猝不及防，惊出

盖柏先，安里村人，1964年生，现为烟台中级人民法院三级法官，居烟台市。

一身冷汗，本能地大叫一声，赶忙从门边摸起一把铁锨，朝着野狼挥舞起来。你来我往，几个回合过去，最后盖太云凭着年轻力壮，将野狼打倒在地，又朝它身上拍了几锨。狼躺在猪圈门口的地上，不动了。受惊加上体力不支，盖太云回到炕上倒头大睡。

天亮后，消息很快在村民中传开了，大人孩子都拥到盖隆爷爷家去看光景，只见狼躺在地上，肚子朝西，头朝北，对着房子正门，嘴里流出了一滩血水。大家议论纷纷，有人说头一天晚上狗叫得厉害，就知道有东西进村了；还有人说，打死的确实是头狼，因为狼和狗虽然长得像，但狼嘴明显比狗嘴张得要大，而且狗尾巴一般是弯的，而狼尾巴是直的。

当天，正好是姜疃大集，南面上夼村的人路过，听说打死了一头狼，也有进家看光景的。当天下午，听说上夼村有人来盖隆爷爷家，说是自家的狗跑出来被打死了，来要他们家的“狗”，被盖隆爷爷给赶走了。

后来，盖隆爷爷家的院门磨损处用铁皮包上了。而盖太云从此生了病，经常一个人站在屋子西头一堵矮墙里边，探着身子，木讷地望着官道上南来北往的人们，白纸一样的脸上全是落寞孤寂，身子也很是虚弱。再后来，听说他病倒了，不久便去世了，仅仅活了二十几岁。

盖太云是独子，去世的时候尚未成亲。自这件事后，村里再也没听说过和狼有关的事了。

小媳妇斗“嘴子”

盖艾玲

安里村东面有座山，叫“出儿山”，再往东边有一趟山岭岗子，北头的叫“石羊岭”（又叫“社儿岭”），南头的叫“懒汉窝”。这里是个好地方。一是大树多，夏天绿荫浓郁，清风拂面，坐在树下好不惬意；二是这里正好是个上坡的顶部，推车挑担走到这里，上得坡来必定喘口气、歇歇脚。人们半躺半趄（方言，躺卧）地，聚集在这里歇息，“懒汉窝”的名字就是这么来的。

常有人群聚集的地方，一般会比较热闹。从前上山干活的人常在这里歇息，而且大多数是年轻的后生。年轻人坐在一起，已婚的、未婚的，性格活泼的、老实本分的，走亲戚的、做生意的，当教书先生的、扛活当长工的，什么人都有。这当中自然也就有些有趣的人，爱讲笑话的人，油嘴滑舌的人，话题也常常离不开女人。

从此处向东10里左右，有个憩格庄村，与安里村通婚多、亲戚多，小媳妇走娘家，也顺理成章。

不论是憩格庄的姑娘，还是安里村的小媳妇，不管回娘家，还是去婆家，“懒汉窝”都是必经之地。过去新媳妇回娘家多是夫婿赶着毛驴来回送，但不是每一家每回都能做到，所以小媳妇自己走路的情况也常有，而人每每走到“懒汉窝”，都会有些难为情。因为在这里歇息的年轻人中就有些爱说俏皮话的“嘴子”，甚至还会弄出些小动静。比如说，小媳妇走到这里，有后生说“大妹儿，歇歇吧”；有的说“大妹儿，你拿不动东西，我帮你送送”；还有的干脆就唱起带“色”的《送情郎》：

送情郎送自在，大门又以西，
猛抬头，我看见一个卖梨的：
干妹子你好哝，实在是好，
走起路来好像那水上漂……

遇到这样的情况，小媳妇恼也不是，笑也不是。有的走过这个地方，出一身汗；有的走到这个地方，几乎羞得迈不开步。要恼吧，好像也无伤大雅，也没把你怎么地；要笑吧，又感觉心里气得慌；搭理他们吧，又怕蹬着鼻子上脸；不搭理他们吧，又感觉像是夹着尾巴吓跑了一样。真是豆腐掉在灰堆里——吹不得，拍不得。

话说某日，有一个小媳妇打此地路过，一群在这里歇脚的后生又开始闹妖。一个后生正美滋滋地就着猪头肉喝着小酒，见小媳妇走了过来，大声说："大妹儿，歇歇吧，我这里可有好东西给你吃。"这个小媳妇一听这话，立马停下脚步问："大兄弟，什么好东西？"后生说："你看不见？猪头肉啊。"小媳妇坐下来："行，大兄弟，你请我坐下，咱兄妹缘分一场。来，我陪你喝上几杯。"说着就拾起杯子，连倒三杯，三口喝下。接着端着杯子，倒满了酒敬给后生，说："兄弟，来，你的了。"

这时候，周边的人都过来看热闹，那后生不敢不接，连着三杯，话都没说清，醉成烂泥，倒了。小媳妇拾掇拾掇猪头肉，装进自己的小拐篓里："大兄弟，酒，咱也喝了；肉，我就拿回去孝敬公婆了。你自己慢慢醒醒吧。我走了，谢谢你。哼！"说完，拎起她的小篓，扭搭扭搭走远了。

众人面面相觑，半天没人吭声，这回可是遇到厉害角色了。他们哪里知道，这个小媳妇，娘家开的酿酒坊，她打小就是专门品酒的，那酒量，能喝十八碗的武松也得掂量掂量。

从此，那些歇脚的后生们再也不敢在这里轻狂耍"嘴子"了。

臭是一窝，烂是一块

宫元凤

安里村下疃小后街，有一对亲兄弟，老大叫洪日，老二叫洪月。两人脾气暴躁，性格都很犟。兄弟二人结婚后分家，都认为（分得）不公平而闹了矛盾，互不来往。老大住东屋，老二住西屋，虽然低头不见抬头见，但从不搭腔，有时遇到点小事也是开口就骂动手就打，视对方为仇人，势同水火。

有一天，一帮人在街头上拉呱闲聊，其中有个明白人（方言，有智慧的人）说："大家好好记住，别人家里打仗闹矛盾，千万不能掺和，给人家定生分，应该说和，让他们和好，这样才能不得罪人。常言道，臭是一窝，烂是一块。"另一位说："你说的有道理，但也不一定全对，应该因人而论。像咱们街上的洪日和洪月这兄弟俩，你这个论调用在他们身上就不一定管用。"这时，又有人说："你们不用争论，咱们找个机会测验一下就知道了。"众人说好。

这帮人商量了一番，拿出了一个"测试方案"。第二天，几个人叫洪日一起到西宅村帮忙买小猪，因为老大是内行，会看行情，如果合适每人买头回来养着。那个年头都是各家各户私人养猪，作为家庭的经济收入来源。还有两个人叫老二洪月在街头下五子棋，半上午时分，到西宅村看猪的一个人急急忙忙跑回来，气喘吁吁地对下棋的几个人说："快上西宅看看，洪日在那里跟人家打起来了，我怕他吃亏赶紧回来报信。"这时，正下棋的洪月放下手中的棋子起身回家，跑到门口抄起一把铁锨直奔西宅而去，其他几个人也紧跟在后面。跑到半路时，洪月看见大哥与几个看猪的伙计正有说有笑地往家走，并没有什么事。洪月一看，大哥没事，扭头就往回走。

事后，兄弟二人见面照样不说话，跟以前一样。第二天，这帮人又聚在一起谈论这件事，大家异口同声地说："真是臭是一窝，烂是一块！"

趣人趣事

张正齐　江守涛

盖建邦路见不平一声吼

安里村人都说下疃小东坊地气好。解放后村里第一位大学生（西安交大毕业）就出自那儿。小东坊在外面工作的人的确不少。

盖建邦就是小东坊的，他从小活泼机灵，性格爽快正直。二十多岁，肩膀上生了个很大的疥疮，落下个小碗口大的疤瘌，背地里有人叫他“烂膀子”。三十岁左右，他独自闯关东，火车上有一个蛮不讲理的人，把伤残军人证一摔，大骂女列车员服务不周，列车员好声好气地解释，那人越发嚣张，骂得越来越难听，一口一个“老子老子”地吼，周围旅客都不敢上去劝说。盖建邦一步冲上前去，把衣服一扒，膀子上的大疤瘌杵到那人眼下，“我这是狗咬的！ 你有什么了不起，敢在人民火车上撒野？！”那人一愣，呆了几秒钟，拾起脚下那本证件，悄不做声溜出车厢。顿时，车厢里响起一片掌声。“谢谢您，同志，谢谢您主持正义！”女列车员感激地为他端来一杯茶水。

听说盖建邦在东北退休多年了，儿子在北京工作，每逢清明，常开车回来为他爷爷扫墓呢！

“大掌柜的”

1968年，张正齐分到大队菜园干活。因为没有种菜技术，就和盖风举去刨菜畦子或到大会场公厕挑大粪。风举，外号“大掌柜的”，是个“弱智人”（智力有点缺陷），据说他老一辈还是财主呢。风举不爱说话，光知道老老实实干活。队长分配的定额任务，白天黑夜地忙，忙不完不下班。正齐和他结伴干活，还给他理发，所以二人关系很好。队长领人赶集卖菜时，园子里就剩他俩，正齐偷摘一根黄瓜两个西红柿，分一半给他，他一边说着“这不好，这不好，犯规定呢”，一边也毫不客气地狼吞虎咽吃下去了，样子很是可爱。菜园周边的婆娘，三三两两进园买菜，总爱逗风举取乐。“大掌柜的，给你说个媳妇吧？”“没有钱！”盖风举就三个字很干脆。有一次，有个中年妇女一本正经地问他：“盖风举，现在计划生育，你是结扎呢，还是带环？”风举沉默片刻说：“我能带环我也不结扎！”几个老娘们都笑出了眼泪。

盖风举一辈子没成家，刚过六十就离开人世了。

换腰带

有一年秋天，下疃前街，社员们正在山里刨地瓜，不知是谁喊了一句“队长，换裤腰带吧”。队长不假思索地满口答应：“换。”他心里想，自己的腰带虽是皮的，可用了有十多年了，也断了好几截，换了不会吃亏的。两人在众目睽睽之下解下了腰带，谁知那位扎的是一条线腰带，还有几处“藕断丝连”。队长心想，亏了。但一个男子汉在一群男子汉面前，一言既出驷马难追，尽管心里叫苦，也不得不换。队长一晚没睡，左思右想，明天再换，把吃的亏捞回来。

第二天，两人刚见面，队长先提出再换一次，先解下自己的系了好几个疙瘩的破线腰带，谁知那位高人早有准备，解下了一根草绳子。队长看了，猛地一拍脑袋：“又上当了！”队长心里很是不服，总想扳回一局。

第三天，两人又换，队长解下了两根葛子藤，谁知那位解下了三根地瓜蔓。连续三局败下阵来，队长服了，一声不吭，蹲一边抽闷烟去了。社员们可是看了热闹了，一个劲地拍手称赞那位老兄“高手”。真可谓人外有人，天外有天啊。

什么最亮

有一天，生产队集体劳动，免不了边干活边聊天，甚至是“抬杠”（方言，争辩的意思）。不知道怎么开的头，大家围绕“什么比什么亮”，你一言我一语，慷慨激昂，争得脸红脖子粗。有人说罩灯比油灯亮，有人说灯笼（马灯）比罩灯亮，有人说汽灯比灯笼亮，还有人说电灯比汽灯亮。后来话题转到什么最亮，有的说月亮最亮，有的说太阳最亮，最后不知是谁高声喊了一句“都别争了，我看毛泽东思想最亮”。此言一出，现场顿时鸦雀无声。

小后山

盖艾玲

安里村有个“小后山”，不高，不陡，山势平缓。

几十年前，小后山的西坡生长着榆槐等杂树，东南坡和东北坡原本生长着椁椤、柞树、松树、槐树等，是一座有树有花的山丘，可以拾草拣柴，牧牛放羊。山顶岩石裸露，是夏天乘凉的好地方。最有趣的是，每当雨后，松树、柞树下时有蘑菇长出。夏秋之交，下大雨后太阳再晒一两天，后山的蘑菇就会悄悄地冒出来，东一撮、西一堆的。

我从小最爱干的事，就是捡蘑菇。记得那时候我已经上学了，只要秋天下过雨，又连续出太阳，看吧，那后山的蘑菇，一股墩一股墩（方言，小堆）的。放学后我顾不上写作业，提着篮子就往后山跑，赶紧去捡蘑菇啊。村里人把蘑菇叫做“窝儿”，有黄褐色的“粘窝儿”、白色带点的“腊窝儿”。这两种蘑菇是可以吃的，晒几天，只要不变质化成水，那就是无毒的。我妈用来熬豆角吃，现在还能想起来那种清香的味道。

还有灵芝，柞树岚子（方言，树林）里、松树底下、腐朽的木头树干等地方，经常有一堆堆奇怪的“蘑菇”，那时候，人们不知道这叫“灵芝”，大家都叫它是“木窝儿”，意思就是木头窝儿，不好吃。一般蘑菇的腿长在中间，这种“蘑菇”的腿长在一边，一盘一盘的，还有漂亮的金黄色花边。我喜欢那个味道、那种样子，所以会拣很多回来。可惜那时候农村没人认识那是灵芝，没人知道它有很好的保健作用。有的“木窝儿”长得很大，我有时候会拣来家一篓子，问问奶奶、父母“好干啥”，他们说“木窝儿”也不能吃，你拣了干什么？这些捡来的“大木窝”，便在院子里晒几天，真是没什么用的。我坐在灶前烧火做饭，经常一把一把地就将这些晒干了的大“木窝”填到锅底烧火了。红红的火苗燃起了，真好看。

到了20世纪60年代，村里技术队的青年们，在山上开荒种地，种植了桃树、杏树等，春天花红柳绿，秋天果实累累。还种植了荞麦、大豆、花生等农作物。到了70年代，安里学校开展勤工俭学，村里将小后山的地交给学校管理，供学生们勤工俭学用。孩子们种了花生、地瓜等，一时间山上一片葱绿，鸟语花香。那是小后山最最美丽的时候。后来勤工俭学课目停了，小后山归于荒凉沉寂。

早年间，因为“小后山老龟镇水”的传说，老辈人留下个不成文的规矩，就是不准在小后山开采石头，说“不能伤了风水，坏了老龟的血脉。若触犯了老龟，要受灾得病遭惩罚”。但是村庄要发展，人口在增加，人们要盖新房，改善生存环境。再加上“文革”“破四旧”，什么传说都说是“迷信”。早在20世纪70年代，村人就开始在小后山采石，用雷管、炸药，在山的东南坡开了很多很大的“石青窝子”。

村人都习惯说，上后山“石青窝子”去打石头。一次，我二爹盖世勉在后山打石头，被崩起来的石渣伤了眼睛，虽然经过治疗，但是后来眼睛还是慢慢失明了。村人就说，你看看，后山的石头千万不能打，打了就会惹恼神仙。但是，民间传说的力量，阻挡不了老百姓生活的需求。

几十年来，小后山的山体，从东到西，从前往后，山前坡、山东坡、山顶上，一幢幢新房鳞次栉比，街巷相连。胡同里，孩子们的笑声永远是那么醉人，墙头爬满了拉瓜、丝瓜、牵牛花的藤蔓。过去的茔地坟头，统统化为乌有。鸡鸣狗吠，尘世烟火，生儿育女，柴米油盐，永远是老百姓生活的主题。

站在小后山顶上，俯瞰安里村，整个村庄风貌尽收眼底，村庄走势依山而建，瓦红墙绿，炊烟袅袅，一派生机。

村风旧俗

“叫魂”

盖艾玲

几十年前的农村，医疗条件不发达，小孩子有个头疼脑热的，尤其是受到惊吓的，家长经常去找那些上了年纪的老人，一般是女性长者，给“叫魂”，又称“务叨务叨”，大意就是帮忙“解决问题”的意思吧。我的奶奶就会这个。

小孩子受到惊吓的原因很多，一是狗猫牲畜等突然袭击，二是电闪雷鸣，三是突然的巨大爆响，等等。地点不一，有的是在村里路口、街边，有的在山里、地里、园里。“叫魂”的方式也不一样，主要有两种。

一是用受惊孩子的衣服“叫魂”。一般是晚上十点以后，夜深人静了，奶奶和受惊孩子的母亲，拿着孩子经常穿的一件衣服， 来到小孩受到惊吓的地方，把孩子衣服在地上拖几遍，口里念念有词，叫着孩子的乳名，说着“某某你别怕，跟着奶奶快回家”之类的话。连着念叨好几遍，嘴里说着“管你哪路神，哪路仙，这是给你送的钱，赶紧拿着走，别再吓唬俺孩子啦”，然后烧点土纸，有时还祭洒一些酒水。仪式结束，临走把孩子衣服抱在怀里，一边走一边说：“孩子，走，咱们一块回家啦，回家啦。”

等奶奶和孩子的母亲一起回到孩子家，一般孩子早就睡着了。奶奶把这件衣服轻轻盖在孩子的身上：“好了，好了，咱哪也不去了……”慢慢拍着孩子，像催眠曲一样。这时候，孩子仍然在睡梦中。第二天，孩子又活泼起来，恢复如初。

二是用邮票来“叫魂”。一般是奶奶和孩子家长一起从盖过邮戳的信封上揭下一枚邮票，来到孩子受到惊吓的地方，用镊子夹着邮票，在地上比划着，有时画圈，有时来回滑动，这叫“收魂”。嘴里叫着孩子的乳名念念有词，烧点纸，仪式结束后，把邮票揣进贴身的衣兜里。回家后，照例孩子还是早就睡了，奶奶用镊子夹着邮票，在孩子的脑袋上方来回比划，说着“回家了，回家了”一类的话，像唱催眠曲一样，拍打着孩子。到此“叫魂”过程就算结束。第二天，孩子恢复如初。

据说，奶奶的这一本领是跟西学堂尼姑庵的一个尼姑学的。那尼姑有给小孩治病的手艺，我的几个叔伯兄弟，小时候有病有灾的，奶奶经常去找这个尼姑，一来二去就熟悉了。尼姑是个好心人，广结善缘，乐善好施，见我奶奶十分善良，就把这个本事传给了我奶奶。

奶奶除了懂“叫魂”，还会治疗小孩夜啼和风疹。小孩子晚上整夜地啼哭，是让大人很头疼的一件事。那时农村街头村口、街口，或是村边的老树上，常见贴着一张黄纸，上面写着：“天皇皇，地皇皇，我家有个哭夜郎。过路君子念三遍，一觉睡到大天亮。”

奶奶治夜啼，一般是用一个纸包，纸包里有几味小草药末末，让家长回去给孩子温水服下，一般两三次就好了。里面的几味小草药是什么至今还是个谜。

小孩子身上起了“风疹”，一片一片的红疙瘩，老人说这是在外面遇到“旋风鬼”，所以又把这种病叫做“鬼疹疙瘩”。现在西医叫荨麻疹过敏。奶奶用一种自己制的粉剂类小药面，和点水涂在患处。还要用桃树枝抽打身体，说是桃树辟邪，桃树枝抽打可以“驱鬼”。那时候，奶奶就是这样给我治疗的。一身突然生出来的“风疹”，经她们这样“务叨”（方言，操作的意思）两次，就完全好了。

背槐树

韩仁贵

现在的安里村委会，过去是个三官庙，庙有个三门楼子，三门楼子前面有个台阶。台阶南面墙墙体的下半部分里面有一棵老槐树。老槐树树干不足一人高，根部直径大约一米七，东边的一半已经烂掉了，西边的一半虽也尽是窟窿，但仍枝繁叶茂。

据说，在这棵大槐树最茂盛的一年，有人看到从三官庙内出来一条大蛇，尾巴搭在这棵老槐树上，探出头到湾里喝水（现在大会场的北半部当时是个大泥湾）。由于大蛇吓死了人，霹雷来抓它时，把这棵老槐树也劈成了两半，只剩下一半还在顽强地活着。

咱村有句老话——“你是想去背老槐树，是吧?！”这是什么意思呢?

以前，凡是有人犯错误，就会被抓起来，背靠这棵老槐树绑上，任由村民围观，以示警戒。

咱村谁常去背这棵老槐树呢?我记得有两个人。

一个是外号叫“大脚儿”的老婆子。她的脚确实不小，按照现在的标准，她得穿44码的鞋。听说她男人很早就死了，她儿子，乳名叫“连子”，十三四岁时也死了，就剩下她一个孤老婆子，没有地种，也不会种地，全靠上山弄点吃的。秋天上山，她去偷摘人家的方瓜或者偷扒人家的地瓜等，有时被看山或看青的人捉住了，就绑在老槐树上，教训一下。放了以后，还是那样。

另一个是女儿乳名叫“陶嫚”的女人，是咱村早年扎纸的老艺人周洪春（外号叫“邋遢玉儿”）的老婆。周洪春死后，就剩下陶嫚和她的妈妈。娘俩无依无靠，全靠上山和赶集偷点东西吃。娘俩只要看见能吃的东西，就顺手去拿，有时如果弄不到什么吃的东西来，就得受饿。所以，陶嫚的妈妈经常被捉起来绑在老槐树上，打她一顿也就放了。陶嫚娘俩到解放以后生活才有了保障，陶嫚到莱西安了家，她的妈妈改嫁到了九家夼。

那时，看山的是村里的大户找的，有盖功仁、盖德文；看青的是村里找的，叫张立志。

这就叫“一疃穷人一疃养”。

九棵古树

韩仁贵

安里村曾经有九棵大古树。

第一棵。在现在南北大岭岗子的岗顶，石头缝里长有一棵老槐树，往东歪着头，枝叶茂盛。树身南边的一半没有了，烂掉了，北边的一半浑身窟窿。直径一米五左右。传说，这棵树和三官庙前台阶上的那棵树是同一棵，当年那棵树被霹雷劈成两半后，另一半长在这个石头缝里。

当初，我大爷爷韩成锡租了盖功风的地，就在这山顶上。我跟大爷爷去那里干活，上去看过这棵树。

第二棵。在下疃大街东头北面，原来盖善宾（现在是盖元仁）门前台阶西面，也有一棵老槐树。树身尽是窟窿，一个半人才能抱过来，长得挺茂盛。赵保原（国民党暂编第十二师师长，大汉奸）收木材的时候，把一些长得粗壮的树枝割掉了。

1947年“大参军”的时候，咱村上下疃一共扎了四个大松门以示庆贺，其中一个就扎在这棵大槐树旁边。后来，这棵老槐树给村民生活带来了很多不便，村里就动员盖善宾把它砍掉了。

第三棵。在下疃大街中间，现在兰维中大门前街南、宫元成屋后的东过道北头东面，有棵过街槐树，直径有七八十公分，树干有两米多高。树枝很多，能遮住半面街。这棵老槐树打老远就能望见，后来不知道为什么被伐掉了。

第四棵。在江守学的屋后，兰振保和兰振芳屋前的东西小过道的西头，南北厢屋大门洞东西过道的南面，有一棵树干两米多高的老家槐树，要一个半人才能抱过来，长势很好。过清明节时，还给妇女儿童吊过秋千。

第五棵。在盖正云（现在是盖所先）的门前，南北过道南头的西面，在第一道台阶的坡上有一棵大槐树，要一个半人才能搂抱过来，它的一条树根东西漫过道，长得像道门槛一样。盖强没有盖房子前，原来过道东是场院，这棵槐树的树枝能遮住大半个场院。平日憩格庄、宋村等到姜疃赶集的人们，走到这里喜欢坐在树下歇息一会儿，欣赏一下它的伟岸雄姿。

后来，赵保原收木材时把它砍了，一根粗树枝便做了三个铡刀床子，还有一些弯的，做了好几个牛折子（方言，一种农具）。

第六棵。在现在盖元章住的屋前小园里，原来是盖学文的小园，北墙根有一棵大槐树，一个人抱不过来，树冠很大。

有几年过清明节的时候，人们还借着这棵大槐树的树枝吊过秋千。我记得盖发先和盖起先的老奶奶、盖初云和盖江云的奶奶、盖风的妈妈，还有盖功学的老太太等人都去打过秋千。她们稳稳地坐在秋千上，别人使劲地推送着，荡得老高老高，我在下面看着都有点发怵，她们却觉得不过瘾。

那个时候，盖功学老太太的装扮给我留下的印象最深。她的脚上穿着木屐鞋，下身穿着细裤扎着带子，上身穿着毛蓝大夹袄，用黑布绣的袄领、袖口和前后大襟特别出彩，头上戴着一头首饰，龙凤簪子、吊坠儿全是银子打造的，让人过眼难忘。

第七棵。在现在盖德兴屋头场院里，有一棵三杈槐树。树身有一人多高，一个人搂抱不过来。它上面的三个树杈不知为什么都被割掉了。

第八棵。在盖秋先屋头、盖空云门洞西、盖旭儿子的屋后那里，曾经有棵大槐树，树干挺高的，树枝和树头也挺大的，有一抱多粗细。后来不知道为什么把它砍掉了。

第九棵。在盖仁山盖的房子前面过道西面，有一棵大桲椤树，可能因为这棵树生长缓慢，每年变化都不大，人们都习惯叫它“老样子树”。它有一抱来粗，三米多高，树头二十七八平方米吧。

唱大戏

盖艾玲

20世纪80年代以前，农村文化娱乐活动贫乏。但是每到春节，村里都会请来戏班子唱戏，这几乎成了那个时期的惯例。安里南面有个村庄叫鲍村，鲍村的老戏班子在周边最出名。

每到正月，鲍村的戏班子都要来村里唱大戏。日子定好后，村人便邀请亲戚。届时，亲朋好友带着饽饽、点心、一瓶老白干酒到安里村看戏。

一般是从正月初八开始，在村里连唱几天。晚上，村里的大广场上人声鼎沸，不怕冷的孩子们，早早就搬着小凳子占好位子。"叮叮哐哐"的锣鼓家什，敲得人心里发慌，不等吃完饭就一溜烟跑到广场上。

舞台上方，一盏忽明忽暗的汽灯，照得明堂堂的，戏台下面的嘈杂，乡土艺人的呕哑嘲哳，一点也不影响人们听戏的兴趣。"文革"之前，鲍村的戏班子在周边村庄演出的，都是他们的拿手老戏，角色有青衣、花旦、武生、老生等，传承"忠孝节仁、礼义廉耻"的传统价值观，也是中国人一直坚守的精神内核。舞台上，帝王将相才子佳人一通吼唱；舞台下，人们嗑着瓜子，吃着炒花生，个个如痴如醉，心花怒放。一年的日子，就数这几天有滋有味。

"文革"期间，这些传统老戏被打入"封建""黑货"一类，鲍村的老戏箱被烧，道具被毁，老戏剧团从此一蹶不振。到70年代前后，八个样板戏风靡全国。每年正月，安里村仍邀请剧团，不过鲍村变成了本公社的院庄村，演出剧目也变成了京剧样板戏。

院庄村不大，共有200来户人家，但是有很多喜爱戏剧的年轻人，竟然排练出了《智取威虎山》《沙家浜》两出大戏。

看戏是那个年代乡下人最开心的事情，连看场电影都不容易，更不要说舞台剧了。其实，那时候的样板戏，全国人民早就背熟了，台词剧情，烂熟于心。常常是台上刚提问，台下早已应答一片，台下比台上还热闹，还精彩。

这一年，安里村请院庄村的剧团来演《智取威虎山》，到了"威虎厅"杨子荣与座山雕对话一节，台上问"天王盖地虎"，台下答"宝塔镇河妖"，后面的台词也对答如流——"正晌午时说话"，"谁也没有家"。"脸红什么？"，"精神焕发”。“怎么又黄了？”，“防冷涂的腊”。

从头到尾，土匪问一句，下面几十上百人答一句。台下的声音整齐而洪亮，完全盖住了演员杨子荣的声音，他只张张嘴，根本没他什么事。这时候，台上台下笑声一片，好像看戏不是主要的，纯粹是为了体验现场那种快乐的气氛。

演《沙家浜》时，就更有意思了。扮演沙奶奶的演员，是个男的。本来，男扮女装在京剧里很常见，像京剧大师梅兰芳、梅葆玖等人。而那时候的乡村剧团，演员就是社员，哪里受过专业训练？所以这个“沙奶奶”的反串，就是那晚最最有趣的事情。正面扮相还说得过去，毕竟化了妆，胸前的弧度也像个沙奶奶样；可是他一转身，台下就哄堂大笑；转过身来，大家就不笑了；他又转过身，台下又哄堂大笑，笑得眼泪与鼻涕齐飞，笑声与叫声共响。

笑会传染人，还会被周围环境左右。有人本来不太想笑，当众人都笑的时候，自己也跟着笑了。有人本来不想大笑，大家都笑得喘不过气来时，自己也笑得前仰后合……你也笑，我也笑，大人笑，孩子叫，笑声叫声连成一片。台上的演员被笑懵了，他们不知道观众为什么笑，感觉自己的演出，既没人荒腔走板，也没人露怯出丑，观众笑什么呢？有那么好笑吗？便继续努力，按照剧本演下去。

真佩服他们那种认真精神，那种对戏剧的真挚热爱。

60年代末，安里村党支部也组织起自己的村剧团。记得村书记是盖奎老叔，对村剧团建设十分重视。安里村教育之风盛行，文化娱乐活动也绝不能落后。那几年，安里的村剧团在姜疃公社的文艺汇演比赛中，还拿过好多奖项呢。

盖奎书记让一帮子热爱戏剧的人牵头，作为村剧团的老班底。剧团成员记得有韩仁贵、盖风庆、盖月庆、周京山、盖永修、盖反修、盖德君等等。抱歉，还有很多人名字记不起了。

那时候，我在高中读书，冬季放假回村，村党支部为了发挥我们的作用，吸收全部高中生参加村里组织的活动。白天参加民兵军事训练，晚上参加村剧团排练节目。我们学生被安排几个小角色，还排练了唱歌、样板戏选段等小节目。

村剧团的演员，都是自己村里人，不是三叔就是二大爷，甚或是爷爷、老爷爷。前街后巷的，哪怕不是同姓，也都能沾亲带故、拐弯抹角论上辈分。但是不管辈分高低，只要上了戏台，一律按照剧情角色叫。这样可能辈分是爷爷的，要叫辈分孙子的人为“爷爷”；明明是他老子，在戏台上反了过来，老子称呼儿子为爹。哈，现在想想真能笑死。

安里村剧团没有多少家底，排演不了样板戏，但是却排练了现代歌剧《解放》《三世仇》。

《三世仇》的大体剧情是说，新中国成立之前，外号“活剥皮”的王家庄大地主王龙翔，为抢占贫农王老五的一块土地，将王老五诬陷入狱并将其杀害。王的儿媳妇被逼卖掉女儿，自杀身亡。剩下王老五的孙子虎儿，王龙翔还要对其斩草除根。虎儿在乡亲们的帮助下逃了出去，参加了解放军。几年后，虎儿带解放军打回老家，解放了王家庄，严惩了“活剥皮”。

台上的人演得都很用心。张维金掌鼓板，周京山扮演男一号虎儿，蓝保山扮演反派一号“活剥皮”，盖洪言演五铁耙，周明长演狗腿子，张玉芬演老妈，盖京先演刁四，盖春花演解放军女战士，红旗舞得特别好。那时候他们都年轻，有朝气，有干劲。每天到东庙大队部排练室，排练到夜里十来点钟也不觉得累，第二天照样不耽误上山干活。这个剧，村剧团整整排练了一冬，再困难，再苦再累，他们还是坚持了下来。

演出那天，全村空巷，村里老少爷们能来的都来了。台上演员演得卖力，台下观众看得投入。剧情跌宕起伏，扣人心弦，台上演员真哭，台下也哭成一片；台上一喊口号，台下喊得声音比台上还响——演出很成功。

年还没过完，还没出正月，村里的孩子们台词也会背了，连唱腔都学会了：

“俺二哥的名字叫王龙翔

有钱有地把福享

好地有二百亩呀，妹呀

五十间大瓦房。哎依尔呀儿吆”……

“回家烫上二两酒，

白菜心，海蜇皮，加蒜一拌。”

向往过好日子，像富人一样生活，是人之天性。白菜心，海蜇皮，加蒜一拌，人们都认为，那就是至高无上的幸福。那时候，物质匮乏，但是热情高涨。村党支部对剧团很重视，很支持，但村里没多少钱解决剧团全部的服装、道具，演员的演出服装，大都只能自己解决。怎么解决？借！

解放军的服装好找，找退伍兵去借；穷人的舞台服，也好解决，无非把破袄烂裤子找出来。但是地主老财的服装就比较难了，长袍、马褂早就随着社会发展而淘汰，日常生活里不见踪影。这几样衣服在电影里、戏剧舞台上成为一个符号，坏人的符号，是演地主老财、狗腿子坏人的必需，到哪里找呢？

巧了，恰好我家里就有长袍、马褂，还有一顶黑色呢子礼帽。那是我父母结婚的“豪华行头”。我说，你们不用找了，俺家有这几样东西。于是那几年，每到春节前后，村剧团就派人到我家来借长袍、马褂、礼帽“三件套”。等出了正月，春耕生产开始了，剧团的活动也基本停了，这标志性的“三件套”又回到我家柜子里。后来，我妈说，反正家里也用不上，你们不用送了。多年以后，“三件套”不知所终。

乐队的乐器除去锣鼓家什，其他都是各人自带。

那时候，记得拉京胡最好的是我同学盖椽，论辈分他是第二十世，比我大一辈。京胡的音色清脆、刚劲、嘹亮，盖椽拉起京胡来身心投入。冬季农村的夜晚，村大队部的排练室，经常响起透亮清澈的京胡声，铮铮然如铁马鸣。京胡伴奏京剧样板戏，如《红灯记》选段《临行喝妈一碗酒》《穷人的孩子早当家》，《沙家浜》选段《朝霞映在阳澄湖上》《要学那泰山顶上一青松》等；就连《智取威虎山》里面，高难度的《打虎上山》一段，他也拉得熟练流畅。

拉二胡最好听的是盖永修、盖反修。他俩拉的曲目有《草原女民兵》《心中的太阳红艳艳》《毛主席的书我最爱读》、电影《地道战》插曲《太阳出来照四方》等等，都是我们那代人最爱唱的，相当于现在的流行歌曲。他俩的二胡，委婉清丽，娓娓道来，如泣如诉，又活泼明快、挥洒自如。

在当时娱乐十分贫乏的农村，给村人带去了如许欢乐，给清贫的日子带去诸多美好。

据说当年还有一个有趣的小故事。

当时因为安里村剧团演得好，不出正月，就被周边几个村子请去轮流演出。有一次，是到团旺的崔疃村演出，崔疃村有姓盖的，那天派饭恰巧在一户盖姓人家。盖椽辈分高，那家男主人年龄四五十岁，但辈分低。吃饭时，男主人很讲究，按姓盖的辈分规矩，招呼盖椽吃饭，一口一个“老老爷爷你吃”“老老爷爷你吃”。盖椽还是个小年轻，没结婚，十分难为情。出门后，他对盖反修说，没吃饱，连半饱都不到。

土游戏

邢一夫　盖一军

童年时期，农村生活贫困，文化活动也很贫乏。孩子们会自找办法，自寻乐趣，根据不同时节、不同地角（方言，地点），做一些五花八门、丰富多样的游戏娱乐活动。游戏规则约定俗成、简便易行，大家也不太讲究、不太计较，很少有吵架的。有些活动则没有什么规定，一个人或几个人在一起随意玩玩，反正只要快乐就行。可别小看了这些游戏娱乐活动，在那些困难的岁月里，做这些娱乐活动，既锻炼了身体，愉悦了心情，增添了相互间的友谊，又能从小培育孩子们的集体配合意识。记忆中我们玩过的有这么几种：打尖儿、打木猴、撂“窝喽儿”、打“撇洽”、“趴猫”、跳马、打呲溜滑。

打尖儿

把一根细的木条，截成一段一段的，每段或长或短，每段木条两头削得尖尖的，这就是尖儿。打的时候，尖儿放在地上，持棒人手握一条比较粗的棍子，往下打在尖儿上，尖儿便从地上蹦起来，持棒人眼疾手快顺势向蹦起来的尖儿挥棒击打出去，尖儿便往远处飞去。这项活动还是有些技术含量的，往下打的力量，过大过小都不行，挥棒时过快过慢也不行。打尖儿一般都不在街上打，怕击出去的尖儿会伤着人，大伙多是到村外的场院上打，那里场地宽阔，也比较安全。有时候一下子把尖儿打飞得远远的，围观的小朋友也会高兴地跳起来。

打木猴

木猴（陀螺）一般用比较粗的木棍截下一段，一端旋成锥形，比较讲究的还会在锥尖塞上一粒钢珠，这样能减少木猴与地面的摩擦力，旋转得稳、时间也长。打的时候两手捏住木猴用力一转，抛在地上，迅速用准备好的鞭子抽打木猴，木猴便

盖一军，安里村人，1956年生，莱阳市退休干部，现居烟台市。

会迅速转起来，有技巧的还会把木猴从一个地方打到另一个地方。打木猴比较随意，随便找块地方一个人打或几个人打都行，一般小朋友都愿意聚在一起玩，看谁打得又快又稳，这样更有乐趣。

现今城里不少中老年人都在玩陀螺，其实就是当年那个木猴。

撂“窝喽儿”

参加游戏的人，先是找一块比较平坦的地方，在地上挖一个洞，再在十几米开外划一条横线。参加比赛的人，站在横线外，手持玩具（一般是粘在一起的三个铜钱、锡块或者圆滑的石块），依次往洞里扔去。常练习的、有经验的能直接把玩具扔进洞里，比较圆滑的石块有时也会顺势滚进洞里。扔完了后，大家比一比，看谁扔得准。扔进洞的，或离洞最近的为胜方，离洞远的为负方，胜方由负方背回原处算是奖励，这项活动很能锻炼人的目测能力和手用力的准确能力。

打“撇洽”

又称摔纸夹，是用纸叠成方形，有正反两面。两人玩时，一方将纸夹放到地上，另一方用力把自己的纸夹摔下去的同时将对方的纸夹掀翻为获胜，被掀翻的纸夹归胜方所有，否则就要轮换到对方来摔。为了不被对方掀翻纸夹，有的人会作弊，在自己的纸夹中间夹上硬纸板甚至铁片，目的是为了增加自己纸夹的重量，减少被对方掀翻的几率；同时由于自己的纸夹较重，双方实力悬殊大，几乎能毫无悬念地将对方的纸夹掀翻，甚至能在对方发现不了的情况下，一口气将对方的纸夹全部赢过来。但作弊的结果，通常是对方发现后把输出去的纸夹全部要回去，再重新交战，或者双方因争议太大不欢而散。

双方一旦开战，往往都解开上衣扣子，希望借助袄袖子和衣服襟儿所带起的风（掀翻对方的纸夹）。20世纪六七十年代的农村，物资紧缺，纸张也贫乏，有时输红了眼，就回家朝仅有的几个本子下手，偷偷撕下几张叠几个。当然如果被家长发现也是少不了挨揍的，有时赢上几个，多时十几个，也就高高兴兴抱着战利品跑回家偷偷乐去了。

也不知从哪一年开始，摔“撇洽”这个游戏开始销声匿迹，再也没有人玩过，现在的孩子根本就没见过这种游戏，更谈不上玩了。

“趴猫”

“趴猫”是捉迷藏、躲猫猫的俗称，在20世纪六七十年代的农村，这种游戏深受广大村民的喜爱，特别是到冬天农闲时，大人小孩、男女老幼聚集在一起，两个人或三五个人都可以玩这种“趴猫”游戏。可一人藏起来另外一个人找，也可分成两组，多人藏起来多人找。有时不限躲藏的范围，上疃的人玩时可藏到下疃里，后街的人可躲到前街去，有时甚至跑到周围的其他村庄躲起来。

据年龄大些的人讲，当时村里东房（今村委会西边一片区域的通称）一帮小伙子玩“趴猫”，躲藏者跑到了上夼村一户人家的后杖栏（房子后面的小夹道院）藏起来，后来发现了这户人家腌的一坛子咸鸭蛋，还给人家抱走了，现在说起来也成了笑话。当时那个年代大家都玩得野，学生放学后要玩上一阵“趴猫”，有时不知不觉就玩到天黑，吃晚饭都是被家长喊回家的。

几十年来，随着农村文化生活越来越丰富，玩“趴猫”的人也就越来越少了，现在也只有幼儿园和上小学的孩子可能偶尔还玩这种游戏。

跳马

参加跳马活动的人，分为两组。一组扮作马匹，有一人站在墙根下，后面的人依次弯腰，搂着前面人的腰。另外一组则作为驯马人，从后面助跑跳到弯腰的人身上，如果没跳上去或者跳上去没坐稳掉了下来，则判为负方，轮流交换。这项运动，一是要集体配合好，一般第一个跳的人技巧要高，尽量往前跳，留出位置让后面的人往上跳。二是一般由大一点的孩子来玩，小孩子没劲儿。三是一般晚上进行，特别是冬天有月亮的晚上，因为大一点的孩子白天要随大人劳动，没时间玩。当然在做跳马活动的时候，围观的大人孩子也不少。

打呲溜滑

每年寒冬腊月，村西的小河上结了厚厚一层冰，这时孩子们便会结伴到小河上打呲溜滑（滑冰）。打呲溜滑要有一定的技巧，一般是在冰面上，先小心翼翼地助跑几步，然后身子一转，伸开双臂，两腿呈一条直线，侧身便向远处滑动起来，技巧好的还能迎面滑、单腿滑。有的小朋友不大会滑，常常仰面朝天摔倒在冰面上，身不由己地往前滑，停不下来，引得人哈哈大笑。那时候，孩子们都只穿一件空心棉袄，西北风呜呜刮着，可他们全然不顾这些，仍然玩得兴致勃勃，苦中寻乐，也别有一番情趣。

上疃张善英同学的哥哥在东北当兵，有一年冬天回乡探亲。他带了一双滑冰鞋，来到小西河边，穿上滑冰鞋，在冰面上滑了起来，来来回回，滑得又快又稳。孩子们从未见过这阵势，安里村有些大人也来观看，看到这情景，都啧啧称奇。滑了一会儿，善英的哥哥感到河面太窄，又不够长，瞬间就滑到头，不过瘾，就到姜疃海货市南面的河上去滑。人们也都跟了过去，姜疃村有人闻声赶来观看。这条河冰面比较宽，他滑起来身体舒展，动作流畅，特别是转弯时像燕子低飞那样轻盈灵巧，引得河两岸观看的人都拍手叫好，算是开了一次眼界。

乱葬岗

盖艾玲

“乱葬岗”就是过去农村葬死婴的地方。死去的婴儿不能进家族老茔，集中送到一个地方，这个地方就叫“乱葬岗”。其实死婴儿送进乱葬岗，多数就被野狗吃掉了。一般来说，死了的婴儿，家长会包一个小被子或者小毯子；有的人家穷得连条小被子也没有，就用几块破布简单裹了，也有的在外面再包一些谷子的秸秆，就丢在乱葬岗了。

安里村是个大村，乱葬岗有好几处。我所在的下疃后街北面的小山上就有一处。

记得十几岁时，星期天或者假期，我们都要到生产队参加劳动。从山里干活回家，打村后的那条南北路进村，离乱葬岗不过一二百米距离。一年四季，远远望去，经常看到山后坡的野草地里，丢着几个花花绿绿的包裹——不知道又是谁家的孩子死了。最常见的是一群野狗，狂吠着扭扯在一起，挣扯着花花绿绿的包裹。

那时候，看到街坊邻居有谁家快生孩子了，妈妈就得准备鸡蛋“送米”了。“送米”是过去农村邻里互相来往的一种习俗。谁家生了孩子，有来往的人家就送鸡蛋或者点心等。可是过了一些日子，妈又说，你三嫂家的孩子没了。我知道，“没了”就是死了，那时候，这样的情况一点都不罕见。

孩子是父母的心头肉，谁家的孩子生下不久死去，父母能不心疼？缺医少药，生活艰难，女人生孩子，不上医院，几乎都在家里生。一盆热水，一把剪刀，几块提前准备的软破布，就是接生的工具。这样的条件，这样的环境，婴儿怎能不得病？

我们兄弟姊妹都是在家里出生的，奶奶和爸爸接的生。可惜父母生了六个，活下来的只有四个，我前面有一个哥哥，一岁多因生了“鹅口疮”死了；一个妹妹死于1960年，只活了四个月。记得那天清早我起来，看见妈妈给小妹喂了喂奶，其实哪里有什么奶？大人吃不饱，自然没有丰盈的奶水哺育孩子。只不过孩子啃一会妈妈的奶头，糊弄一下自己，就睡觉罢了。吃了饭，妈妈、爸爸要带着我去西菜园挖土豆，只留奶奶在家。我们干活一直到半下午才回来，妈妈急忙先去给妹妹喂奶。我看到妹妹动弹了一下，含了一会奶头，但是却没有气力吸奶了。妈妈慢慢拍打、拍打着，妹妹就睡了，我也累得睡了过去。

当天的后半夜， 我被一阵一阵的哭声惊醒，看到妈妈、奶奶都在哭，爸爸唉声叹气。我慌忙爬起来，妈妈说：你小妹死了。天明了，奶奶给冰凉的小身体卷了件旧衣服，妹妹变成一个小布包，爸爸把一捆谷秸散开，摊匀，绑在“布包”外面，夹在腋下，走出门去。

过去的年代里，安里村有多少死亡的婴孩，谁能记得？和我差不多年龄的同伴们，兄弟姐妹平均都有七八个，还有人家生了十几个的。没有谁家的孩子能全部养活下来，家家都有出生就死去，或者活了几个月就死掉的婴孩。至于十几岁生病而死，也是常有的。我二爹家的次子，和我同年出生，11岁患脑膜炎死亡；我大爹家的长子，19岁患肝炎死亡。

驯鹰逮兔子

盖艾玲

小时候，在老家安里村能经常见到鹰。胶东地区的鹰主要有苍鹰和雀鹰，用来捉兔子的鹰，是苍鹰。苍鹰的体长可达60公分，翼展一米三，主要以林间野兔、鼠类、雉类为食。每到秋高气爽季节，山野间，天空中，时常会看到一只飞翔的苍鹰，它有时候俯冲而下，有时候在气流的上方静止不动，变成天空中的一个小黑点。

其实鹰给村人留下的印象并不是太好。

那时我家住在村子后面，小北山前坡，家里养了不少母鸡。母鸡觅食时，曾几次受到老鹰的袭击。第一次，老鹰叼去了一只三斤左右的小母鸡。第二次，是一个初冬的傍晚时分，妈妈出门往家赶鸡，突然一只老鹰从半空里一个俯冲，居然将我家那只七八斤重的母鸡擒到了半空；母亲情急之下大喊大叫，一路追赶。也许母鸡太重了，又不停挣扎，老鹰趔趔趄趄，俩爪子抄着母鸡飞出十几米远，母鸡掉到地上，侥幸逃命。妈妈上前抱起来一看，母鸡身上被鹰爪撕开了一个大口子，破了好大一块皮。妈妈回家用针给缝合起来，伤口慢慢愈合之后，过了一个多月，母鸡还能继续下蛋。

安里村的乡亲虽然不是猎人，却也有能驯化鹰的人。1965年一个秋末冬初的日子，我看到后街的盖洪宾，胳膊上套着一个厚厚的棉套袖，上面架着一只苍鹰。苍鹰体态雄壮，羽毛丰满，目光锐利，尖嘴利爪。我很好奇，就回家问爸爸，爸爸说："咱们后街上有几个爱玩鹰的，今年要驯鹰逮兔子。"我看到那只鹰的脑袋上，有时还戴着一个黑布缝制的三角小帽子，蒙住了眼睛，鹰的脚上缠着一块布，垫住腿部位置，上面拴着细细的链子。爸爸说，后街上驯鹰有两把好手——盖洪宾和盖天原，现在这只鹰，先由他们两个轮换着熬、驯。

"熬鹰"就是白天黑夜都不让这只鹰睡觉，几个人轮流看着它。不过在开始熬鹰前，得先用肉一次性将鹰喂饱，但还不能太饱。之后，七天七夜不给它吃、不给它喝、不准它睡觉。一般经过七天七夜地熬，它就老实了，凶猛的野性没有了，也和人熟悉了。熬鹰成功后，再驯鹰，驯服掉它的野性，能听人的话，乖乖捉兔子。

爸爸说，驯鹰就是把鹰放出去，让它在空中飞一会，驯鹰人手里拿块肉，鹰看到肉就会乖乖地飞回来，落在胳膊上；喂它吃了肉，再放出去，再唤回来。这样反复几次，只要鹰肯听从口令飞回来，就算是驯好了。

大约过了半个月，已经是初冬。有一天，我跟着妈妈在石羊岭西坡自留地里清理地堰边上的杂树乱草，忽听一声哨响，半空中一只苍鹰盘旋飞过，那鹰的飞翔姿态十分矫健，鹰的脑袋朝下，注视着地面，一边盘旋飞翔，还一边寻找目标。一只野兔从草里蹦了起来，一蹦老高。只见老鹰像一支离弦的箭，一个俯冲直达地面，与野兔缠斗到一起。此时，从北面松林里迅疾跑过来一群人，正是这些日子不辞辛劳熬鹰、驯鹰的人。他们连喊带叫，赶了过来。老鹰用爪子按住野兔，在草丛里扭成一团。顷刻工夫，野兔已成为人们手中的猎物，大家的欢呼声、笑闹声不断，场面极其热闹。老鹰成了“英雄”，得到一块肉的奖励，又重新站到驯鹰人的胳膊上面。

“开火”

盖一军

安里村和姜疃村相隔很近，在20世纪六七十年代，两条乡间土路将两村相连，两村中间有一条玉岱河，河水清澈见底，水草丰茂，鱼虾悠游。每到夏天的中午，两个村子的大人孩子们都聚集在河里洗澡游泳或捉鱼摸虾。

已记不清哪一年的哪一天，两村的孩子们在河里洗澡引发矛盾，继而打起了群架。双方以河为界，向对岸扔石头，有些还用上了儿时的武器——弹弓，总之是以打到对方为目的，当时称之为“开火”。参加的主要是十五六岁的男孩子，十岁左右的小孩也跟着掺和，大一点的在前面冲锋陷阵，小一点的做后勤服务——主要任务是到处捡石头，而且专找那些片状的，大小合适、能扔得远的，捡多了拿不了就用衣服兜着。

“战争”逐步演变成不定期的，隔三差五就爆发一次，那些手臂有劲扔石头远的，始终冲在最前沿。如果某一天，哪个村人多势众或拉来几个年龄在十六七岁的孩子参战，马上就会底气十足，主动向对方发起攻击，越过河中小石桥冲到对岸，另一方往往被打得步步后撤，直到溃败，跑回村里，或分散到玉米地里躲藏起来。当然，一些跑得慢的或年龄小的，不免经常被抓，成为对方俘虏或被石头打中成为伤员，那些被打破头、崴了脚的，回家后难免要挨顿臭骂甚至挨揍。

“战争”大约延续了三四个夏天，并逐步有扩大化的趋势，高峰时每村大约聚集一二十个孩子参加战斗。有时双方你进我退，我攻你跑，一中午几个回合，还是很难分出胜负，可地里的庄稼却遭了殃，大片庄稼被踩踏，玉米倒伏，地瓜地里一片狼藉……

这事引起了两村家长和老师们的高度重视，以至于每到夏天，家长和老师都要千叮咛万嘱咐，中午不能随便到河里游泳洗澡，更不能两村聚众“开火”打架。由于大人的重视和老师严令制止，安里村和姜疃村孩子们延续了几年的“战争”终于偃旗息鼓，渐渐淡出了人们的视线，留下的是我们这代人难忘的回忆。

俗谚三则

盖天学　盖美翠

臭鱼烂虾　安里老家

20世纪80年代改革开放前，安里村普通百姓的日常餐桌上，基本没有什么值钱的菜肴。夏天吃的品类丰富一些，秋冬季是大白菜和萝卜“当家”，春节后到夏天这段青黄不接的日子，主要吃虾酱和瓜积。瓜积是芥根疙瘩腌制的咸菜，通常切块或切丝生吃，倘能用花生油或猪油炒熟了吃，滋味绝美。虾酱由鱼虾做成，可算是海鲜制品，就着虾酱吃玉米饼子，简直妙不可言。每年清明节前后，村子里都飘荡着鱼虾的咸腥味道。村里“小铺”每年都到南海边的羊郡一带，买回小虾、蝠子、海蚯蚓、琵琶虾和小碎鱼等分到各户，各家各户用石磨将鱼虾磨成酱，密封在坛坛罐罐中，发酵一段时间即可食用。

在那个年代，受经济条件限制，一般人家做的虾酱都不多，很快就吃完了，新鲜鱼虾更是买不起，供销社或集市上的便宜鱼虾，便成了解馋过瘾的抢手货。安里村距离姜疃大集和供销社近，一听到有卖的，大家便蜂拥而至，抢着购买，也不论质量好孬、是否新鲜，只要便宜就行。当年在姜疃供销社食品门市部工作的安里村人，经常看到自己村的人跑来抢购。门市部的职工们也经常吆喝“臭鱼烂虾，安里老家”，以至于有些贩卖鱼虾的小贩，把在别处卖剩下的海货运过来，反正只要拿到安里村就不愁卖。

哗哗楞响，欢了安里和上夼

安里村人多地少，肥沃的洼地更少。村西、村北的洼地，看起来就在身边，实际大部分是姜疃村的耕地。安里村只能向南种到高格庄镇大泊子村和龙湾泊村的北边，向东种到西路格庄村的西边。在耕种范围内，除了少量洼地及坝头地外，80%以

盖美翠，女，安里村人，1945年生，现居姜疃镇院上村。

上是丘陵薄地，零零碎碎，层层叠叠，不少人打趣：安里村层层梯田通云霄。和安里村相邻的上夼村，土地情况和安里村基本相同。

土地的不同，造成了耐旱耐涝及收成的不同。姜疃村的洼地多，所以粮食收成好，但是怕涝怕淹。1964年发大洪水，姜疃村汪洋一片，多数村民家里进水，财产损失严重。安里村的丘陵地土层浅，含沙量高，俗称砂砾旺地。一遇干旱就颗粒无收，新中国成立后虽然整修了部分梯田，但由于水利设施跟不上，多数时候只能靠天吃饭，粮食收成跟姜疃村相差一大截。砂砾旺地的好处在于吃水耐涝。1964年大洪水涨到安里村小学就停了，安里村房屋几乎没什么损失。

下雨天就是好天。每年的春夏秋三季，闪电过后，雷声响起，天降甘霖。只要能下到中雨，安里村房檐屋下、山坡梯田、墒沟地头的雨水汇合欢唱，雨水落在屋顶的瓦楞上，形成哗哗的流水声，在安里村百姓听来，比音乐还要悦耳动听。因为雨停后很快就能下地劳作，下雨就预示着丰产丰收，而姜疃村靠河近泥土黏，雨后好几天都很难进地里干活。久而久之，只要一下雨，邻村人就会说道：哗哗楞响，欢了安里和上夼。

不听话送你去“乱葬岗”

20世纪60年代以前，在安里村，每逢小孩哭闹时，大人只要吓唬一句：要听话，不要哭，不能犟，再闹送你去乱葬岗。小孩都就老实了。乱葬岗是小孩夭折后，家人用谷草将其尸体裹起来送去的地方，一般地势较高。按照迷信说法，为了便于夭折的小孩托生（方言，投胎），不挖坑填埋尸体，放到岗上让獾、狗等动物吃掉。

当时安里村后街、前街西头、东坊、北山、张家街等处，都有乱葬岗。之所以有这么多的乱葬岗，主要是生活水平低、瘟疫重、医疗条件差造成夭折的儿童多。初春和初冬季节尤为严重。我们小时候上山路过后街乱葬岗时，多次看到野狗叼着夭折的小孩尸体胡跑乱窜，惨情瘆人，现在回想起来还感到后怕！

FULU

附 录

致乡亲的一封信

各位乡亲：

你们好。最近我回村里住了一段时间，和大家拉呱聊天中我听说了咱村的许多故事——有的过去听说过，如盖天云算卦，我小时候溜进他家看过；有些故事则是第一次听说。

留住乡愁，是今天全社会普遍关注的一件事。村庄是国家的“细胞”，从一定程度上来说，一个村庄的变迁是一个国家发展变化的缩影。传说，安里村最早可追溯到明初，数百年来一代代百姓在这里繁衍生息，其间发生过多少跌宕起伏的故事，有多少悲欢离合。特别是百余年来，从旧社会到新社会，土改、大参军、镇压反革命、人民公社、“三年自然灾害”、“文化大革命”、家庭联产承包责任制、改革开放……一路走来，村里百姓的命运始终和国家的命运联系在一起。

故事很多，但大多存在于人们的口口相传中；故事也很实在，有的有积极的宣传教育意义，有的记录了普通百姓的日常生活，不管怎样，都是社会发展的客观记录，是安里村的一笔精神文化财富。古人云：“仓廪实而知礼节，衣食足而知荣辱。”现在条件好了，我觉得有必要把这些故事搜集整理出来，变成文字，留给社会，以更好地了解安里村的风土人情，缅怀先辈。

我想牵一下头，把村里的这些故事编成一本书。具体分四步进行。第一步搜集故事，请熟悉村里情况的同志们、朋友们能写的写，不能写的说（录音后进行整理，需要提供帮助的，村里统一由盖国云同志协调，莱阳一中盖松先老师和丰台学校盖永福老师协助），争取到2020年6月份完成。第二步，对故事素材进行完善、梳理、整理，主要由我和张强同志（大泊子村人，沈阳军区某部上校）以及盖国云、张玉京、张维湘、盖天学、盖松先、盖永福等负责，争取在2020年底完成。第三步，听取意见，修改调整。以个别征求意见或集体座谈的形式，听取部分老人、老干部及熟悉村里情况且有文字特长的人员的意见。村里的如韩仁贵、江吉高、盖连群等，在外地的如江守民、邢一夫、张正齐、盖艾玲、盖月文、江守涛等。这一步用三至四个月完成。第四步，由我负责，联系出版社，交稿印刷等，于2021年底完成。

“安里人说安里事”最实最亲，大家在《安里学校纪事》和《安里村英烈》两本书的编写中出了不少力，我想请大家继续参与第三本书的编写工作，主要是提供故事，可以是自己家父辈、祖辈的故事，也可以是村里其他人的故事。故事多少不限。故事的选取标准如下：第一，有广泛性。每个姓氏、每条街、每个胡同、过去的每个生产队原则上都应当有。第二，有可信性。亲眼所见最好，传说的、听说的应尽量客观，尽可能“靠谱”，不要自己“添油加醋”。人名、地名、年代等尽可能具体。第三，有乡土特色。故事要原汁原味，有方言土话更好。第四，有启示性。原则上以积极的、正面的故事为主。第五，不涉及矛盾。如涉及家庭、个人之间的恩怨，只讲故事，不加评说。第六，不啰嗦。文字长短不限，能说清楚、说完整就行，不用过多讲究文字的修饰。第七，不重复。《安里学校纪事》和《安里村英烈》中已有的故事原则上不再出现。

众人拾柴火焰高。我们大家一起努力，共同做好这件事。写好后，村里的同志可把稿件交给盖国云，外地可直接发给我，快递、微信都可。

我没什么能奖励犒劳大家的，书成后赠送5本书，并请大家吃饭喝酒。谢谢。

祝您吉祥平安，健康快乐！

盖龙云

2019年6月18日于广州

莱阳方言俗语

称呼和特定人群

1.“妈姆”——母亲，一般是称别人的母亲，如：他妈姆，您妈姆。

2.“囊宁”——姥姥。

3.“汉们”——壮年男人。

4.“大闺宁”——未出嫁的女青年。

5.“小嫚儿”——女孩。

6.“小肆子”——小男孩。

7.“庄古孙”——农民（含有歧视之意）。

8.“大爹、大妈”——五服之内父亲的大哥哥、大嫂子。

9.“小爹儿、小娘儿”——五服之内父亲的小弟弟、小弟媳。

10.“大爷、大姆”——五服之外父亲的大哥哥、大嫂子。

11.“宿宿、婶子（儿）”——五服之外父亲的弟弟、弟媳。

12.“大宿 ”——大叔。

13.“大锅、锅锅”——大哥、哥哥。

14.“大兄儿、小兄儿”———大弟弟、小弟弟。

15.“主力”——妯娌。

16.“夺辈”——丈夫的哥哥。

17.“举重”——办理丧事的人。

18.“杀包子”——屠宰牲畜的人。

19.“喉喽鬼子”——气管炎患者。

20.“过腰儿”——驼背的人（含有歧视之意）。

21.“马蛋子”——光头。

22.“拉刚绳头的”——牲畜市场上的经纪人。

23.“三只手”——小偷。

24.“两根弦”——缺心眼。

25.“破鞋”——生活作风不好的女性。

时间

26.“早气”——早晨。

27.“夜来”——昨天。

28.“几日”——今天。

29.“前日”——前天。

30.“蒙易”——明天。

31.“后易”——后天。

32.“头晌儿”——上午。

33.“傍晌儿”——午饭前。

34.“晌午儿”——中午。

35.“过午”“过晌儿”——下午。

36.“驳仁儿”——白天。

37.“下喝儿”——晚上。

38.“一宿”“半宿”——一晚上、半晚上。

39.“傍下喝儿”“几下喝儿”“夜来下喝儿”——傍晚、今晚、昨晚。

40.“才疆昂儿”——刚才。

41.“先末儿”——刚才之前的时间。

42.“木歇儿”——不大一会儿，时间很短。如：刚才还在这儿，木歇儿工夫没影儿了。

43.“老一歇”——挺长时间。如：我在这等你老一歇，也木等着你。

44.“约木着”——估计。如：我约木着你今天能来，你还真来了。

45.“大约木儿”——大概。

食物

46. “固歹儿汤”——散块状、带汤水的面食。
47. “格屯儿饭”——高粱（玉米）面稀饭。
48. “姑子”——（1）饺子；（2）尼姑。
49. “饽饽”——馒头。
50. “卷子”——花卷。
51. “面汤”——面条。
52. “果子”——（1）油炸的面类食物；（2）桃酥一类的点心。
53. “渣”——用各种新鲜蔬菜、野菜拌以豆渣做成的食物。
54. “长果”——花生。
55. “麻散”——榨取花生油后的花生渣，一般是圆形。
56. “萝背”——萝卜。
57. “泼泼儿”——草莓。
58. “洋柿子”——西红柿。
59. “豆决儿”——豆角。
60. “地豆儿”——土豆。
61. “四季儿”——四季豆。
62. “瓜唧”——咸菜疙瘩。

生活、劳动工具（用具）

63. “家把似儿”——家里用的工具、农具、生活用具等。
64. “搔”——水桶。
65. “担贱”——担杖，挑水挑重物的担子。
66. “绿聚”——脱麦粒的石滚子。
67. “风贤”——风匣，手拉鼓风吹火的木制工具。
68. “坎”——泥土烧制的盛液体的罐子。如尿坎子。
69. “铜盘”——脸盆。
70. “燎壶”——热水壶。
71. “电棒子”——手电筒。
72. “酒棒子”——酒瓶子。

73. “大橱子” “饭橱子”——衣柜、饭橱。

74. “造扑”——竹条弯曲做成的劳动工具，一般用来划拉收集地面上的碎草树叶。

75. “网抱”——草绳编织的有较大窟窿眼的工具，主要用来装草、玉米叶、小麦秸等。

76. “噗漏”——藤编的、圆形的、较大的、无把儿的用具，一般盛粮食用。

77. “院斗”——藤条编的、有把儿的用具，一般盛粮食用。

78. “篓子” “提篓子”——藤编的、有把儿的盛东西的劳动用具。

79. “装篓”——材质相同，比篓子、提篓子高大的盛东西的用具。

80. “驮篓”——用驴运输时安放在驴背上的一种农具。

81. “草墩儿”——用麦草编织的小凳子，有一定高度。

82. “草腰子”——较粗的草编的绳子，一般天气寒冷时捆在身上。

83. “滑漾”——打麦时麦头部分的麦秸。

84. “顾类儿”——轮子。

85. “噗探”——玉米皮编织的、圆形的、平放的坐垫。

86. “吴子”——方形的没有靠背的凳子。

87. “忒子”——理发工具。

88. “木锨”——木制的锹。

89. “抖箭”——枕头。

90. “胡器儿”——二胡。

91. “箩面挂”——萝面用的工具。

92. “驴屎瓢”——打麦子时兜住驴屁股防止驴粪沾污麦子的一种护具。

93. “驴捂眼儿”——驴拉磨时捂在驴眼上的用具。

94. “课刺儿”——蒸饭用的工具，通常为木质。

95. “锅箅子”——锅盖。

96. “嘎（瓜）达板儿”——（1）木拖鞋；（2）说快板书用的快板。

97. “挠钩”——抓猪抓狗用的带刺钩的工具。

98. “贯绳”——从井里拔水的绳子。

99. “碾决”——二把手推车的刹车装置。

100. “牛节”——用牛耕地时套在牛脖子上的用具。

101. “丰灶儿”——盛食物的器皿。

102. “胰子”——肥皂。

103.“对子”——对联、春联。

104.“骨水凌”——寒冬时节屋檐滴水上结的冰凌。

105.“二踢脚”——在空中和地上响两次的鞭炮。

106.“蒲窝儿”——冬天的保暖鞋。

107.“瓦刺儿”——瓷器的碎片。

108.“股喽儿”——一截一截的木段。

109.“蠓酱”——虾酱，有时特指蜢子虾做的虾酱。

110.“糖球”——糖葫芦。

111.“连箭”——（1）木制的、可挥动拍打脱麦粒的器具；（2）新鲜麦粒煮熟后用石磨推出来的食品。

112.“金钢锒子”——一种坚硬的石头。

日常生活、行为

113.“歹饭”——吃饭。

114.“哈酒”——喝酒。

115.“欢起了”——生小孩了。

116.“哈面汤”——吃面条。一般是指参加他人庆贺小孩出生。

117.“钳子”——夹菜，招呼客人吃菜用语。

118.“揍什么”——做什么。

119.“跟问”——打听。

120.“张媳妇儿”——娶媳妇。

121.“趴猫儿”——躲迷藏游戏。

122.“杠金宝”——锤头剪子布游戏。

123.“拎倒儿”——转圈。

124.“踢架儿”——踢毽子。

125.“打刺溜滑”——滑冰。

126.“打个目拉儿”——眯睡一小会儿。

127.“隔（河）搂水”——用手或工具搅水。

128.“昂炕”——烧火给炕加热。如：天太冷，多烧点火昂炕。

129.“老了”——（1）老者去世；（2）岁数大了。

130.“上茔”——上坟，扫墓。

131.“爆扑”——尘土、灰尘。

132.“攮”——捅。如：那个坏蛋把人给攮了；把那个脓包攮了吧。

133.“并（宾）服”——佩服、服气。

134.“打仗”——打架。

135.“张隆”——大声说话，吵架。如：这个人真能张隆；您俩张隆什么！

136.“厌着”——藏着。如：他把那个东西厌起来了，怎么也找不着。

137.“冻着了”——感冒了。

138.“续聚漏儿”——翻筋斗。

139.“拉倒了”——（1）病得很严重治不好了；（2）事办不成了。

140.“握约握约”——搓揉搓揉。

141.“口要要的”——馋得很。

142.“懒够”——懒洋洋的。

143.“趴着”——躲着。

144.“草鸡”——无可奈何，累坏了。如：这事弄不成，算是草鸡了。

145.“卡熊了”——口渴得很。

146.“噶护”——相处，交往。如：他俩从小就噶护得好。

147.“噶伙”——两人一起互相帮助。

148.“打箭箭”——发抖。如：冻得打箭箭。

149.“梢道儿”——近便的小路。如：上山走梢道儿近便。

150.“一溜烟”——快跑。

151.“决杆子了”——跑了。

152.“直呲”——跑得很快。

153.“打低喽儿”——手抓高处，双脚离地，整个人体挂在上边。如：手把着树枝打低喽儿，树都压弯了。

154.“里娄啰嗦”——真啰嗦。

155.“耍赖腮儿”——撒娇儿。如：孩子这么大了怎么还动不动耍赖腮儿？

156.“涮漏”——动作快而灵活。如：小伙子真涮漏，这么高的大树噌噌爬上去了。

157.“浮水”——游泳。如：这个小孩早早就会浮水了。

158.“浊清”——沉淀。如：这水太浑了，浊清一会就清了。

159.“接就”——凑合。如：这条裤子短了，你接就着穿吧。

160.“嗖喽”——慢慢地、一点一点地吃喝。如：刚烧开的水太热，嗖喽着哈。

161.“风凉”——乘凉。

162.“央及”——请求。

163.“哈护”——吓唬。

164.“强人”——欺负人。

165.“倔人”——骂人。

166.“暴忘”——腻了，够了。

167.“钻狗”——跳跃式的、不正儿八经走路。

168.“遍瞧”——挖苦。如：真能遍瞧个人呢。

169.“辛浑”——迷惑不解。如：这事儿怪辛浑的。

170.“悟两”——手巧，聪明，含有褒义。

171.“务叨”——手巧，操作。如：这个事他会务叨。

172.“支使”——使唤。

173.“抬杠”——认死理。

174.“偏弄”——得意，自我表扬。

175.“将就着”——凑合着。

176.“打猴儿”——打陀螺。

177.“弹八古儿”——弹人额头。

178.“撂窝喽儿”——一种游戏，往小坑里扔石头片子。

179.“打尖儿”——一种游戏，用木棍或窄木板击打一种两头削尖了的小树棍，比赛谁打得远。

180.“麻瞪眼了”“木咒念了”——没主意了。

181.“饥困了”——饿了。

182.“饥荒”——欠债。

183.“滑皮”——小孩调皮。

184.“占场儿，占场会儿”——占位置。

185.“报庙儿”——丧事旧俗，家人亲戚到土地庙前为逝者号哭。

186.“扎故”——（1）治疗。如：有了病得赶快找医生扎故扎故。（2）修理东西。如：自行车坏了要扎故扎故。

187.“呼拉巴”——突然，没想到。如：这身子骨呼拉巴就出毛病了。

188.“欢起”——欢喜。

189.“烦其”——讨厌，不喜欢。

190.“耍一歇”——玩一会。

191.“打懒吧”——伸懒腰。

192.“晒羊羊儿”——晒太阳。

193.“快痒痒儿”——挠痒痒。

194.“单位了”——故意的。

195.“打啊七”——打喷嚏。

196.“打砰砰儿”——一种游泳姿势。

197.“卜着”——抱着。如：卜着小孩满街转。

198.“亨了”——扔了。如：把这个破东西亨了吧。

199.“仰外蹬”——向后倒下，脸朝上。如：我去拔那棵小树，一使劲，晃个仰外蹬。

200.“卡着了”——摔着了。

201.“稀烂贱”——很便宜。

202.“仰沟儿”——类同仰外蹬。

203.“抢涅其了”——向前倒去，脸朝下。如：上坡时，咔嚓一声，拉车的绳子断了，一下把拉小车的抢涅其了。

204.“崴涅其了”——侧倒。如：一条大狗扑了出来，我扭头就跑，结果不小心把我崴涅其了。

205.“腚蹲儿”——倒时屁股先着地。如：我没跑几步就被溜滑的棒子滑倒了，卡了个腚蹲儿。

206.“秃掳皮”——外层皮意外脱落。如：不小心一碗热水浇手背上了，一下烫秃掳皮了。

207.“羊勾风”——癫痫病。

208.“仰外”——头部朝上或仰脸。如：干活累了，回家一下就仰外在炕上了。

209.“飘啦”——走路时一条腿不打弯，另一条腿向外撇。如：这个人得了偏瘫，走道飘啦飘啦的。

210.“翘啦”——走路时腿抬得比较高。如：黑灯瞎火不看见道，腿硬翘啦。

211.“趺哒”——颠簸。如：这道儿一点也不平和，骑着车子硬趺哒。

212.“趋哒”——走路时腿迈得不高。

213.“钻高儿”——翘起脚后跟站立。如：前面有人挡着看不见，只好钻高儿看。

214.“打旁连”——侧翻。

215.“糟摊”——浪费。如：不好好吃饭，掉了一地饭渣渣，把饭都糟摊了。

216.“冒龙”“冒龙星”——冒失，毛手毛脚的。

217.“拜”——别。

218.“归其”——原来。

219.“叉拉叉拉”——私下商量。如：这个事咱们下来叉拉叉拉。

220.“噶拉噶拉”——个别议一议。如：这个事大伙一块噶拉噶拉。

221.“不好撩聚”——不好办。如：这事挺难的，不好撩聚。

222.“不起”——不给。

223.“作缩”——乱来。如：这个人真能作缩。

224.“作祸”——闯祸。

225.“劲儿”——粗话，骂人口头语。

226.“即儿（子）蹬”——粗话，骂人笨蛋。如：这人真即儿蹬。

227.“超快”——肯定，有把握。如：这活儿不重，我超快就干了。

228.“咋狂”——傲气、张扬。如：这小子不知道天高地厚，真能咋狂。

229.“咂撒”——品尝味道。如：这道菜你先咂撒咂撒什么味？

230.“臊”——后退，一般是指挥牲畜后退。

231.“巴增着”——盼望。如：过了小年就巴增着过大年吃好饭穿新袄了。

232.“趋溜”——转悠。如：星期天不好好在家写作业，到处瞎趋溜。

233.“木尬席”“不尬席”——不舍得。

234.“勒够”——无理要求。

235.“出门儿”——走亲戚。

日常劳动

236.“上山”——劳动，干活儿。

237.“歇情”——休息一会。

238.“剥棒儿”——掰玉米。

239.“嘎末子”——割麦子。

240.“揽地瓜”——在收过的地瓜地里翻地，搜寻遗漏的地瓜。

241.“拨弄”——养。如：拨弄了一窝猪。

242.“斤搂”——提。如：把这个提包斤搂起来。

243.“拾倒”——收拾。

244.“拾草”——割草、打草。

245.“剜菜”——挖野菜。

246.“喊着”——拿着。
247.“决分”——年底生产队对全年生产情况进行决算，之后进行钱粮分配。

身体、地方

248.“头副”——头发。
249.“眼里（拉）盖”——额头。
250.“屯子眼儿”——喉咙。
251.“趋趋儿”——皱纹。如：满脸趋趋儿。
252.“耳斗”——耳朵。
253.“牙巴骨”——上下颌骨。
254.“夹箭窝”——腋窝。
255.“临临肩”——两肩比常人的肩突出。
256.“腚锤子”——屁股。
257.“腚门楼子”——屁股上边。
258.“皮糗眼”——肚脐眼。
259.“拐集顶子”——臂弯处外侧。
260.“于巴”——尾巴。
261.“肋巴条儿”——肋骨。
262.“玻搂盖儿”——膝盖。
263.“指头盖儿”——指甲。
264.“日透”——太阳。
265.“月们”——月亮。
266.“书房”——学校。
267.“联社”——较大的商店。
268.“小铺”——小商店。
269.“场汶”——场院，晒粮食、收粮食的场地。
270.“场汶屋”——场院边上的小屋，供护场的人住用。
271.“家庙”——祠堂。
272.“碾屋”——安放有大石磨的屋子，供众人推磨用。
273.“岚子”——果园，树林。
274.“咪湾”——水塘，鱼塘。

275.“阳沟”——院子里的排水沟。

276.“浮台”——烟囱。

277.“锅投”——灶台内烧火的地方。

278.“门檐后”——门的后面。

279.“狗洞儿”——大门一侧专供狗进出的洞口。

280.“窝娄儿”——窝儿、坑儿。如：腿上有炎症，一摁一个窝娄儿。

281.“鞋壳篓儿”——鞋壳。如：刨了一天地，回家一脱鞋，半鞋壳篓儿泥。

282.“炕隔喽儿”——靠近炕的空间。如：全家人在炕上吃饭，炕隔喽儿都是鞋。

283.“过门口儿”——靠近家门的空间。如：你去把柴火先拿到过门口儿。

284.“夹孤喽儿”——角落。如：蹲在夹孤喽儿晒太阳。

285.“阳棚儿”——纸质的天花板。如：结婚糊了新阳棚儿。

形容、比喻

286.“兴些景儿”——玄乎，不靠谱、不牢靠。

287.“浪”“浪外”——爱打扮。如：这个闺女挺能浪外的。

288.“浑厉”“搅厉”——蛮横，不讲理。

289.“痴了”——患精神病了。

290.“萨木”“麻撒”——仔细寻找或观察。如：木匠选木料，都是先萨木萨木（或麻撒麻撒），看看哪儿块合适。

291.“五古拉六古拉”——不干正事。

292.“二半调子”——一知半解。

293.“胡旁七”“瞎旁七”——乱说胡说。

294.“稀木稀儿”——差一点。如：早晨起来晚了，上书房稀木稀儿迟到了。

295.“疆达疆儿”——很勉强、凑合。如：割了块布做衣裳，疆达疆儿够了。

296.“叉铺”——陷害。如：这个人本来好好的，一不小心让人叉铺了。

297.“踢蹬了”——完了。如：这个人本来挺好的，没想到遇到这么个车祸，这下算踢蹬了。

298.“可箱了”——坏事了。如：这事木办好，可箱了。

299.“及好了”——真行。如：这个人学了一身本事，真及好了。

300.“凶尧”——夸张、夸大。如：多大点事，你真能凶尧。

301.“个阳”——恶心人。

302.“拉木腚儿”——最后，落后。如：这孩子学习不好，全班拉木腚儿。

303.“不简待”——不值得。

304.“不善”——不简单。

305.“外流信”——思想、精力不集中。

306.“丧霉”——倒霉，运气差。如：真丧霉，早晨一出门被狗咬了。

307.“脏姆”——污蔑，埋汰。如：这个干部叫人脏姆得不轻。

308.“勾勾亚亚”——形象不好。如：这人长得勾勾亚亚的。

309.“贱焦”——不易接近，爱挑剔。如：这个人挺贱焦的，好多样饭菜他都不吃。

310.“咪裹蛋儿”——泥块儿。

311.“浇踩、浇粘”——泥土地或泥土路黏糊糊的。如：刚下了雨地里浇踩，进不去人。

312.“啪邋”——不干净、邋遢。如：这家人真啪邋，简直进不去门，家里下脚的道儿都没有。

313.“则巴”——挺窄的。

314.“宽透”——挺宽敞的。

315.“粘芯”——粘粘糊糊。

316.“抠嗖”——抠门，贪小便宜。

317.“夹森”——吝啬，小气。

318.“扎撒”——骄傲，狂妄。

319.“拉撒”——脏、不干净。

320.“得搜”——得瑟。

321.“暴妄”——难伺候。

322.“瞎面”——小气，小抠。如：这人真瞎面，什么都要。

323.“泼细”——能吃，不挑食。如：这个人真能吃，还泼细。

324.“亭拓”——壮实。如：这小孩长得亭拓。

325.“除散”——比较有出息。如：这孩子除散得挺好的。

326.“不甜酱”——关系不好。如：两家虽是邻居，但因一些鸡毛蒜皮的小事，关系一直不甜酱。

327.“不像腔儿”——不像话，不像个正经样子。

328.“中逮”“行逮”——可以，挺好。如：这事中逮、行逮。

329.“犟森”——倔犟。如：这人真犟森，都不知道活泛一点。

330.“带劲”——水平很高，很漂亮。如：这事干得带劲。

331.“舒所”——舒服。

332.“精细”——聪明，含有贬义。

333.“生分”——隔阂，有距离。

334.“那木了?”——怎么了?

335.“害蛋”——害羞。

336.“一拖啰”——数量多到排成队。如：过去不讲计划生育，不少家庭的孩子都是一拖啰。

337.“熊墩儿”——笨蛋。

338.“彪”“彪呼呼的”——傻、傻呼呼的。

339.“阔本儿不来”——的确是。如：昨晚熬夜，早晨是不是起来晚了?阔本儿不来，一觉睡到日头照腚。

340.“滴兜呱哒”——湿透了。如：大雨天出门，雨具也没带，淋得滴兜呱哒来。

341.“够搂啦”——快一点。如：我已经到了，你够搂啦过来吧。

342.“里根儿楞”——不动脑，不用心。

343.“木有”——没有。

344.“进候儿”——身体不太舒服。

345.“臊令”——帅气的年轻小伙子。

346.“巧薄”——很白。如：你看这颜色巧薄巧薄的。

347.“墨赫”——很黑。如：今晚这个天墨赫墨赫的。

348.“溜晓”——很薄。如：这个东西溜晓溜晓的。

349.“老厚驳”——很厚。如：这个东西老厚驳。

350.“冷情”——很冷。

351.“葱嫩”——很嫩。

352.“齁咸”——很咸。如：这个菜齁咸。

353.“爵细”——很细。如：这根小棍儿爵细爵细的。

354.“通红”——很红。

355.“交黄”——很黄。

356.“喷香”——很香。

357.“生糗”——很臭。

358.“顶凉”——很凉。

359.“滚夜”——很热。

360.“生辣”——很辣。

361.“焦三”——很酸。
362.“波苦”——很苦。
363.“西田”——很甜。
364.“生痛”——很痛。
365.“锋快”——（1）刀锋很利；（2）走路很快。
366.“生硬”“钢硬”——很硬。

数量

367.“呢木些”“一大些”“满将”“老鼻子了”——很多。
368.“老长短”——很长。
369.“木长短儿”——很短。
370.“老大小”——很大。
371.“老高矮”——很高。
372.“木高矮儿”——很矮。
373.“老距远”——很远。
374.“木点儿”——很少。

动植物、昆虫

375.“叫驴”——公驴。
376.“草驴”——母驴。
377.“八八儿”——（1）鸭子；（2）小男孩的阳具。
378.“壳郎猪”——半大猪。
379.“卜噶”——鸽子。
380.“鸭囚”——喜鹊。
381.“家雀儿”——麻雀。
382.“节喽”“节喽猴儿”——知了、知了壳。
383.“长虫”——蛇。
384.“老鳖”——乌龟。
385.“黄先生”——黄鼠狼。
386.“马叽”——狼。

387.“马信儿”——四角蛇。
388.“檐蟞会儿”——蝙蝠。
389.“来来狙”——蜘蛛。
390.“狗四从儿”——萤火虫。
391.“曲线”——蚯蚓。
392.“鸡样”——蚂蚁。
393.“蛒子”——跳蚤。
394.“几子”——寄生在人和动物身上的小虫子。
395.“米烂够”——泥鳅。
396.“蛤木格邓”——蝌蚪。
397.“格漏儿”——蛤蜊。
398.“蝎会儿”——壁虎。
399.“波刺毛儿”——有毒的毛毛虫。
400.“刀龙”——螳螂。
401.“老西儿”——蚂蚱。
402.“刮达杨”——杨树。
403.“糊秀米”——高粱米。
404.“糊秸”“苞米秸”——高粱杆子，玉米杆子。
405.“臭不拉噶”——臭椿。

安里村俗语、歇后语

406. 溜腚沟子——拍马奉承。如：这个人最会溜腚沟子了。
407. 冰糖溜子——嘴巴特甜，特能说。如：那个人的嘴简直就是冰糖溜子。
408. 瞒锅台上炕——不得了啦。
409. 蹬鼻子上脸——把你能的。
410. 安里村的老师多其驴——满将是（有的是）。
411. 张立仁打舅舅——公事公办。
412. 小冬儿挑水——收不住马了。
413. 张立俊烧蚂蚱——各人各口粮。
414. 盖合云哭老婆——不论了。
415. 张相武观天——白说。

416. 盖准上山——没意思。

417. 臭鱼烂虾——安里老家。

418. 哗哗楞响（雨水多）——欢了安里和上夼。

419. 蛤蟆跳脚背上——不咬人个阳人。

420. 下雨天打老婆——闲着也是闲着。

421. 木匠打孩子——有尺寸。

422. 瞎子掉井里——捞上来也是空着。

423. 锅腰上山——钱上紧。

424. 猴儿吃芥末——吧嗒嘴了。

425. 瘦驴拉硬屎——交代了。

426. 上山拾草打兔子——一功两得。

427. 拉屎扒地瓜——一功两得。

428. 送粪拉糊秸——捎头脚（角）。

429. 愣儿八争赶姜疃——吃碗面还打了个碗。

430. 石门口的泉眼（水）——清澈甘甜。

431. 雪灯盏（正月十五）——雨秋千（清明）春季。

432. 凤山顶上有个兔子精 ——不是下雨就刮风（秋冬赶十月山会季节；赶山会，大规模地赶集）。

433. 早晨雾流（露）晌午晒被。

434. 春雨贵如油，丰年有盼头。

435. 雨打底，雪封山，一年又一年。

436. 秋雨不过沟，哪下哪收。

（本方言俗语由张正齐、盖艾玲、盖国云、盖常云、江守涛、张维荣、盖国祥、张玉巧、周翠英、盖国珍、盖天学、盖一军、盖龙云、张强等共同编撰）

1977年山东省、烟台地区、莱阳县、姜疃公社、安里大队行政区划情况

（一）山东省辖4个省辖市　9个地区

4个省辖市：济南市　青岛市　淄博市　枣庄市。

9个地区：德州地区　惠民地区　昌潍地区　烟台地区　临沂地区　泰山地区　济宁地区　菏泽地区　聊城地区。

（二）烟台地区辖2市　15县

2市：烟台市　威海市

15县：牟平县　栖霞县　荣成县　文登县　蓬莱县　乳山县　海阳县　长岛县　即墨县　莱阳县　黄县　莱西县　掖县　福山县　招远县

（三）莱阳县辖24个人民公社

各公社及所辖大队（自然村）明细表

公社名称	辖大队数	辖自然村数	公社名称	辖大队数	辖自然村数
城　关	22	22	赤　山	32	32
谭格庄	49	52	照旺庄	29	30
西　留	37	43	万　第	43	44
榆科顶	30	39	吕格庄	21	21
柏林庄	35	35	姜　疃	36	36
河　洛	39	60	大　夼	38	38
沐浴店	28	30	团　旺	42	38
石河头	23	24	中　荆	28	27
山前店	41	42	高格庄	30	31
冯格庄	34	35	穴　坊	31	28
古　柳	33	34	羊　郡	23	25
龙旺庄	40	45	躬家庄	18	19

（四）姜疃公社辖36个大队情况

地北头　地南头　西马家庄　东马家庄　后森埠庄　东森埠庄　西森埠庄　大庄子　东庄　瑶头　东宅　西宅　鹤山口　院上　濯村　泊庄　凤头　北宋格庄　安里（新安）　上夼　董格庄　姜疃　岚子　青杨夼　东石水头　西石水头　后石水头　东梁子口　南姜格庄　陶格庄　新庄　北黄　院庄　塔南泊　东玉泉庄　西玉泉庄

（五）安里大队辖14个生产小队情况

下疃1至8队，上疃9至14队。各生产队及大队所属专业队队长（负责人）名单如下（不区分政治队长和生产队长，排名不分先后）：

第 1 小队：盖世勉　盖洪文　盖连州　盖言群　盖龙群　盖元群　盖世华　盖洪修　盖洪江　盖中波　盖国久

第 2 小队：盖友群　盖庆群　盖洪彩　盖洪加　盖金群　盖中进　盖德升

第 3 小队：盖洪双　盖月风　盖永群　盖寿云　江守福　盖寿宾　盖德寿　江守波　盖友志　盖学仁

第 4 小队：盖永吉　盖言占　兰振方　江守南　江吉臣　盖元军　兰宝臣　江守才　盖月香　兰宝风

第 5 小队：兰宝玉　兰宝民　宫守志　盖永先　江常世　兰宝义　盖元风　江守选　盖振武

第 6 小队：兰宝仁　盖文成　盖风武　宫元明　江守湖　兰维刚　兰维成　盖敬升　盖文下　盖元好　盖文树　盖文国　兰维勤　盖春德

第 7 小队：盖冠智　盖元德　盖永庆　盖树升　盖俊升　盖文强　盖贤宾　盖树法　兰宝春　兰维之

第 8 小队：盖英宾　盖风宾　盖善宾　盖文邦　盖兆学　盖贤之　盖见宾　盖元章　盖安邦

第 9 小队：周明长　盖振国　盖明先　盖元文　盖洪为

第10小队：盖腾云　韩　敬　盖　溢　盖洪英　盖义先　盖所先　盖德成　盖德章　盖德华　盖寿云　盖成先　盖德理　盖风云　盖全志　盖德兴

第11小队：盖　南　盖法先　盖孟起　盖　升　盖连先　盖文先　盖　朋　张正江　盖乐云　盖德金　盖加云

第12小队：盖保先　盖　庆　盖　青　周敬义　盖　梁　盖丙先　盖　连　盖法云　盖起云　周敬仁　盖德荣　盖中武　盖　椽

第13小队：张　宾　张　中　张　爱　张维湘　盖平先　张维典　张维风
盖德义

第14小队：张春云　张维成　张朋修　张维全　张玉法　张　会　张金芝
张玉友　盖喜云　张维杰　盖德喜　张维祥　张维寿

大队建设队：韩仁贵　盖洪方　兰宝臣　兰振理

大队副业队：盖洪言　张维汉　盖连州　盖风庆　盖连群

大队技术队：盖　梁　盖风庆　盖连群　张维民　盖贤宾　兰宝臣　盖国云
盖永群　盖元兴　盖振国

大队林业队：盖风庆　兰振方　盖洪修　盖功法

关于《安里学校纪事》《安里村英烈》的补充更正

（一）《安里学校纪事》“党政军群教等领域人才”补充以下10人：

1．江守平，男，1928年生，1946年参加工作，1948年入党，先后在胶东兵工厂、沈阳空军航校、汉口311厂、南昌航院工作，历任车间主任、支部书记、质监科长等职，20世纪80年代末离休，2012年去世。其子江伟光，1955年生，南京航空大学毕业后留校，任校专家办公室主任，2018年退休。江伟光之妻孙晋芳，国家排球队原队长。

2．盖惠，男，1939年10月16日生，自幼在安里小学读书。1961年从潍坊电校毕业后被分配到济南黄台电厂工作。1976年调回莱阳公安局工作，先后任莱阳中荆派出所所长、高格庄派出所所长、东山派出所所长、城厢分局教导员。2016年3月去世。

3．盖文宛，男，1939年生，自幼在安里小学读书。初中毕业考入莱阳师范学校，毕业后分配到青岛某县从事教育工作，现已退休。

4．盖永昌，男， 1944年11月生，1952年至1960年先后在安里小学、姜疃完小、姜疃初中读书。1964年12月入伍参军。1969年7月入党。1969年12月退役。1970年3月到莱阳拖拉机厂工作。1979至1992年先后任车间主任、油库主任兼加油站经理。2004年退休。

5．盖国起，男，1948年8月生，1958年起在安里学校、姜疃完小、丰台中学读书，1968年4月入伍参军，历任战士、班长、排长、连长、副营长，1979年转业，先后在莱阳水泥厂、莱阳建材工业公司工作。1998年退休。

6．盖美喜，女，1951年3月生，1960年起在安里学校读小学、初中，1971参加工作，先后在穴坊、高格庄、团旺医院药房工作，1989年取得药剂师资格，连续多年被评为先进医务工作者。1994年退休。

7．盖德群，男，1960年5月生，1968年至1978年在安里学校读书。1979年参军，在北京武警总队四支队服役。1984年退役后在北京市司法部门工作。2000年被授予一级警督警衔，2005年12月确定为副处级调研员。2020年5月退休。

8．盖德勤，男，1964年12月生， 1972年至1981年在安里学校读书。1981年至1985年先后在姜疃丰台中学、莱阳九中读书。1985年9月考入山东省经济计划学校统计专业。1987年7月起，历任烟台市统计局科员、副科长、科长等。先后多次被评为全国、山东省、烟台市统计工作先进个人，荣立三等功2次。

9．张文芝，男，1966年10月生，1973年至1980年在安里学校读书，1980年至1982年在丰台中学读书。1982年至1986年在莱阳九中读书。1986年至1988年在莱阳裘革厂工作。1988年9月在姜疃镇政府工作，1996年9月调任团旺镇政府工作至今。

10．尹娜，女，1982年4月生，1990年至1995年在安里学校读书。2002年至2008年就读于大连海事大学，获学士、硕士学位。现任职于上海欧禧海事咨询顾问有限公司。

（二）《安里学校纪事》中以下二位资料有误，以此为准。

盖万凤，男，1928年生，自幼在安里小学读书。1947年参加革命，先后在莱阳县、莱西县、即墨县人武部任主要领导，在即墨县外贸局离休。于2019年病逝（原书见92页）。

兰凤辉，男，1973年生，大学本科学历。自幼在安里学校读书。高中毕业考入某财经大学，心系西部开发，志在边疆建设，毕业后自愿到新疆工作，高级经济师。现任新源县农发行行长（原书见119页）。

（三）《安里村英烈》第163页，“盖洪双”错用了“盖玉仁”的照片。

由于主客观原因造成的上述失误，二书编辑人员表示歉意，特予更正。

HOUJI

后记一

我的故乡情怀

盖岳文

（一）故乡之美

一个村庄，数百户人家，人们用劳动和智慧，谱写着淳朴的民风、厚重的文化和悠久的历史。

一座座青山，连绵起伏，层层的梯田和茂密的树林，在风雨的洗礼中，划出了海的波涛和浪的欢笑。

一条河流，环山绕村，宛若村庄的一条玉带，把乡亲们对春夏秋冬的美好愿望，系于心中。

一条大街，多条道路，连接着纵横交错的小巷，房屋错落有致，绿植千姿百态，散发着浓郁的山村气息与活力。

这就是我的故乡——安里村。一代代人，不忘儿时立志，走向祖国的大江南北，成为国家的有用之才。从士兵到将军，从学子到院士，一个个平凡的人创造出不平凡的业绩，释放着故乡这片沃土的热量。

一位老人，乡亲铭记，他就是几十年前的老书记盖奎。他任村干部期间，带领乡亲兴修水利，建造梯田，拓宽道路，治理街巷，大力发展养猪、榨油、制粉和染布事业，村办小工厂和副业生产蒸蒸日上。村里面貌发生巨变，人均收入大幅提高，民生条件大为改善。尤其在抓教育、抓村风、抓民俗上，令乡亲们感受至深。

盖岳文，安里村人，1956年生，原海军北海舰队某部大校，现居青岛市。

他的“教育不能等、行孝不能等、行善不能等”理念，影响深远、泽被后世，那时村里所有适龄儿童免费入学，儿童入学率达98%以上。他倡导尊老敬老、善心孝道和以德睦邻，只要他知道谁家老小之间发生矛盾纠纷，都亲自登门，讲理明事。他个人始终坚守两袖清风、安贫乐道、正直做人的高尚情操。

如今，他虽已离世，但乡亲们仍然怀念他，许多从故乡走出来的人感激他，他留下的宝贵精神财富，依然延续并催生着家乡的美，在我的心目中他是家乡最美的人。

长有归心故土还，依稀梦里越千关。
群峰错落山花缀，一水幽悠玉带环。
绿树村边新燕舞，红砖舍内旧邻闲。
民风淳厚育骄子，报效神州海岳间。

（二） 故乡之恩

安里故乡，是我心中永远仰望的高地。

我爱故乡的山，是因为山的气势给了我挺拔的性格。它不仅留下了我少年的足迹，而且在无声地告诉我，人生就要勇于攀登，不断向上，有志者事竟成。

我爱故乡的河，是因为河的清澈给了我明亮的心灵。它不仅洗刷了我身上的泥巴，而且在大声地告诉我，滚滚流水，一去不返，要珍爱时光，不要虚度华年。

我爱故乡的人，是因为父老乡亲的养育和老师的培育。他们不仅点亮了我心中的明灯，而且为我的成长烙下了深深的印记。

我特别感恩我的两位班主任老师——小学时期的张淑美老师和中学时代的盖作云老师。

张淑美老师不仅重视学生的学习，而且注重培养学生良好的生活习惯。她有颗善良的心，关爱学生如同关爱自己的儿女。当我感冒发烧不能上学时，她亲自登门看望。她不嫌我家贫，是走访我家最多的老师。她教我如何做好课外作业，也教我如何参加课外活动。难以忘怀的是我上五年级的那个冬天，天格外地冷，飘散的雪花、呼啸的北风，冻坏了我的脸。而她把自己儿子的帽子送给了我，这帽子温暖我的不仅仅是一个冬天，还是我的一生。

盖作云老师，为人善良质朴，知识丰富，文字功底厚实，善于沟通，理解学生。他启发引导式的教学方法，给我留下深刻的印象。我难以忘怀的是他对我的称呼。课后，作云老师对我的称呼一般是岳文或岳文啊。不加姓的这种称呼，是我在同学中得到的一种殊荣。虽然当时我不知道为什么，但我懂得这是一种爱称。正是这种称呼，激发了我的学习动力，使我的学习成绩基本保持优秀。让我感悟最深的是“一百与零”的关系，一次谈话，老师语重心长地跟我说：“岳文啊，不管你怎么优秀，就是每次都考一百分，考过后，都需要从零开始，一百分只是学生学习成绩阶段性的标志，不是评判学生成功的标准。”老师的谆谆教诲，不仅指出了我学习松懈的情绪，而且也告诉我，在成绩面前，要学会从零开始，不断提高自我，突破自我，让我的人生成长受益匪浅。

山水依依养育亲，乡音未改复冬春。
油灯照亮孩儿路，烟火熏衰父老身。
学伴情深同立志，严师意重引求真。
幼苗茁壮源乡土，千尺高枝不忘根。

（三）故乡之情

四十多年前，我戴着大红花，在锣鼓声中，乡亲们把我送到村西口。从此，我步入了部队的战斗序列，成为人民海军的一名水兵。是故乡点燃了我的青春梦，扬起了我人生奋进的风帆。

几十年的军旅生涯，我一直与大海、波涛和舰艇相伴。大海给了我宽广的胸怀，波涛给了我逆行的勇气，舰艇给了我顽强的意志。一次次远航，风里浪里，穿梭往来，守护在祖国的万里海疆上。一次次深潜，从蔚蓝的海岸到深蓝的大洋，险滩暗礁无所惧，困难挑战不低头。青春的热血与大海的波涛一起涌动，血性的男儿与舰艇的利箭一并发声。用忠诚、使命和责任捍卫着祖国的蓝色国土，用主动作为、大胆作为和有所作为践行着一名军人应有的担当。我的成长是大海对我的馈赠，是党的精心培养，也源于我可爱的故乡，是故乡为我的成长创造了条件：我初中入高中，是学校推荐、村党支部决定的。正是由于我高中毕业，才优先选拔到了海军这个专业技术兵种。我高中毕业后，村党支部把我作为村干部培养，送我到姜疃粮管所工作，我在粮管所被发展成为正式党员，是当年县里应征入伍青年中唯一的党员。我入伍的那年，我的两个哥哥都在部队，当时，一个家庭三个兄弟参军，几乎是不可能的，但故乡圆了我当兵的梦。

我交给故乡的答卷，没有功名，没有荣耀，没有传奇；有的是浓浓的故乡情和一个农民儿子的本色。我向党、祖国和军队致敬！也向我的故乡、父老乡亲和老师致敬！

青春立志出山村，万里扬波驭海鲲。
恪守初心系乡土，践行使命戍边门。
灵蛟翔底龙宫撼，巨浪腾空帝殿焚。
风雨人生无悔度，豪情赤胆报昆仑。

HOUJI

后记二

留住乡愁

盖龙云

很喜欢这句话：“不管走多远，都不要忘了来时的路。”一党一国如此，一人一村庄也莫不如此。

2019年我回故乡安里村住了一个多月，这是我自1976年2月参军离家，几十年来住得最长的一次，也是一次对家乡的再认识。安里村乃一普通山村，数百年来，一代代百姓在这里繁衍生息，耕读传家，有过多少悲欢离合、喜怒哀乐。特别是百余年来，从旧社会到新社会，从合作化、人民公社时期到改革开放年代，一路走来，村里百姓的命运始终和国家的命运联系在一起。

有一次把一篇文章呈送著名作家唐浩明先生审阅，他说：“一个普通人一件普通事一旦进入文章，就算入了‘史’，也可以说是永存于世了。”这句话给我留下很深的印象。村庄是社会的细胞，一个村庄的变迁就是一个国家发展变化的缩影。把我们安里村发生过的故事编成一本书，供乡亲们闲时翻一翻，算是存一点念想，留一点乡愁吧。这大概就是我组织编写这本小册子的初衷。

编撰此书，许多同志做出了努力和奉献。韩仁贵同志不顾年高体弱，一笔一画，全部手写，基本上把中华人民共和国成立前后村里发生的一桩桩大事都写出来了。遗憾的是，没等到本书出版他就于今年9月病逝了。张正齐老师不仅写了多篇好文章，还精心绘画了栩栩如生的插图；江守涛同志精心题写了雄劲漂亮的书名；盖国云、盖艾玲、盖常云、盖天学、盖松先等编委会的同志以及盖永福、盖元修、张玉京、张维湘、周翠英、盖永泉、钟骏银等同志都做了许多有意义的工作；书中署名的86名作者都为本书完稿做出了贡献。莱阳市机关事务服务中心干部盖福洲、莱阳建业建筑器械租赁处总经理盖晓梅、莱阳龙大食品集团有限公司副总经理盖玉松、山东景明建筑装饰工程有限公司总经理盖德光、鲁花集团浓香花生油有限公司总经理盖德涛等五位乡亲，热心出资，为本书出版提供了物质保障。特别是著名军旅作家、原济南军区政治部创作室主任、山东省作家协会原副主席苗长水先生热忱为本书撰写序言。副主编张强同志，任劳任怨，逐篇稿子审修，付出了大量心血。

谨对以上同志表示衷心感谢。

前些年出版的《安里学校纪事》《安里村英烈》因为种种原因出现了一些失误，本书附录做了补充更正并向相关同志表示歉意。本书也一样，虽然大家很认真很努力，仍有可能存在不足。如：村里还有一些值得记载的好人没有入编，有的故事（事件）时间、地点、人名等可能不尽准确，也有可能存在失误或差错，请乡亲们见谅，并欢迎批评指正。

祝愿安里村发展越来越好，在外地工作的同志工作顺利、事业进步，生活在村里和各地的乡亲们越来越幸福。

2021年12月于广州